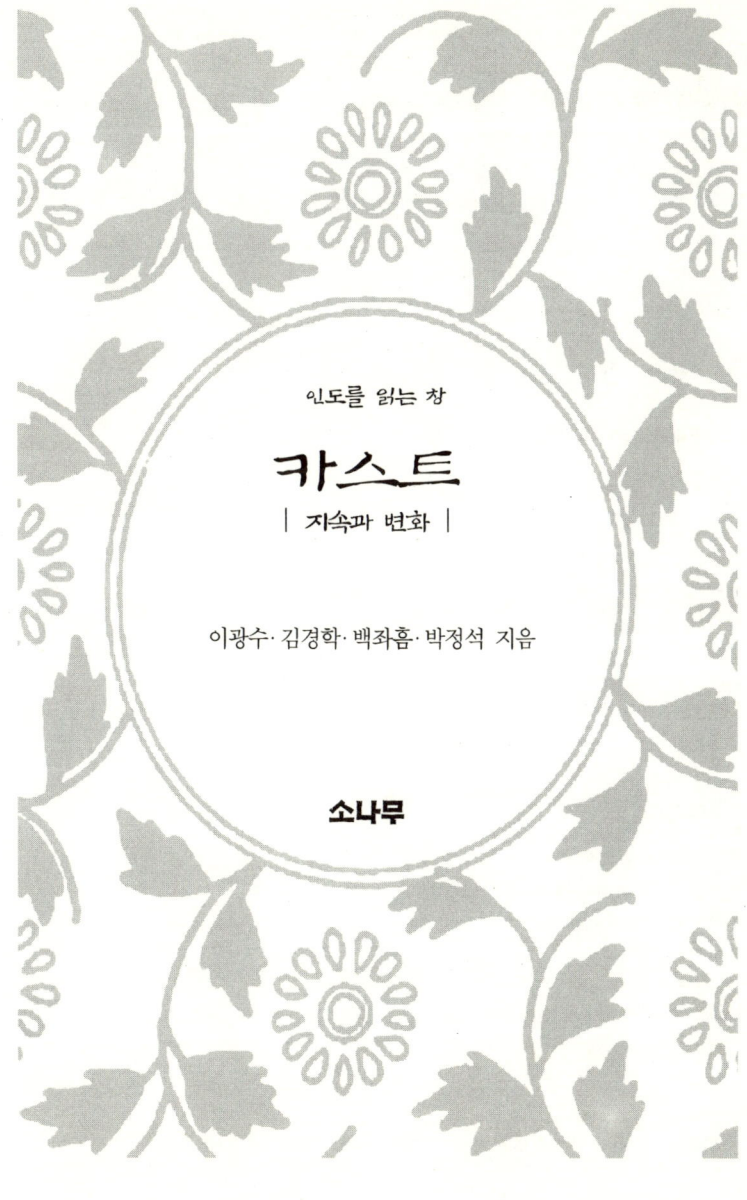

인도를 읽는 창

카스트

| 지속과 변화 |

이광수·김경학·백좌흠·박정석 지음

소나무

지은이

이광수 부산외국어대학교 인도어과 교수
김경학 전남대학교 인류학과 교수
백좌흠 경상대학교 법학과 교수
박정석 전남대학교 호남문화연구소 전임연구원

카스트 — 지속과 변화

초판인쇄일 2002년 12월 13일
초판발행일 2002년 12월 23일

펴낸이   유재현
기획편집   임혜선 조원식
마케팅   장만 안혜련
디자인   이진숙
인쇄   대원인쇄
제본   명지문화

펴낸곳   소나무
등록   1987년 12월 12일 제2-403호
주소   121-230 서울시 마포구 망원2동 472-15 6층
전화   02-325-4660, 4661, 4648
팩스   02-325-4649
전자집   www.sonamoo.or.kr
전자우편   soltree@chollian.net

ⓒ 이광수 외, 2002
KDC 332.6
ISBN 89-7139-540-0 93330

소나무   머리 맞대어 책을 만들고, 가슴 맞대고 고향을 일굽니다

책을 내면서

인도 북부의 한 시골로 들어간 게 엊그제 같다. 그것이 벌써 1996년 겨울의 일이니 그 사이 벌써 5년이 흘렀다. 한 달 동안 참여 관찰을 하고 정리해 놓은 자료들과 그 동안 분석하고 새로 추가한 문헌 연구 성과들을 모아 하나의 논문으로 학계에 내놓고 나서, 우리는 참으로 뿌듯해 하였다. 하나의 주제를 놓고 서로 다른 접근 방법으로 분석한 세 개의 글을 하나의 논문으로 묶어 발표한 것은, 아직 정립되지 않은 지역 연구 방법의 한 전형을 제시하고 그 위에서 카스트의 실상을 제대로 분석해 보고자 하는 의도에서였다. 그리고 그 다음 해에 같은 방식의 논문을 냈고, 그 다음 해에도 또 같은 방식으로 또 하나의 논문을 냈다.

그러다 보니 1996년부터 3년 동안 겨울마다 다녀온 인도 농촌 현지 조사는 어느덧 인도 유학 시절 앓아 본 의사 장티푸스처럼 추억 속의 열병으로 사라져 버렸다. 나름대로 열심히 했고 또 '전문가'라는 이름에 부끄럽지 않도록 하기 위해 최선을 다 했지만 아는 것은 바닥나고 그 위로 새로운 연구에 대한 중압감만 쌓여 갔다. 그래서 결국 우리는 그냥 논문 세 편 내는 것으로 만족하고자 했다. 세 개의 글이 모인 논문 세 편이 다 나온 후 우리 가운데 누구도 그 논문들을 다시 손질해 책으로 출판하자고 제의하지 못했다. 우리 연구에 대해 부끄러웠고 자신도 없었다. 보기에 따라서는 양심에 꺼려지는 부분도 없지 않아 책으로 내놓기가 두려웠다. 우리가 남보다 먼저 공부하고 있기 때문에 '선생'일 뿐이고, 아직 전문화가 안 된 분야라 전문가 행세를 하는 것일 뿐 실상의 내용은 전혀 그렇지 못했다.

그러면서 2년이라는 시간이 지나갔다. 첫 논문이 나온 지 벌써 4년이 흐른 셈이다. 그 동안 학계에서는 아무도 우리의 연구에 대해 관심을 기울이지 않았다. 과문한 탓인지는 모르겠으나, 그것은 우리의 연구 수준이 낮기 때문도 아니고 우리 연구가 아무런 가치가 없어서도 아닌 것 같았다. 그것은 본질적으로 우리 학계의 사정상 학제간 연구를 수행하여 만들어 낸 거대한 분량의, 그러면서 이것도 저것도 아닌 정체 불명의 논문을 실어줄 만한 '전국 규모의' 학제간 연구의 학술지가 없어서 발생한 문제였다. 우리의 글은 다행히 한국의 인도 연구자들이 발간하는 『인도연구』에 실렸지만, 그 안에는 정작 우리의 연구물을 읽고 비판하고 논쟁을 불러일으킬 만한 인도 관련 연구자들이 극소수에 지나지 않았다. 그리고 '인도' 밖에 있는 대부분의 연구자들은 우리 성과물의 존재 자체를 모르고 있었거나 아직 우리가 연구하는 깊이나 폭 만큼 관심을 갖지 못한 것 같았다.

인문 사회학계에서 카스트가 차지하는 학문적 비중이 상당한 것으로 인정되고 있음에도 불과하고, 안팎으로 무관심 일색이었다. 아니다 싶었다. 이러다가 우리의 연구가 사장되는 게 아닐까 하는 초조감도 들었다. 학문이라는 게 비판과 논쟁 속에서 발전하는 것 아닌가. 건실한 연구자라면 부족하면 부족한 대로 어설프면 어설픈 대로 자신의 연구물을 학계에 내놓고, 그것에 대해 보다 적극적으로 비판과 논쟁을 유도해야 하는 게 아닌가 싶었다.

그래서 그냥 용기를 내어 책으로 묶기로 했다. 애초의 연구자 세 사람의 접근 방법이 제 각각인데다가 글의 투도 제 각각이니, 한다고는 했지만 그런 것들을 다듬는 일도 만만치 않았다. 비록 한 사람의 연구자가 추가로 투입되어 입문으로서의 글 한 마당을 만들어 보다 반듯한 형태로 내놓아 보지만 아무래도 본디 가지고 있는 한계를 감추기에는 역부족인 것 같다. 그렇지만 오로지 이 책이 우리 학계에서 카스트와 인도 사회 연구의 단초가 될 수만 있다면 더 이상의 바람은 있을 수 없다는 차원에서 과감하게 내놓는 것이다. 더불어 이 책으로 인해 카스트와 인도 사회를 제대로 이해하고 이와 관련하여 학계의 논쟁이 생기기만 한다면 더 이상 무엇을 바라겠는가.

카스트는 인도 사회와 역사를 연구하는 데 무엇보다 중요한 소재로 보인다. 특히 인도를 연구하는 외국인에게는 그렇다. 그것은 카스트 연구의 역사를 보면 잘 알 수 있다. 근대적 의미의 인도 연구가 시작된 19세기 이래로 연구 분야에서 가장 많은 관심을 받은 분야는 분명 카스트이다. 그 이유는 여러 가지가 있겠지만, 그 동안 인도 연구가 보편성보다는 특수성을 중심으로 이루어져 왔기 때문이라는 사실도 중요한 요인 가운데 하나일 것이다. 따라서 카스트를 중심으로 인도 사회나 문화를 분석하는 것은 자칫 잘못하면 인도 사회나 문화가 갖는 보편성을 무시하거나 왜곡시킬 가능성도 없지 않다. 그렇지만 또 다른 편에서 생각하면 과연 인도 사회와 문화를 카스트를 배제한 채 제대로 이해할 수 있을까 하는 의구심이 드는 것 또한 사실이다. 더군다나 우리처럼 인도 사회와 문화의 국외자의 위치에선 더욱 더 그럴 것이다.

궁극적 문제는 인도 사회와 문화에 대한 제대로 된 이해다. 따라서 문제는 연구의 소재를 카스트에 두느냐 하는 여부보다는 그 카스트를 어떻게 연구하느냐에 달려 있을 것으로 본다. 카스트는 힌두교를 사회 체계로 표현한 것이고, 힌두교는 서양식 개념의 종교가 아닌 가치관과 삶이 유기체적으로 통합되어 있는 복합 문화 그 자체다. 따라서 인도인의 카스트는 인도인들의 삶의 모든 부분과 관계하고 있을 뿐만 아니라 일반적으로 알려진 것과는 달리 구조 속에서 정체되어 있는 것도 아니다. 결국 카스트는 사회학이나 인류학은 물론이고 역사학, 정치학, 법학, 경제학 등 인문학과 사회 과학의 여러 다양한 학문 분야의 연구 대상이 된다. 전형적인 학제간 연구의 대상이라는 의미이다. 이를 달리 말하자면, 카스트와 인도 사회에 대한 편견과 왜곡으로부터 벗어나 그 본질을 제대로 이해하기 위해서는 다양한 분과 학문간의 학제간 연구가 요구된다는 의미이다.

그 동안 국내에서도 학제간 연구라는 이름으로 많은 주제에 대해 여러 연구가 진행되어 왔다. 그런데도 무엇이 학제간 연구이고 그것은 어떻게 해야 하는가에 대해선 아직 구체적으로 확립된 바가 없어 보인다. 과문한 탓인지는 모르겠으나, 대체로 학제간 연구에는 크게 세 가지 방법이 있는 것 같다. 하나는 대주제를 내걸고 그 안에서 여러 분과 학문이 각각 독립 연구를 하는 것이다. 따라서 각 논문의 목적과 결론은 대주제를 지향하고 있지만 논문들간의 결합력이 다소 느슨한 편이다. 이런 방법으로는 하나의 서론과 결론으로 일관성을 견지하기가 어려워 보인다.

두 번째는 각 연구자가 하나의 동일한 주제에 대하여 각자 고유의 분과 학문적 방법론에 따라 각각 한 장章씩 연구하여 한 편의 논문을 구성하는 것이다. 연구 단위의 층위는 각 학문에 따라 다양하지만 하나의 서론과 결론으로 연구가 통합될 수 있다. 예컨대 역사학자와 정치학자는 거시적 연구에, 인류학자는 미시적 연구에 관심을 보이는 것이다.

세 번째는 각 분과 학문의 연구자가 지역 연구 대상에 대한 현지 조사를 각 분과 학문적 접근 방식으로 수행하는 것이다. 즉 하나의 촌락을 연구 대상으로 삼았다면 인류학자 외에도 역사학자는 해당 지역의 지방사를 그리고 정치학자는 지방 정치를 연구하는 것이다.

우리는 위의 세 가지 방법 가운데 우리가 의도하는 지역 연구의 목적에 더 부합되는 것은 첫 번째 방법보다는 두 번째나 세 번째가 될 것으로 본다. 이 가운데 세 번째는 보다 세밀한 하나의 작은 주제를 보다 다각도로 다룰 수 있다는 장점이 있을 수 있을 것이다. 하지만 세 번째 방법을 사용하면 현지 조사하는 인류학자는 차치하고라도, 역사학자는 현지의 지역사를 그리고 정치학자는 현지의 지역 정치를 단기간에 조사 분석해야 하는 문제에 봉착하게 된다. 대한 민국의 교수가 처한 현실에서 한 달 정도의 현지 조사를 — 그나마도 교육부에서 연구 지원을 해주어 가능하였고, 그 제도마저도 지금은 없어져 통탄스럽지만 — 수행하기가 그리 쉬운 일은 아니다. 그런데 그 짧은 기간에 각각 개인 혼자서 지역사와 지역 정치를 파악하고 분석하는 것은 매우 어려울 것이다.

두 번째 방법은 무엇보다도 미시적인 연구와 거시적인 연구가 통합될 수 있다는 점에서 그리고 하나의 주제를 보다 광범위하게 다룰 수 있다는 점에서 장점을 가진다. 역사와 정치의 분야는 어차피 문헌 연구이다 보니 연구 수행에 아무런 어려움이 없지만, 인류학 현지 조사에서 한 달 정도의 단기 조사를 통해 소기의 연구 성과를 낸다는 것은 매우 어려운 일일 수밖에 없다. 그럼에도 불구하고 우리가 이 방법을 택한 것은 우리의 연구 분야에서 가장 필요한 것은 보다 많은 논의를 이끌어내는 것이라는 판단에서였다.

그러다 보니 역사와 정치 분야에서 다루는 소주제들이 현지 조사에서 소홀히 다뤄졌다거나 혹은 그 역의 상황이 발생했다. 그래서 연구의 본질적 문제가 드러내는 경우도 종종 있다. 그렇게 된 것에는 '지역 연구'와 '학제간 연구'가 안고 있는 태생적 한계의 탓도 없지는 않겠으나, 그것보다는 우리들의 부족함과 치열하지 못한 자세로 인해서이다. 적어도 현지 조사를 나가기 전에 연구 주제와 소재에 대한 사전 검토와 그에 따른 자료 수집 그리고 현지 조사에서 수집된 자료와 미시적・거시적 논의의 층위 사이에 존재하는 적용의 적합성 여부 등에 대해 보다 치열하게 검증했더라면 더 나은 글이 되지 않았을까 생각한다. 우리들의 부끄러운 연구가 더 심도 있는 논쟁으로 연결되고 그것이 관련 학문 수준의 제고에 조금이나마 기여하기를 바랄 뿐이다.

이 책은 크게 서설과 3 부로 이루어져 있다. 서설에서는 카스트에 관한 개론적인 이해에 필요한 여러 가지 사항들 즉 카스트의 정의와 범주, 기능 그리고 그 연구사를 다루고 있다. 카스트에 관한 기본 개념의 설정, 이해의 방법, 의의 및 의미 부여 등에 관한 여러 가지의 문제 또한 여기에서 제기되고 있다.

서설에 이어 제1부에서는 정치적인 면에서 본 카스트의 역사적 전통과 영국 식민지 지배를 거쳐 인도 독립 이후 발생한 성격 변화를 다루고 있다. 먼저 전통 사회를 유지하던 촌락 및 카스트 빤짜야뜨panchayat의 기능이 약화되면서 촌락 단위의 사회에서 정치적으로 많은 갈등이 야기되고 그로 인해 개인의 주체성의 근원과 서열 분류의 기준이 과거의 카스트에서 정치 단위로 변화하고 있음을 보여 주고 있다. 그리고 영국 식민 통치하에서 개별 카스트들은 주로 상향 이동에 총력을 기울였지만 독립 이후에는 정치적인 영역에서 카스트 연합을 이루어 정치 집단화하고 있음을 밝히고 있다.

특히 지정 카스트Sheduled Caste 및 지정 부족Scheduled Tribe 그리고 여타 후진 계급에 대한 보상적 차별 정책의 성격과 그 영향을 근대 정치사적 맥락에서 설명하고 있다. 새로운 정치적 각축장의 형성은 연방 정부와 주 정부의 정치적 관계를 형성하는 데 결정적인 역할을 하고 있으며 개별 카스트의 성격이 약화되는 한편 정치와 밀접한 관계를 갖는 '민족 집단'ethnic group이 형성되는 과정을 보여주고 있다.

'민족 집단'의 형성 과정은 전통 사회에서 서로 다른 다수의 자띠들이 언어, 혈연, 지연 등에 따라 위계의 상이함을 내세워 사회적 교류가 폐쇄되었으나 근대 사회 이후 카스트 연합과 같은 수평적 동원을 통해 본격적이고 구체적인 정치·경제적 목표 달성을 위해 위계와 구분을 뛰어넘어 상대 범주에 대해 공동으로 대처해야 하는 공동체를 구축해 나가는 과정으로 이해한다.

따라서 이 글에서는 다양한 자띠들이 자신들의 집합적인 이해를 증진시키기 위해 '슈드라', '드위자', '달리뜨' 등 소위 상황적 민족성을 토대로 한 '민족 집단'의 성격을 갖는 과정을 규명하고자 하는 것이다. 이러한 정치와 카스트의 거시적 상관 관계가 촌락 수준에서 어떻게 나타나는가를 웃따르 쁘라데쉬Uttar Pradesh주의 한 촌락에서 행한 사례 조사를 통하여 분석한다.

제2부에서는 카스트와 계급 구조 사이의 변화를 분석하고 있다. 먼저 경제적인 입장에서 카스트의 기능과 역할의 변화를 토지 제도의 변화 및 소위 자즈마니 체계라 일컫는 카스트 간 서비스 교환 체

계 등의 변화와 관련시켜 살펴본다. 그리고 식민지 경제 체제의 몰락이 가져다 준 카스트의 경제적 기반 변화와 토지 개혁과 녹색 혁명이 카스트에 미친 경제적인 영향이 카스트를 계급으로 전환하는데 어떤 역할을 했는지 분석하고 있다. 나아가 독립 이후 농촌 경제 구조가 변화함에 따라 달라지는 카스트의 경제적 역할과 성격 변화를 농민층 분해라는 시각에서 살펴보고 있다.

이를 위해서 라자스탄Rajasthan의 한 촌락에 대한 현지 조사를 통하여 농촌에 나타나는 계급 구조의 성격을 카스트, 가구 수, 농지 보유 면적 등의 자료를 통하여 분석하고 있다. 그 위에 산업 구조의 변화, 대량 생산 체제의 확립, 농업 기술의 근대화 및 기계화 등 외적 요인과 전통적 직업 상실, 인구 증가 등 내적 요인의 변화가 농촌 계급 구조에 미친 영향이 카스트의 계급적 성향과 어떻게 연결되는가를 분석하고 있다.

제3부에서는 카스트 제도를 유지해 오던 담론이 정淨과 부정不淨의 관념에 바탕을 둔 위계적 차이에서 카스트 간 생활 양식의 차이로 그 설명의 틀이 옮겨가고 있음을 보여주고 있다. 먼저 전통 사회의 서비스 교환, 음식물 공유 및 혼인의 제한을 역사적 자료 속에서 추적 조사하여 그러한 것들이 종교적인 텍스트인 베다Veda에서 규정한 법도에 의해서가 아니라 봉건적인 이데올로기를 강화하기 위한 실재적 측면에서 이루어졌다는 것을 밝히고 있다. 뿐만 아니라 끊임없이 나타나는 종교 운동은 비록 사회적 평등을 주창하였지만 카스트 제도의 해체로 이어지지 못하고 대신 카스트 체계 안의 위치 상승으로 머물고 말았음을 보여주고 있다. 역사적 자료 분석과 더불어 독립 이후 카스트에 대한 정부의 정책과 법령 제정에 대한 분석을 통하여 인도 사회에서 공식적으로 카스트 차별이 금지된 과정을 상

세히 추적하고 있다.

하리아나Haryana 주의 사례 조사는 이런 카스트 위계 관념의 변화 및 카스트 간 생활 양식의 차이와 변화가 촌락 수준에서 어떻게 반영되고 있는지 보여주고 있다. 하층 카스트 또는 하층 계급들은 지배 집단의 생활 양식을 모방하여 외양으로는 생활 양식이 동질화되어 가고 있지만, 사적인 영역에서는 여전히 구분이 이루어지고 있음을 보여주고 있다. 즉 공적인 영역과 사적인 영역을 분리함으로써 개별 카스트의 정체성을 유지하고 있다는 것이다.

이 책의 주제는 카스트가 인도 사회에서 어떻게 지속되어 왔고, 그것이 근대 사회로 접어들면서 왜 그리고 어떻게 변화해 왔으며, 그러한 거시적인 면이 특정 촌락의 실제 공간에서 어떻게 나타나는가에 관한 것이다. 결국 이는 역사적인 면과 통시적인 관점 그리고 사례 연구의 성격이 모두 통합되어야 하는 연구이다. 따라서 우리는 위의 세 가지 방법 중 두 번째 방법을 택하여 연구를 수행하였다. 이를 위해 우리는 문헌 연구와 현지 조사를 병행하였고 문헌 연구와 현지 조사는 연구자 각각이 가지고 있는 분과 학문의 성격에 따라 맞추어 수행하였다.

따라서 각 부의 Ⅰ장은 다루어야 할 내용을 각자 취합해 머리말로 삼았다. Ⅱ장은 역사학적 관점으로 분석하였는데 이는 철저하게 사료 중심의 문헌 연구로 이루어졌다. 이를 집필한 이광수는 역사의 인과 관계를 중시하여 카스트의 변화와 그 역사적 의미를 사회사적인 관점에서 밝히는 데 천착하였다. 이를 위해 이광수는 매년 현지 조사 전에 해당 연구 주제에 관련된 사료를 수집하고 분석하였다. 카스트의 역사적 변화에 대하여 미리 정리함으로써 그를 다른 연구자에 소개하고 토론하기 위해서였다.

각 부의 III장에서는 독립 이후 인도 사회의 변화와 카스트의 연관성을 정치 경제학적 관점에서 분석하였다. 집필자 백좌흠은 인도 연방 정부 및 주 정부의 주요 정책과 인도 헌법과 주요 법률에 대한 문헌 연구를 통해 이에 대한 논쟁점을 미리 소개하였다. 아울러 현지 조사지가 속한 주州 수준과 전체 인도 상황과의 관련성도 토론하였다. 현지 조사지에서는 해당 지역의 행정 편람, 인도 하원 선거 및 주 의회 선거 결과 등을 입수하여 해당 지방에 대한 정치, 경제, 사회 구조에 대한 논의를 진행하였다.

각 부의 IV장은 김경학이 집필하였다. 그는 전형적인 인류학적 현지 조사에 의해 연구를 진행하였는데 현지 조사는 1996년도부터 3년에 걸쳐 매해 4주 동안 이루어졌으며 현지민들과의 심층 인터뷰와 참여 관찰 등을 통해 자료가 수집되었다. 현지 조사는 한 곳을 3년 동안 집중 조사하는 것과 한 해 한 곳을 조사하는 두 가지 방법이 있을 수 있는데, 그 가운데 후자를 택하였다. 어차피 1개월이라는 단기 현지 조사의 한계는 두 경우 모두 드러날 수밖에 없다. 그리고 3년 동안 한 지역에 집중해 정치, 경제, 의례 등 다양한 분야를 연구했을 때 얻을 수 있는 장점도 있겠지만, 북부 인도 지역이나마 다양한 지역적 범주에서 드러나는 카스트 성격의 변화상을 보다 잘 파악하고자 하는 욕심에서 매해 조사지를 변경하였다.

현지 조사는 김경학이 중심이 되어 수행하였는데 단기간에 많은 자료를 수집해야 하는 점을 고려해 델리Delhi에서 채용된 한 명의 현지 조사 전문가와 공동으로 수행하였으며 이광수·백좌흠이 도움을 주었다. 위 3인은 현지 조사를 마친 후 델리에 가서 각 분야 전문가와 토론을 통해 조사 내용을 정리한 후 귀국하여 적어도 세 차례 정도의 윤독과 토론을 거친 후 맺음말을 공동으로 작성한 후 논문으로 출판하였다.

더불어 세 사람의 논문을 책으로 묶는 과정에 박정석이 참여하였다. 박정석은 원래의 논문들이 갖는 심층적이고 사례 연구적인 성격으로 인해 미처 다루지 못한 카스트의 성격 및 연구사 일반을 일목요연하게 논하고 정리하여 서설로 만들었다. 남부 인도 사회 연구자인 박정석은 또한 위 세 사람의 논문 3개년 치를 여러 차례 읽어 토론하고 수정하는 일도 하였다. 그것은 위 세 사람의 연구가 북부 인도를 연구 대상으로 하여 이루어졌음에도 불구하고 이를 전체 인도에 나타나는 현상으로 일반화하는 오류를 범할 수 있을 것이라는 우려에서였다. 이 과정을 통하여 북부 인도와 남부 인도의 차이점을 비교하는 것도 의미 있는 작업일 것으로 생각되었으나 보다 심층적인 연구가 필요할 것으로 판단되어 추후의 작업으로 미루기로 하였다.

이 책이 나오기에는 많은 분의 도움이 있었다. 무엇보다도 1996년부터 1998년까지 인도 현지 조사를 지원해 준 교육부에 감사한다. 그리고 3년 동안 현지 조사를 수행할 때 조수로 여러 가지 귀찮은 일을 맡아 준 네루 대학교Jawaharlal Nehru University의 라칸 싱Lakhan Singh 박사, 해마다 심도 있는 토론과 지적을 아끼지 않은 델리 대학교University of Delhi 사학과의 슈리말리K. M. Shrimali 교수, 법과 대학의 라지브 칸나Rajiv Khanna교수, 네루 대학교 인류학과의 자인Ravindra Kumar Jain 교수께 감사드리며, 3년 동안 인도 체류를 물심양면으로 도와주신 네루 대학교 한국어과의 김도영 교수, 자료 수집에 도움을 준 김찬완 박사께도 깊은 감사를 드린다. 그리고 현지 조사 수행에 따뜻한 배려와 정을 아끼지 않은 웃따르 쁘라데쉬의 메인뿌리Mainpuri, 라자스탄의 말리케라Malikhera, 하리야나의 사단와스Sadhanwas 마을 주민 모두에게 감사를 드린다. 특히 먹거리 해결이 용이하지 않았던 우리들에게 돌아가면서 저녁 식사를 대접해 주었던 사단와스 마을의 촌부들, 그리고 소똥이 널브러져 있는 마을 골목길을 졸졸 따라다니던 크고 맑은 눈의 (지금은 대부분 이름도 잊어버린) 시골 아이들에게도 깊은 사랑을 전하고 싶다.

그리고 같은 분야의 연구자로서 이 책이 조금이라도 더 나은 모습으로 나올 수 있도록 원고 전부를 읽고 지적하고 토론해 준 델리 대학교 사회학과의 정채성, 남아프리카 공화국의 나탈 대학교University of Natal 인류학과 장용규 두 분께 특별한 감사를 드린다. 무엇보다도 전혀 시장성이 있을 것 같지 않은 이 책의 출판을 응낙해 주신 소나무 가족께 감사드린다.

필자들의 뜻을 모아
이광수

차 례

책을 내면서 5

서설 카스트란 무엇인가
  카스트의 정의와 범주 22
  카스트의 기능 29
  카스트 연구사의 변천 35

제 1 부 정치적 의미의 '민족 집단'으로 성격 부상
  Ⅰ. 카스트 제도의 정치적 성격 전환 40
  Ⅱ. 카스트 제도의 역사적 전통과 근대 카스트 운동 43
    1. 전前 근대 사회에서의 카스트 이동의 역사적 전통 • 43
    2. 식민 경제 체제의 성립과 카스트 이동 운동 • 50
    3. 카스트 이동 운동에서 카스트 정치로 • 56
    4. 카스트 운동의 역사적 의미 • 62
  Ⅲ. 독립 이후 인도 정치와 카스트 64
    1. 지정 카스트와 지정 부족에 대한 '보상적 차별 정책' • 64
    2. '여타 후진 계급' 문제와 정치의 '만달화' • 71
    3. 1996년 제 11차 총선과 카스트 정치 • 77
    4. 독립 이후 정치 단위로서 카스트 변화의 의미 • 82
  Ⅳ. 웃따르 쁘라데쉬 주 메인뿌리 군에 나타난 정치와 카스트의
      성격 83

  1. 메인뿌리 군, 바니가온 빤짜야띠 라즈 개관 • 83

  2. 메인뿌리의 정치와 카스트의 관계 • 87

　　1) 1996년 웃따르 쁘라데쉬 주 의원 선거에 나타난 카스트 정치 • 87

　　2) 메인뿌리의 카스트 정치의 성격 • 94

  3. 메인뿌리, 바니가온 빤짜야띠 라즈에 나타난 카스트 정치 • 98

 V. 카스트의 정치적 성격 변화와 그 추이 100

제 2 부 경제적 단위로서 계급과의 복합적 관계 형성

 I. 경제적 단위로서의 카스트 104

 II. 카스트 제도의 경제 기능의 구조와 변화 106

  1. 전통 사회의 토지 제도와 카스트 제도 • 106

  2. 전통 사회에서의 자즈마니 체계의 성격 • 114

  3. 식민 경제 체제의 농촌 사회의 변화 • 118

　　1) 새로운 토지 제도의 도입과 농업 경제의 변화 • 118

　　2) '카스트에서 계급으로 전환'의 한계 • 122

  4. 카스트와 계급의 복합적 성격 형성의 의미 • 126

 III. 독립 이후 농촌 경제 구조의 변화와 카스트의 계급적 성격 128

  1. 농촌 경제 구조의 변화 • 128

  2. 농촌 카스트의 계급적 성격 • 135

  3. 독립 이후 카스트의 계급적 성격으로의 변화의 의미 • 147

 IV. 라자스탄 주 빌와라 군에 나타난 카스트와 농촌 계급 구조간의
    관계 149

  1. 빌와라 군, 말리케라 촌락 개관 • 149

  2. 말리케라의 사회 구조의 특성과 경제 활동 • 153

  3. 말리케라의 농촌 계급 구조의 성격 • 160

  4. 말리케라 촌락에 나타난 카스트의 계급적 성격 • 164

 V. 경제적 단위로서 카스트의 계급적 성격과 한계 166

제3부 위계의 단위에서 생활 양식 차이의 단위로 이행

I. 규제와 위계의 단위로서의 카스트 170

II. 전통 사회의 카스트 규제 및 위계 구조 173

1. 생활 양식 규제와 카스트 위계의 사회사 • 173

2. 종교와 사회 재조직의 관계 • 186

3. 카스트 배타성 철폐 운동과 사회 재조직의 의미 • 193

III. 근대 사회의 변동과 위계 구조의 약화 195

1. 일상 생활과 의례적 영역에서의 카스트 성격의 변화 • 195

2. 산스끄리뜨화와 카스트의 상향 이동 • 201

IV. 하리야나 주 히사르 군에 나타난 카스트의 위계에서 생활 양식 차
   이로의 전환 207

1. 히사르 군, 사단와스 촌락의 개관 • 207

2. 지배 집단의 생활 양식으로의 전환 • 213

   1) 유사 시크 교도화 • 214

   2) 시크 지향적 생활 양식으로의 변화 • 216

3. 위계의 약화 : 카스트의 내부 관계 • 220

4. 서로 다른 카스트 간의 상호 관계 • 224

   1) 불가촉성과 오염 개념의 약화 • 224

   2) 재생 카스트 문화의 부재와 생활 양식의 동질성 • 229

5. 히사르 군, 사단와스 촌락에 나타난 의례적 위계 약화의 의미 • 231

V. 카스트의 생활 양식으로서의 성격 전환과 위계 구조의 약화 232

미주 235

참고문헌 245

찾아보기 262

카스트란 무엇인가

카스트의 정의와 범주

인도 사회에서 가장 특징적이고 중요한 기능을 하는 사회 제도는 카스트이다. 그럼에도 불구하고 카스트 제도는 그 기원, 구조, 성격, 의의 등에 대한 이론들이 너무 많아 그에 대한 정확한 이해를 하기가 그리 쉽지는 않다.

카스트caste의 어원은 포르투갈어 '카스타'casta에서 유래한다. 카스타는 원래 동식물의 종種을 의미하거나 사람의 경우 부족, 인종, 계급 또는 종족을 나타내는 말이다. 바스코 다 가마Vasco da Gama가 인도양 항로를 개척한 이후, 16~17세기 인도의 서해안 지역에서는 포르투갈 상인들과 인도인들 간의 무역이 성행했다. 그래서 포르투갈인들은 인도인들과의 접촉으로 인도 고유의 사회 제도를 알게 되었다. 인도 사회 제도에 대해 자세히 알지 못했던 그들의 시각으로 그 제도를 판단하여 임의로 용어를 사용했는데, 그것이 카스타이다. 그들은 자신들과 접촉한 인도인들을 통해 인도 사회 제도의 기본 단위가 균질적이고 순수한 것으로 판단했다. 그리고 그러한 의미를 내포하고 있는 포르투갈어 카스타를 여기에 사용하였던 것이다. 포르투갈어 카스타의 영어식 표현이 카스트이다. 하지만 그들이 판단한 인도 사회의 성격은 실재와는 달랐다.

이 카스타에 해당하는 인도 고유어는 없다. 인도인들은 전통적으로 사회 제도의 기본 단위를 바르나varna와 자띠jati로 이해하고 있다. 바르나는 어원적으로는 색깔을 의미하는 것으로, 베다 시대 말기에 발생한 인도 고대 사회의 위계적 구분을 지칭한 것이다. 위계 단위인 바르나는 브라만Brahman, 끄샤뜨리야Kshatriya, 바이샤Vaishya, 슈드라Shudra의 4개의 범주로 되어 있다. 이밖에 바르나 범주에 속하지 않고 그 테두리 밖에 놓여 있지만 사회적으로 중요한 기능을 담당하고 있는 불가촉민Untouchable[1]이 있다.

바르나 체계는 전통적 직업과 깊은 관련을 맺고 있다. 규범에 따라 브라만은 사제나 학자의 일을, 끄샤뜨리야는 무사의 일을, 바이샤는 상업과 농업을, 그리고 슈드라는 일용 잡역을 하도록 되어 있지만 실제로 그것이 지켜진 적은 없다. 네 개의 바르나 가운데 브라만, 끄샤뜨리야 및 바이샤는 모태에서 태어나는 첫 번째 탄생 이후에 일정한 연령이 되면, 우빠나야나upanayana라는 의례를 통해 두 번째 탄생을 맞이하고 그 때부터 비로소 정상적인 사회·종교인으로 생활하게 된다. 그래서 그들은 드위자(dvija ; 再生者)라 불린다.

반면에 슈드라는 의례적으로 다시 탄생을 하지 못하기 때문에 모든 종교 의식에서 철저히 배제되고 또 사회적으로도 불구 취급을 받는 차별을 받았다. 예를 들어 드위자는 성사聖絲를 찰 수 있고 사원 의례에 참여할 수 있지만, 슈드라는 성사를 찰 수 없고 사원 의례에 참여할 수 없는 경우가 허다하다. 하지만 이 바르나 도식은 실제 사회에서 어떤 기능적인 집단이나 뚜렷하게 구별되는 사회적 단위를 가리키는 것이 아니라 힌두 사회를 대강의 범주로 구분하는 데 지나지 않는다. 즉 바르나는 실제 집단을 가리키는 것이 아니라 단지 참조 범주를 나타낼 뿐이다(Dube 1990 : 48 ; Srinivas 1984, 1989).

바르나 모델은 인도 전지역에서 브라만을 최상층으로 하는 단일 위계로 구성된다. 위계상의 서열은 종교적인 텍스트에서 정한 의례적 정淨에 따라 결정된다. 그러나 바르나의 확산 정도와 바르나 도식 안에서의 카스트의 구성은 지역에 따라 차이가 많다. 예를 들어 남부 인도에는 끄샤뜨리야와 바이샤가 없는 경우가 많다(Dube 1999 : 49 ; Srinivas 1962b : 66). 이 지역에서는 슈드라에 속하는 일부 카스트들이 그들의 전통적인 직업과 지배적인 위치를 이용하여 끄샤뜨리야 또는 바이샤로 행세하기도 했다.

자띠는 바르나와 달리 지역적인 체계이다. 자띠는 본래의 어의가 출생을 의미하는데, 결혼이나 음식 등과 같은 일상 생활에 직접적 관계를 갖는 실재 기능 집단이다. 바르나는 그 수가 넷으로 정해져 있는 반면에 자띠는 시간과 장소에 따라 그 변이가 다양하다. 하나의 마을은 보통 20~30 종류로 구성되고, 인도 전체로 보면 그 수가 2천 내지 3천에 이르는 것으로 알려져 있다. 각 자띠는 네 바르나 및 불가촉민의 어딘가에 소속되어 있다. 자띠는 세습 직업과 집단 내혼內婚의 단위가 되며 지역 안에서 위계를 이룬다. 개별 자띠는 각 이름을 가지고 있으며 일정한 직업과 결부된다.

지금까지 바르나와 자띠는 혼동되어 사용되고 있다. 어떤 경우에는 바르나를 카스트로 번역하여 사용하고 있고 또 어떤 경우에는 자띠를 카스트라 번역하여 사용하고 있다. 그것은 그 사용 의미에 따라 달라지는데, 계급을 의미하는 경우에는 전자를 그리고 사회적 기능 단위를 의미할 때는 후자를 쓰는 것이 보통이다. 따라서 이 책에서도 맥락에 따라 카스트를 바르나로 사용하기도 하고, 자띠의 의미로 사용하기도 한다. 주로 고대와 중세 초기의 경우에는 카스트가 바르나를 그리고 중세 후기 이후로는 카스트가 자띠를 의미한다. 그것은 중세 초기 이전에는 바르나에서 자띠가 아직 분화되지 않아 바르나가 중요한 사회 기능의 단위이기 때문이었다. 반면에 그 이후로는 자띠가 정치, 경제, 문화의 모든 분야에서 사회 기능의 주체이기 때문이다.

자띠 모델에서 카스트는 다른 카스트와의 분리, 상호 의존 및 위계로 구별된다. 카스트 간 관계는 정淨과 부정不淨의 관념으로 위계가 구분되지만, 정과 부정의 관념은 논란의 소지가 많을 뿐만 아니라 모든 카스트들을 서열화하는 엄밀한 기준을 제시하지 못한다. 그래서 한 지역 안에서도 카스트 간의 위계는 정교하지도 않을 뿐 아니라 카스트 간의 우위를 두고 논란이 일어나기도 한다.

그러나 인도 사회에서 정과 부정의 관념에 따른 카스트의 위계에서 브라만을 맨 위에 두고 불가촉민을 맨 아래에 두는 데는 논란의 여지가 거의 없다. 브라만과 불가촉민 사이의 중간 범위에서는 위계가 명확하지 않을 뿐 아니라 명확한 기준이 없어 위계적 구분이 애매 모호한 경우가 대부분이다(Srinivas 1962 : 66). 이념형과는 달리 실제 생활에서 카스트의 위계상 지위는 종교적인 관념뿐만 아니라 경제적인 부와 정치적인 지배력 같은 세속적인 요인이 반영된다(Srinivas 1966 : 5 ; van der Veer 1972 : 18).

개별 카스트는 오랜 과거로부터 자신들의 카스트 정체성을 유지하고 다른 카스트와 구별하기 위해 여러 가지 통제 장치를 운용해 왔다. 음식, 혼인 및 서비스의 교환에 관한 규정들은 외부적으로는 카스트 간의 차이를 확인하고, 내부적으로는 카스트의 결속을 이끌어 내는 사회적 기능을 한다. 특히 혼인에 관한 규범 즉 카스트 내혼은 개별 카스트의 정체성을 유지하면서 다른 카스트와의 차별성을 드러내는 확실한 장치이다.

카스트의 또 다른 특징 중의 하나는 특정 카스트와 결부되어 세습되는 직업이다. 많은 경우 카스트의 명칭은 특정 직업을 의미한다. 음식 교환 또는 공식共食은 의례적인 위계를 반영한다. 즉 음식에 관한 제한은 카스트 간 차별 또는 분리를 의미한다. 원칙적으로 음식은 자신의 카스트 성원끼리만 나누어 먹을 수 있다. 다른 카스트 성원으로부터 요리한 음식을 받아먹는다는 것은 위계상 같거나 낮다는 것을 의미한다.

카스트의 성원은 선택에 따라서가 아니라 출생에 따라 결정된다. 마찬가지로 힌두가 된다는 것은 개종이나 다른 수단으로 가능한 것이 아니라 어느 한 가지 카스트에 소속되어야만 한다. 그리고 카스트의 이동은 개인이나 가족이 아니라 카스트 집단 전체로 이루어진다. 개인적으로는 카스트 소속을 바꾸거나 이동할 수 없지만, 카스트 전체는 상층 카스트의 관습을 받아들이거나 모방함으로써 상향 이동을 시도할 수 있다. 카스트 위계상의 지위를 높이기 위해서는 대개 카스트 이름과 직업을 바꾸거나, 의례적으로 상층 카스트 또는 지배 카스트dominant caste의 생활 방식을 받아들인 다음, 자신들의 카스트 역사를 새로 만들어 카스트 상향 이동을 '잃어버린 과거'로의 회귀로 각색하는 방법을 주로 쓴다.

카스트 체계에서 본격적인 상향 이동이 시작된 것은 영국 식민 지배에서 시작된 인구 센서스부터였다. 전국에 걸친 대규모 센서스가 처음 실시된 1867~1871년 동안 수많은 카스트들이 자신들의 실제 위치보다 높은 바르나라고 주장하면서 상층 범주에 소속되기를 원했다. 영국 식민지 당국은 센서스 때문에 카스트 분류의 부작용이 생기자 1941년의 센서스에서는 카스트 분류 항목을 없애기에 이르렀다.

독립 이후 도입된 보통 선거제와 빤짜야띠 라즈Panchayati Raj2)는 불가촉민을 포함한 하층 카스트들에게 전통적 체계 안에서는 가질 수 없었던 자신들의 카스트에 대한 자존심을 고양시켜 주었고 또한 여러 가지 사회·경제적인 혜택을 가져다주었다. 이들 하층 카스트들은 정부로부터 공직과 교육 기관에서 일정한 비율의 좌석을 할당받는 지정 제도에 따라 혜택을 부여받았다.

이런 정책 때문에 카스트 이동이 의례적으로는 상향 이동을 하면서도, 경제적 및 정치적 이득을 추구하기 위해서 때로 하향 이동을 하는 경우도 발생하고 있다. 개별 카스트들은 의례적 정체성을 유지하면서도 카스트의 명칭과 직업을 바꾸거나 생활 방식을 전환함으로써 위계상 상층 카스트로 나아가려 한다. 또 다른 한편으로는 자신들이 과거에 억압받았던 위치에 있었다고 주장하거나 카스트의 후진성을 내세우면서 정치 경제적인 이익을 얻어내려 하고 있다.

이런 경향은 만달 위원회Mandal Commission3)의 보고서가 인도 정부의 주요 정책으로 채택됨으로써 두드러지게 나타났다. 만달 위원회 보고서는 1980년에 제출되어, 1990년 민중당(Janata Dal ; Janata Party의 후신) 정부의 정책으로 채택되었다. 이 정책의 본질은 '보상적 차별'이라는 것으로 불가촉민과 부족을 제외한 '여타 후진 계급'(또는 카스트)에게 특별한 우대 혜택을 주자는 것이었다. 하지만 여타 후진 계급의 지정을 두고 각 정당과 주 정부와 중앙 정부 사이에 이견이 나타나는 등 말썽의 소지를 안고 있었다.

만달 보고서의 내적인 결함과 함께 여러 가지 정치적인 고려 때문에 1980년 12월 31일에 최종 보고서가 제출된 후 10년간 회의당(I) 정부는 아무런 조치도 취하지 않았다. 이후 1989년 민중당Janata Dal이 정권을 획득하면서 이 보고서의 내용을 실행에 옮겼고, 이에 여타 후진 계급에 포함되지 않은 상층 카스트들의 반발이 거세지면서, 이 문제는 인도 사회에서 또 다른 분쟁의 씨앗이 되고 있다. 여타 후진 계급에 속하는 카스트들은 그 구성 및 지역적·경제적 차이 등이 극히 다양하고 잡다하지만, 대체적으로 바르나 도식의 슈드라에 해당하는 범주들로 이루어져 있다.4)

영국 식민 지배기의 센서스가 카스트의 상향 이동을 부추기는 계기를 마련했다면, 만달 위원회는 후진 카스트, 지정 카스트 및 지정 부족으로 지정된 집단에게 정치적인 혜택과 경제적인 이득을 부여하는 길을 마련했다. 하지만 만달 위원회는 인도 사회를 카스트로 다시 분할함으로써 오히려 정부가 앞장서서 카스트 구조를 존속시켰을 뿐만 아니라, 새로운 기준으로 카스트를 범주화하고 있다는 비난을 받고 있다.

만달 위원회가 제시한 지정 카스트, 후진 카스트 및 상층 카스트로의 카스트 분할은 바르나 도식에서의 비非바르나 카스트, 비非재생 카스트 및 재생 카스트 구분을 상기시키고 있다. 정치적인 이해관계로 탄생한 만달 정책으로 생긴 카스트 구분을 두고 일부에서는 카스트의 '20세기의 환생'(아와따르avatar)으로 비유하고 있다(Srinivas 1996).

이와 같이 카스트 제도는 출생에 따른 의례적 기준이든 정부의 정책에 따른 인위적인 구분이든, 공통적으로는 분절 체계라는 특성이 있다. 다시 말해 특정 카스트는 카스트 제도의 서로 다른 기준과 분류 도식 속에 위치하는 하나의 분절로 볼 수 있다는 것이다(Béteille 1996 : 46~47 ; Carter 1975 : 133~134 ; Dumont 1983 : 37). 그러나 카스트 제도 속에서 개별 카스트의 경계와 카스트 간의 관계는 개별 카스트의 집단 정체성과 경제적 이해 관계에 따라 이루어진다. 즉 카스트 제도는 서로 구분되는 여러 카스트로 이루어져 있으며, 개별 카스트들은 정부가 부여한 여러 가지 혜택과 특권을 누리는 법적인 지위를 지닌 집단으로 간주된다. 카스트 제도의 분절성과 카스트에 기반을 둔 정부의 정책 때문에 개별 카스트 및 카스트 제도는 사회적으로 다양한 이합과 집산의 모습을 드러내고 있다.

카스트의 기능

카스트 체계 안에는 노동과 서비스의 분화와 교환이 있다. 전통적으로 특정 카스트에 부여된 세습직은 개별 카스트에 속하는 가족 단위가 독점하여 의무적으로 수행해 왔다. 개별 카스트의 세습직은 출생과 동시에 주어진 권리일 뿐 아니라 의무이기도 하였다(Bougle 1958 : 8). 따라서 카스트 체계는 전체 사회를 다양한 직업을 가진 집단들로 나눈다. 이론적으로는 모든 카스트가 각자의 세습 직업을 가지고 있으며, 각 카스트의 성원들은 그들에게 부여된 세습직을 수행한다. 하지만 실제는 이와 다른 모습으로 나타난다. 카스트 가운데 일부는 특정한 세습직이 없었을 뿐 아니라, 카스트의 모든 성원들이 자기 카스트에 부여된 직업을 수행하는 것도 아니었다.

이들이 거주하는 마을은 서로 다른 카스트에 속하는 가족들이 재화와 서비스를 교환하거나, 마을 전체에 대하여 지속적으로 서비스를 제공하는 사회 경제적 관계로 서로 얽혀 있다. 서로 다른 직업을 가진 카스트 사이의 상호 의존은 세습적인 결합에 따르며, 그 대가로 받는 곡물의 양은 제공된 서비스의 질과 양에 관계없이 고정되어 있다. 하지만 카스트의 직업적 세분화와 독점은 그 정도가 점차 약해지고 있으며, 카스트 간 경제적 관계도 상호 의존에서 상호 경쟁 관계로 변화하고 있다(Mayer 1960 : 88~91).

산업화 및 도시화로 말미암아 전통적인 사회에서 특정 카스트 전체가 행하던 직업이 사라지거나, 카스트 성원 대부분이 새로운 직업으로 전환하는 경우가 발생하고 있다. 더구나 농사나 장사를 하는 일은 많은 사람들이 카스트에 관계없이 종사해 왔고 어느 특정 카스트의 세습직이 아니었다. 그리고 서로 다른 카스트 및 집단들이 유사한 직종에 함께 종사하고 있으면서도 카스트 정체성만은 서로 다르다고 주장하고 있는 경우도 있다(Meillassoux 1973 : 91).

개별 카스트가 특정한 직업과 연관되어 있지만 카스트의 모든 성원들이 세습으로 주어진 카스트 직업에 종사해야 하는 것은 아니다. 특히 독립 이후 카스트는 카스트 성원들의 직업을 결정하기보다는 단순히 제한하는 수준에 머물고 있다. 늘어나는 이주와, 카스트와 관계없이 새로 생기는 직업 때문에, 많은 사람들이 자신들에게 주어진 카스트 직업을 포기하거나 아예 카스트 자체가 전통적인 직업을 그만 두는 경우도 있다.

특히 사회가 산업화되면서 카스트에 구애받지 않는 새로운 직업이 창출되고, 정치적으로는 민주주의가 정착하면서부터 특정 직업과 결부된 카스트 제도의 성격이 변화하고 있다. 오늘날 카스트는 전통적인 직업을 수행하는 집단으로 분별되는 것이 아니라, 단지 카스트 명칭으로 다른 카스트와 구별된다.

전통 사회에서 서로 다른 카스트의 성원들은 경제적으로 공동의 이익을 추구할 수 없었다. 카스트의 이해 관계는 종교적이고 사회적인 것으로 간주되었으며, 특정 카스트의 성원들만이 공동의 의례적 및 사회적 정체성을 공유할 수 있었다.

하지만 근래에는 개인들의 이해 관계가 카스트의 이익에 우선하는 경우가 대부분이다. 카스트는 '집단적 개인'의 양태를 보이고 있으며, 카스트 간 관계도 상호 의존보다는 경쟁으로 바뀌고 있다. 뿐만 아니라 개인들도 사회 경제적 이익을 좇아 카스트 내부와 외부에서 서로 다툴 수밖에 없는 처지가 되었다. 카스트 간의 위계적인 상호 의존이 무너지고 카스트 내부에서 사회 경제적인 격차가 점차 증가함에 따라, 전통적인 직업을 고수해야 한다는 윤리적 책임감이 사라지고 카스트 소속과 생존 수단이라는 문제는 점점 별개로 나타나고 있다(Fuller 1996).

이와 같은 카스트 제도의 내적인 변화에도 불구하고 개별 카스트는 자신들의 카스트 직업을 수행하기보다는 단지 같은 카스트 성원임을 내세워 점차 정치적으로 이익 집단화하는 경향이 나타나고 있다. 즉 정과 부정의 관념 및 카스트 위계의 차이에 대한 전통적인 생활 방식은 점차 미약해지고, 이제는 카스트가 정치적·경제적으로 하나의 단위체라는 인식이 확산되고 있다.

카스트 제도는 점차 느슨해지고 카스트의 전통적 구조는 어느 날 깨어질지 모르지만, '우리'라는 카스트 정체성은 카스트 성원들 사이에 지속될 전망이다(Shah 1985 : 1). 도시뿐만 아니라 촌락에서도 개별 카스트와 결부된 전통적인 직업은 거의 허울로 남아 있으며, 단지 카스트의 일부 성원만이 아직도 전통적 직업을 고수하고 있다. 전통 직업은 더 이상 카스트의 의무가 아니라 사회 경제적인 이해 관계에 따라 선택할 뿐이다.

카스트 제도는 위계적으로 이루어져 있지만, 그 위계는 뚜렷하지 않을 뿐 아니라 어떤 경우에는 모호하다. 카스트 간 위계는 카스트 간의 경계를 유지하고 제한함으로써 지속된다. 그래서 카스트 간 경계가 허물어져 서로의 문화적 차이가 거의 없는 경우에도 관념적으로는 서로 다름을 유지하고자 한다. 그 차이를 표현하는 대표적인 방식은 음식물 수수이고, 이는 카스트의 서열을 나타내는 기준 가운데 하나로 작용한다(Freed 1963 ; Kolenda 1983 ; Marriott 1965, 1992 ; Mayer 1960, 1996). 카스트 간 음식물 수수에 관한 제한과 허용은 카스트 분리와 관계가 있다. 가족이 아닌 다른 사람으로부터 음식물을 받아들인다는 것은 자신과 같은 카스트 성원이거나 자신보다 높은 카스트 성원이라는 것을 나타낸다. 이것은 카스트 간의 분리와 차이를 재확인하는 사회적 장치이다.

그러나 카스트 간 음식물 교환이 단순히 위계의 차이를 반영한다기보다는 정과 부정의 관념으로 파악하는 경우도 있다(Das 1992 : 76). 즉 카스트 간에 음식물 교환을 제한하는 것은 위계적 원리로서가 아니라 정의 관념에서 비롯된 것으로 이해해야 한다는 것이다. 다시 말해 카스트 위계가 낮기 때문에 음식물 수수를 거절하는 것이 아니라 그들이 의례적으로 '오염된' 범주의 사람들이기 때문에 그들로부터 음식물을 받지 않는다는 설명이다. 그러나 실제 생활 가운데서 음식물 교환은 어느 한쪽으로만 설명할 수 없는 경우가 많다. 어떤 경우에는 위계적 차이 때문에 음식물 수수를 거부하기도 하지만 다른 경우에는 의례적으로 오염되었다는 이유로 음식물 교환이 거절되기도 한다.

지역 수준에서 보면 대개 위계적으로 낮은 카스트에 속하는 집단들이 의례적으로 '오염된' 범주에 속한다. 즉 위계의 원리와 정과 부정의 관념이 서로 동떨어져 있는 것이 아니라 서로 얽혀 있는 것이다. 일반적으로 개별 카스트의 의례적인 순수함은 자신들보다 덜 순수하다고 여겨지는 카스트의 성원들과 음식물을 교환함으로써 오염되거나 순수함의 정도가 낮아진다고 여긴다.

음식물 교환에 관한 제한은 그 음식물이 요리를 한 것이냐 아니면 날것이냐에 따라 그 정도가 다르며, 요리를 할 때 어떤 식으로 요리를 했는가에 따라 달라진다. 그리고 교환을 제한하거나 허용하는 음식물의 종류도 지역과 풍습에 따라 다양한 형태로 나타난다. 그뿐만 아니라 채식주의자냐 비채식주의자냐에 따라 음식물 교환의 정도가 달라진다.

하지만 근대 이후 들어 공공 장소에서 식사할 수 있는 기회가 증가함에 따라 음식물 교환과 육식의 섭취는 카스트 간의 문제라기보다는 개인들의 선택 사항이 되고 있다. 그러다 보니 공공 장소에서 식사를 할 때 카스트 간 경계는 거의 사라지고 있다. 음식물 교환에 관한 한 정과 부정의 관념에 따른 위계적 차이는 점차 사적인 영역 및 의례적인 영역으로 국한되고, 공적인 영역에서의 일상 생활은 평등이라는 관념이 팽배해지고 있다.

카스트 제도의 가장 중요한 특징 중의 하나는 혼인에 관한 규제이다. 이는 곧 개인은 자신이 속한 카스트 성원과 혼인하도록 요구를 받는다는 의미이다. 따라서 혼인은 카스트 경계 구분이 가장 분명하게 드러나는 경우이다. 이는 곧 자신의 카스트 성원과 혼인을 해야만 사회적으로 용인 받는다는 뜻이다. 따라서 카스트는 일반적으로 내혼의 단위가 된다. 카스트 내혼은 서로 다른 카스트들 사이에서 자신들을 한데 묶는 강력한 수단이 되며, 다른 카스트에 흡수되는 것을 방지해 준다(Srinivas 1987 : 79).

카스트 제도 안에서 한 집단의 지위는 카스트 내혼으로 지탱된다. 카스트 내혼과 관련해서 혼인 규범과 카스트 간 혼인에는 '피의 순수성'이라는 관념이 자리를 잡고 있다. 피의 순수성은 부모 양쪽 모두에게서 이어받는다. 따라서 피는 순수성을 유지하는 근원이므로, 피의 순수성을 유지하고 자녀들에게 순수한 피를 물려주기 위해서는 자신과 같은 피를 소유하고 있는 같은 카스트 성원하고만 혼인을 해야 한다는 것이다(Barnett 1975 : 150~151).

그러나 실제는 혼인 제도가 이념형보다 매우 복잡하며, 내혼 규범의 준수도 유연하게 나타난다. 카스트는 일반적으로 내혼endogamy의 단위이지만, 카스트 내혼은 상향혼(上向婚 또는 仰婚, hypergamy)과 섞여 있다. 카스트 간 혼인 또는 결합이 허용되는 경우, 하향혼(下向婚 또는 降婚, hypogamy)은 배제되고 상향혼 형태의 혼인만 허용된다. 이념적으로는 카스트 간에 여자를 교환할 수 없지만, 만약 카스트 간에 여자 교환이 있다면 그것은 남자의 신분이 여자에 비해 높은 비대칭적 교환인 경우이다.

하지만 교육의 기회가 증가하고, 영화 산업과 대중 매체가 확산되고 정부가 카스트 간 혼인을 장려하는 정책을 실시하는 등의 이유로 카스트 간 혼인에 대해서도 인식이 달라지고 있다. 카스트 간 혼인에 대해서도 해당 카스트가 제재를 가하거나 추방을 할 수 없게 됨에 따라 카스트 간 혼인은 더 이상 카스트 전체의 문제가 아니라 가족과 개인들의 문제로 바뀌고 있다.

카스트 성원권은 출생으로 결정된다. 개인의 카스트 소속은 부모의 카스트에 따라 결정되며 바꿀 수 없는 절대적 신분이다. 따라서 개인은 그가 태어난 친족 집단 속에서 정체성이 결정됨으로 인해 그의 귀속적 지위는 카스트 또는 카스트 내부의 소집단으로 표현된다. 즉 카스트 체계 안에서 사회적으로 인정되지 않은 혼인으로 인해 탄생한 자녀의 귀속적 지위는 그 위치가 애매하거나 새로운 범주를 채택하지 않는 이상 설자리가 없다.

서로 다른 카스트 성원 사이의 음식물 수수에 대한 제한이 느슨해지고 평등주의와 민주주의가 확산되면서 혼인에 대한 규범 또한 달라지고 있다. 이와 더불어 카스트 내혼의 범위가 확대되어 과거에는 서로 혼인을 할 수 없었던 집단들이 통혼을 하기도 한다. 교육과 도시화, 그리고 영화의 영향 및 이주의 기회가 증가함에 따라 카스트 간 '혼인' 또는 결합이 늘어나는 추세에 있다.

카스트 연구사의 변천

카스트에 관한 연구는 크게 두 가지 입장에서 전개되어 왔다. 첫 번째는 카스트는 힌두 사회와 결부된 체계이고, 인도 사회는 다른 사회에 비해 독특하며 따라서 전통적인 사회학적 연구 방법에서 벗어나 다른 시각으로 인도 사회를 바라보아야 한다는 입장이다 (Dumont 1970 ; Hutton 1946 ; Leach 1960a ; Srinivas 1987 등). 두 번째는 카스트의 개념을 확대하여, 카스트 제도는 인도뿐만 아니라 다른 여러 사회(Berreman 1968, 1981 ; Harper 1968)는 물론 비힌두 집단(Ahmad 1978 ; Caplan 1980 ; Tharamangalam 1996 등)에서도 나타나는 사회 계층의 일종이라는 입장이다. 대개 연구자들은 자신들의 연구 주제와 목적에 따라 이 두 입장 중 어느 하나를 바람직한 것으로 고수하고 있는 경향이 있다.

인도의 카스트 제도는 카스트 제도 자체를 설명하는 종교적 · 의례적 맥락에서 보면 아주 독특하다고 할 수 있다. 특히 그것을 구성하고 있는 단단하고 자율적인 통제 기제를 갖추고 있다는 점에서 그리고 그 복잡성의 정도에서 보면 그렇다. 그러나 통문화적 비교와 일반화를 끌어내기 위해서는 사회 계층의 입장에서 정의될 수도 있을 것이다.

바르나 체계로서 카스트를 이해하려는 입장은 영국 식민 지배와 맞물려 나타났다. 18~19세기 당시 영국의 식민지 관료, 선교사 및 동양학자들은 힌두 고전을 텍스트로 하여 인도 사회를 이해하였는데 주로 브라만을 위시하여 지배적인 지위에 있던 사람들의 해석에 의존하였다. 영국의 식민지 정책은 힌두 왕이나 지배자들을 세속적인 영역으로 한정시켜 왕권을 약화시킴으로써 식민지 지배를 용이

하게 하고자 하는 것이었다. 이들의 주장은 브라만의 종교적 지위가 끄샤뜨리야 또는 왕의 세속적 권력에 우선한다는 구조주의자들의 카스트 해석으로 이어졌다.

구조주의 학자의 대표는 루이 뒤몽Louis Dumont이다. 뒤몽은 카스트 제도를 단순한 계층 체계가 아닌 힌두교라는 종교 체계로 파악하고 카스트의 가장 특징적인 면을 정과 부정의 대립에서 비롯되는 위계로 설명하고 있다. 따라서 뒤몽에 있어서 인도 사회의 변화는 단지 정치, 경제적인 측면의 변화를 의미하며 이 영역의 변화는 카스트의 근본 원리의 변화가 아닌 피상적인 변화를 뜻하는 것이다.

뒤몽과 같이 인도 사회의 변화보다는 지속성을 강조하는 주장들은 인도 사회에 대해 '텍스트적 견해'를 지향하고 있기 때문에 근대 이후 인도 사회에 나타난 사회의 여러 영역에서의 변화를 이해하기 위한 시도는 거의 이루어지지 않았다. 이들은 힌두교에 대한 연구를 통해 카스트 제도 및 인도 사회를 이해하려고 하였는데, 전통적인 인도 종교가 현대 인도인들의 삶 속에서 생동하고 있다는 전제에서 이러한 식의 작업에 몰두하였던 것이다[5].

하지만 1980년대 이후 브라만을 최상층에 두는 바르나 모델로는 인도 사회를 제대로 이해할 수 없다는 지적이 본격적으로 대두되었다. 의례적으로 정의 위치에 있는 브라만 중에서도 실제로는 장례를 집전하는 등 자신들의 삶이 의례적 청결과는 거리가 먼 브라만이 인도 사회 곳곳에 존재하고 있었다. 장례 및 부정 의례를 집전하는 브라만은 자신보다 낮은 카스트로부터 종교적 및 세속적 증물贈物을 받음으로써 종교적인 청결과 유리되고 있다는 것이다. 이런 관점에서 보면 브라만의 종교적 지위는 끄샤뜨리야 또는 왕이나 지배 카스트의 세속적 권력을 공고히 하는 통로가 될 뿐이라는 것이다(자세한 것은 Quigley 1991, 1993 ; Raheja 1988a, 1988b 참조하기 바람). 이런 입장을 견지하는 학자들은 브라만이 최상층이라는 입장에서 인도 사회를 바라보면 결코 카스트 제도가 어떻게 운용되는지 알 수 없다고 주장하고 있다(Quigley 1993 : 20).

카스트 내혼, 음식물 수수 및 직업의 세습은 카스트의 특징으로 가장 빈번하게 제시되는 항목이다. 이들 특징들은 정과 부정의 관념, 카스트 구분, 그리고 위계의 개념과 연계되어 있다. 카스트는 다른 카스트와의 상호 작용 속에서만 올바르게 이해될 수 있다. 카스트 간 상호 작용 구조는 카스트 제도 전체를 나타내는 특징이다. 음식물, 여자 그리고 서비스의 교환에 관한 제한은 개별 카스트의 정체성을 유지하기 위한 장치로 작용해 왔다. 카스트 정체성은 집단의 의례적 순수성과 연결되어 있음으로, 집단의 순수성을 지키기 위해서는 다른 집단과 분리되어야 하고 차별되어야 한다는 것이다.

하지만 오늘날 많은 사람들은 카스트 사이의 불평등 대신 단지 카스트 사이의 다름으로 카스트 제도를 표현하고 있다. 즉 카스트 간 위계는 공적인 영역에서 감히 내세울 수 없는 담론이 되었고, 정과 부정의 관념으로 지속되던 위계적 가치는 이제 사적인 영역에서만 준수하는 관념으로 자리잡고 있다. 공적인 영역에서는 위계적 차이가 아니라 단지 카스트 간 생활 방식의 '다름'으로 대체되고 있다(Fuller 1996 : 12). 사적인 공간과 공적인 공간의 분리(Singer 1968 : 438~439)는 단지 세상의 변화에 적응하기 위한 일시적인 방안이 아니라 이데올기 차원의 변화로 나타난다(Barnett 1975 ; Fuller 1996). 즉 규범적인 수준에서 카스트 간 분리의 표식이 위계적 서열에서 다름으로 바뀌었다는 것은 행위의 준거가 카스트에서 개인으로 옮겨갔다는 것을 의미한다.

카스트 내부의 경제적 차이와 더불어 카스트 외부의 여러 제한이 느슨해짐에 따라, 카스트는 점차 집단적 개인으로 바뀌어 가고 개인들은 카스트에 관계없이 경제적·정치적 영역에서 서로 경쟁하는 사회 체제가 되고 있다. 뿐만 아니라 최소한 공적인 영역에서는 평등 이데올로기가 표방됨에 따라 개별 카스트는 생활 방식의 다름을 통해 카스트 정체성을 유지하고 개인들은 경쟁을 통해 자신들의 사회 경제적인 이익을 추구할 수 있게 되었다. 그러나 이러한 변화는 정도의 문제이지 본질적인 것은 아니다. '카스트는 아직까지도 존재한다'라고 보는 게 일반적인 견해이다.

제 1 부

정치적 의미의 '민족 집단'으로 성격 부상

I. 카스트 제도의 정치적 성격 전환

인도 사회의 변화는 영국 식민 지배 시기부터 본격적으로 이루어졌다. 이는 전통 농업 경제의 붕괴와 식민 경제 체계로의 편입, 자본주의 시장 경제의 도입, 광범위한 교육의 확대, 새로운 계급인 자본가와 노동자의 발생, 민족 중심의 독립 투쟁 등으로 인해서였다. 독립 후 인도 사회는 대의 정치의 도입, 국가 주도 경제 실시, 반봉건적 제도 철폐, 근대 행정 체계의 도입 등으로 이어지는 일련의 사회경제적 환경의 변화로 더욱 심층적인 변화를 경험하게 되었다.

근대 인도 사회의 변화는 곧 카스트의 성격 전환을 가져 왔다. 이는 곧 '현재의 인도 사회에 카스트 제도가 존재하는가'에 대한 문제로 연결된다. 이 문제는 기본적으로 카스트는 고정적이지 않고 변화하고 있다는 카스트 구조에 대한 역사적 이해로부터 출발한다. 그리고 현재 인도 사회에서 가장 첨예한 문제로 대두되고 있는 카스트주의Casteism의 성격 규명으로 귀결된다. 이 과정에서 개별 카스트의 범주를 넘어 정치·경제적으로 각종 혜택을 부여받는 지정 좌석을 요구하기 위해 일련의 그룹, 예컨대 후진 계급Backward Classes이나 여타 후진 계급Other Backward Classes으로 범주화되고 이에 대한 반발로서 상층 카스트들의 집단화 현상은 어떻게 이해하여야 하는가의 문제와 연결될 수 있다.

이를 기존의 역사적 연구에서와 같이 '카스트 구조 내에서의 유동성'으로 보아야 하는 것인가 혹은 '새로운 카스트 구조의 진행'으로 보아야 하는 것인가에 대한 문제가 바로 이 글이 논의하고자 하는 문제의 실마리이다. 결국 문제의 초점은 카스트의 변화가 정치적 각축장과의 연계 속에서 어떤 형태를 띠는가가 될 것이다.

카스트의 성격 변화와 관련된 본격적인 문제는 독립 이후 북부 인도 농촌 사회의 경제적 변화와 함께 시작된다. 이 지역의 녹색 혁명은 전반적인 농업 생산력의 증대를 가지고 왔고 그것이 사회 재편의 발판이 되었다. 카스트의 성격 변화와 관련된 본격적인 문제는 독립 이후 인도 농촌의 사회 경제적 변화와 함께 시작되었다. 토지 개혁에 의하여 대자민다르가 해체되고 이전의 상층 소작인과 중소 중개인(소자민다르)들이 토지에 대한 법적 소유권을 획득함으로써 토지가 농민의 상층부에서 재분배되는 현상이 나타났다. 이 때 새롭게 소유권을 획득한 사람들의 상당수가 전통적인 농민 카스트 성원들(바르나로는 대개 슈드라 상층)이었으며, 이로 인해 농촌의 세력이 재편되었다.

정치권에서는 점차 유권자의 숫자에 관심을 집중하게 되었고 동시에 사회주의적 정치 문화는 하층 계급에 대한 우대 정책을 상승시켰다. 이로 인해 의석 지정 정책Reservation Policy의 문제가 대두되었고, 이 문제는 다시 하층 카스트의 결속과 상층 카스트의 대응 결속으로 이어졌다. 이런 상황 속에서 카스트 집단들은 상대에 대한 압박을 강화하고, 이에 대한 자연적인 반응으로 집단 내 개개의 분화 현상이 점차 시들어가고 있었다. 특히 1990년 8월에 만달 위원회Mandal Commission는 그 동안 지정 카스트Scheduled Caste와 지정 부족에만 제공하던 의석 지정 정책을 여타 후진 계급에도 시혜를 주는 것으로 발표하였다. 이에 따라 상층 카스트들의 거센 반발과 여타 후진 계급들의 권리 주장으로 말미암아 인도 사회는 새로운 카스트주의의 등장이라는 일대 혼란을 경험하게 되었다.

카스트주의는 경제 또는 의례적 영역에서는 전통적인 카스트의 성격이 약화되고 있는 반면 정치적 각축장에서는 카스트가 중요한 요소로 작용하고 있다는 점에 특별히 주목할 필요가 있다. 이런 맥락에서 '카스트 집단 결속과 그를 중심으로 하는 상호 대립 관계는 어디까지 지속될 것인가?', '이러한 변화의 방향은 향후 경제 발전, 도시의 확대와 농촌 인구의 구성, 정치의 민주화 등과는 어떠한 관련 속에서 전개될 것인가?', '특히 힌두 근본주의의 심화와 카스트주의는 향후 어떠한 관련성을 보여줄 것인가?', '집단 내 농업 경제력 확보를 둘러싼 투쟁으로 인한 카스트 내부 분화는 어떻게 될 것인가?', '그 동안 지역적인 경계를 기준으로 하는 차별성과 분리를 강조하던 개별 카스트의 성격이 지역적 경계를 초월하는 하나의 정치적 공동체로서의 "민족 집단"[6]의 성격을 띠어 가는 경향은 어떻게 전개될 것인가?'와 같은 문제들이 이 글이 다루고자 하는 핵심 연구 범주이다.

　이러한 문제의 해결을 위한 연구 방법으로 우리는 문헌 연구와 인류학적인 현지 조사를 병행하였다. 이를 위해 카스트 기원 및 카스트 제도의 정치적 전통에 관한 분석과 함께 그 성격의 규정을 위한 작업이 무엇보다도 선행되어야 했다. 이 가운데 '카스트 - 정치'의 역사적 전통과 관련된 고대 - 중세 및 근대 사료를 조사하고 해석했다. 또한 근대 국가 이후로 전개된 인도 정치 발전사와 여기서 발견되는 정치와 카스트의 상호 성격 규정을 위해서 정치와 법의 관계를 중심으로 근대 국가 수립 이후에 실시된 인도 하원 의원 선거 결과 등을 분석했다. 마지막으로 카스트와 실제 정치 사이의 상관관계를 파악하기 위하여 웃따르 쁘라데쉬 주 전체와 메인뿌리 군을 비롯하여 바니가온Banigaon 촌락 의회를 인류학적 방법으로 분석하고, 웃따르 쁘라데쉬 및 메인뿌리 군의 선거 결과와 관련된 문헌 연구를 수행하였다.

현지 조사는 1996년 12월 중순부터 1개월간 북부 인도의 메인뿌리 군에 속한 9개 촌락을 중심으로 하여 이루어졌다. 이 가운데 바니가온 빠짜야뜨에 속한 바니가온 촌락, 쭈르헬라Churhela 촌락 및 가디아Gadhiya 촌락은 보다 집중적으로 조사하였다. 세 명의 연구자들 모두가 까토리Kathori라는 인도 국도 2번에 위치한 촌락에 거주하며 그곳을 현지 조사의 기지로 삼으며 조사지 9개 촌락을 직접 탐방하여 조사하였다. 조사지 촌락의 사회 구조를 파악하기 위해 카스트 구조와 간략한 경제 구조를 조사했으며 주로 각 카스트별 지지 정당과 지지 이유 등을 인터뷰를 통해 자료를 수집했다. 그리고 메인뿌리 군과 웃따르 쁘라데쉬의 역사적 배경 및 그간의 인도 하원 선거 및 주 의회 의원 선거 결과에 관한 자료 수집을 위해 지방의 신문과 행정 편람 등을 수집하였다.

II. 카스트 제도의 역사적 전통과 근대 카스트 운동

1. 전前근대 사회에서의 카스트 이동의 역사적 전통

1853년 마르크스는, 영 제국주의의 인도 통치에 대해 논하는 자리에서, 카스트 제도는 노동의 세습적 구분에 기초하여 인도의 힘과 진보에 결정적인 걸림돌로서 역할을 하는데, 철도 체계로 형성되는 근대 산업이 바로 이 카스트 제도를 와해시킬 것이라는 그 유명한 예견을 하였다(Marx 71). 이에 반해 루이 뒤몽은 카스트 제도 내의 위치 변화는 있으나, 정淨과 부정不淨에 입각한 이데올로기에 기초하여 있고 그것이 불변의 진리로 이어져 내려오므로 결국 전체의 사회 구조는 결코 변하지 않았다면서 그의 의견을 일축하였다(Dumont 1988 :

218). 이 두 거장의 의견은 크게 두 가지 주장으로 구성되어 있다. 하나는 인도 전통 사회의 사회 변화 여부에 관한 것이고 또 하나는 근대 사회의 도입으로 카스트 구조가 변화할 것이냐 여부이다. 과연 근대 사회는 인도의 카스트 구조를 해체시켰는가? '근대의 시작과 전통 사회 구조의 해체'에 관한 문제가 바로 여기에서 다루고자 하는 첫 번째 주제이다.

근대와 카스트 구조 변화의 상관 관계는 우선 인도 사회의 재조직에 관한 문제이다. 그것은 전통적 의미의 카스트 범주가 근대의 시작으로 인해 어떻게 확대(혹은 해체)되는가와 같은 비교적 단순한 문제에서부터 종족, 종교, 언어 등과 같은 소위 민족을 이루는 여러 요소들과 복잡한 관계를 맺으면서 어떤 규모와 조직을 갖춘 새로운 단위의 '민족 집단'으로 등장하는가와 같은 상당히 복잡한 문제까지 연결되어 있다. 이에 대한 올바른 성격 규정은 인도 사회 변화의 향후 방향을 가늠해 주는 나침반의 역할을 해줄 것으로 기대된다. 더불어 이러한 현상들이 현재 인도 정치의 가장 첨예한 문제로 등장한 카스트 집단 정치와의 관련성을 제시해 준다는 점에서, 인도의 사회·정치 연구가 지역 문화의 통합적 성격 규정에 지대한 의미를 보여줄 수도 있다고 생각한다.

인도 사회를 연구한 초기 학자 대부분은 인도 사회는 정체되어 있고 그 중심에 카스트 구조가 자리잡고 있다는 데 동의하고 있다. 대표적으로 막스 베버Max Weber는 카스트가 기술 변화와 직업 이동에 대해서는 방해물로 작용하고, 비록 최근의 신기술이 새로운 카스트를 생성시키지만 궁극적으로는 사회 개혁에 큰 걸림돌이 된다고 주장한다(Weber 1958 : 104). 이러한 관점은 역사를 물질 중심의 변화로 해석하고 있는 유물론자들에게도 찾아 볼 수 있으니, 이는 마르크스가 설정해 놓은 동양 사회 정체론이라는 잘못된 가설 때문이었다.

이러한 마르크스와 베버의 분석은 많은 편견과 왜곡의 결과일 뿐 인도 사회에 대한 정당한 평가라 할 수 없다. 그럼에도 불구하고 그들 이후로 많은 서양인들은 인도는 근대 경제 체계로 발전할 수 없는 나라 그리고 그 이유는 불변의 카스트 구조가 있기 때문이라는 견해를 계속 유지하고 있다. 하지만 인도의 카스트 제도는, 많은 사람들의 생각들과는 달리, 고대부터 상당한 변화를 겪어 왔고, 카스트가 경제 발전에 걸림돌로 작용한 적이 전혀 없진 않지만 그들의 평가만큼 결정적인 역할을 한 것은 아니었다.

카스트의 기원은, 신화를 통해 보면, 마하 뿌루샤Maha Purusha라는 태초의 원인原人이 스스로를 제사지내 그 몸에서 네 바르나를 출생시킨 것이다. 그의 입에서 브라만이, 그의 팔에서 끄샤뜨리야가, 그의 다리에서 바이샤가 그리고 그의 발에서 슈드라가 태어났다. 이 몸의 각 부분에 관한 상징은 각 바르나의 의례적 지위 및 그 집단의 사회적 기능과 관련을 맺고 있다. 그리고 카스트의 기원과 구조가 의례에 존재 기반을 둔다는 사실은 곧 각 카스트의 성격과 그 순위가 종교 이데올로기에 의해 규정된다는 것을 의미하기도 한다. 네 계급 가운데 상위 세 계급인 드위자는 입문 의례를 통해 사회적으로 정상인으로 인정받는 반면에, 하위 계급 슈드라는 의례를 통한 사회적 정당성을 부여받지 못하고 사회적 불구로 규정된다.

실제 역사상 바르나의 기원은 아리야인과 토착민들이 서로 동화하면서 갠지즈 상류 유역에 진출해 농경 사회를 성립시킨 후기 베다 시대(기원전 1000~600년경)로 올라간다. 유목 시대를 청산하고 정착 농경 사회가 이루어지면서 정기적인 생산 체계와 함께 계급으로서 바르나가 발생하였다. 브라만은 우주적 정수精髓를 의미하는 절대적 존재인 브라만brahman에서 끄샤뜨리야는 권력을 의미하는 끄샤뜨라 kshatra에서 바이샤는 평민을 의미하는 비슈vish에서 파생되었다.

그러나 인도의 고대 사회는 경제의 발달과 이로 인한 산업의 분업화 그리고 정치 권력의 난립으로 인해 이상적인 네 개의 바르나 체제로만 유지될 수는 없었다. 특히 마우리야후後 시대에는 중부와 남부 인도의 많은 부족민들이 카스트 제도로 흡수되면서 카스트가 양산되기 시작하였고 그 와중에 많은 위치 변동이 있었다. 기원 초기에는 많은 도시가 발달하면서 경제력을 확보한 낮은 카스트들이 실질 권력자로 등장하고, 경제적으로 몰락한 브라만들은 단순한 고용인으로 전락하는 등 사회의 실질 구조가 의례상의 구조와 큰 괴리를 나타냈다. 그리고 이 시대에는 인도 - 그리스Indo-Greek족, 사까 Shaka족, 꾸샤나Kushana족 등 외래 이민족들이 통치자로 자리잡으면서 카스트의 이동이 심했다. 이로부터 라즈뿌뜨Rajput라는 계급이 발생하면서 끄샤뜨리야의 주요 분파로 자리를 잡는다.

더불어 5세기경부터 시작한 도시의 몰락과 봉건 사회의 정착 등으로 많은 카스트의 이동이 있었다. 슈드라는 농경민으로 정착하면서 바이샤와의 격차를 좁히기 시작하였고, 슈드라의 상승에 반해 사회의 최하층에서 불가촉민제가 발달하였다. 이로서 '바르나 힌두' 대 '불가촉민'이라는 차별 구조가 점점 확실하게 자리잡게 되었다. 그리고 토지가 사회에서 가장 중요한 요소로 등장하면서 토지의 기록을 전담하는 계급인 까야스타Kayastha가 브라만과 끄샤뜨리야의 중간 계급으로 자리잡았다.

정淨과 오염汚染의 개념을 토대로 하고 신화에 근거한 성聖스러운 네 바르나 구조의 사회는 실제 역사에서는 자리잡지 못하였다. 이러한 현상을 두고 브라만들은 신화 속에서 깔리 유가(Kali Yuga ; 암흑 시대)라 폄하하여 부름으로써 바르나 구조의 유지를 통한 사회의 안정을 꾀하고자 하였다. 고대 사회에서는 상층 바르나가 곧 지배층이 되는 현상이 주를 이루었다고 보아도 큰 무리는 없겠으나, 중세에 접어들면서 토지 하사가 광범위하게 시행되고 그에 따라 많은 비브라만 지주층이 양산되면서 바르나가 계급과 동일시되는 현상은 더 이상 존재하지 않았다. 따라서 인도 사회에서도 권력이 반드시 한 계급에 고정되어 있지는 않았다.

다시 말하면, 고대 인도에서도 여느 사회에서와 마찬가지로 사회 이동이 항상 있었던 것은 분명한 사실이다. 다만 인도에서는 실질적인 사회 이동은 특별한 주목을 받지 못하였고, 반드시 거기에 카스트의 의례적 지위 이동이 추가되어야만 사회적 의미가 부여되었던 것이다. 그것은 곧 인도 사회가 그 내부에서 실제 잦은 사회 이동이 있었음에도 불구하고 이동의 방향이 보수적인 구조로 흐를 수밖에 없었음을 의미하는 것이다(이광수 1996 : 226).

이러한 현상은 13세기 이후의 중세에도 마찬가지로 나타나고 있다. 이 시기에 인도는 상품 생산이 크게 증가하고 곳곳에 도시가 발생하였으며 도시를 중심으로 국내외 교역이 크게 흥성하여 '제3차 도시화'라 부르는 괄목할 만한 경제 성장을 이루었다. 이런 상황에서 델리 술탄Delhi Sultan 정권의 무슬림 군주들은 사회적으로 카스트 구조에 불간섭 정책을 폈다. 그들은 기본적으로 남자 - 여자의 구별과 주인 - 노예의 구별에만 관심이 있었다. 그들이 원하던 것은 새로운 환경에서 국가 건설에 필요한 재정의 확보였고, 이 차원에서 농촌의 세수稅收 확보와 도시의 저임금 노동력 확보가 우선적으로 필요한 일이었다. 따라서 그들에게 카스트 구조의 안정적 유지는 일단

관심 밖의 일이었다.

그리고 도시를 중심으로 형성된 새 지배 계급에게는 보다 안정된 세력 구축을 위해 무엇보다도 기술과 재화의 확보가 필요하였고, 이는 결국 새로운 기술의 개발과 직업의 창출로 연결되었다. 뿐만 아니라 국가에 의해 무슬림으로 개종된 많은 하층 카스트들은 기술, 상업, 무역 등의 새로운 직종에 차용되었으니 이는 당시의 사회 경제 환경 속에서 불가촉민들에게 상당한 영향을 끼쳤다. 이러한 일련의 사회 경제 발전으로 인해, 비록 제한된 범주에서이지만, 어느 정도의 카스트 이동을 가져온 것도 사실이다.

18세기 마하라슈뜨라Maharashtra에서 기존의 제복 카스트가 염색 카스트와 인디고 염색 카스트로 분화한 것은, 도시화 속의 기술과 직업의 분화로 인한 카스트 이동 현상이다(Habib 1997 : 175). 15~16세기를 전후로 한 벵갈Bengal 지방의 사드고쁘Sadgop의 경우는 직업의 변화가 개간지 확대를 위한 집단 이주로 이루어졌다. 그들은 원래 고쁘Gop라는 이름의 목축민이었으나 벵갈 - 비하르Bihar 접경 지대에 놓여 있는 처녀지를 개간하였고, 결국 그곳에서 농민과 상인으로 탈바꿈하였다. 마두나삐뜨Madhunapit는 이발사Napit에서 제과업자 카스트로 바꾼 경우 — 그래서 원 이름에 꿀을 뜻하는 마두madhu를 앞에 붙였다 — 이고 풀나삐뜨Phulnapit는 나삐뜨에서 농민으로 바꾼 경우 — 그래서 꽃을 뜻하는 풀phul을 어두에 첨가하였다 — 이다.

또 사하Saha는 술을 만들고 파는 순디Sundi로부터 나와 곡식, 소금, 황마 등을 파는 상인으로 자리잡으면서 새롭게 사하라는 이름을 붙인 경우이다(Sannyal 1975 : 75~78). 신드의 자뜨Jat 또한 마찬가지이다. 원래는 8세기경까지 목축을 하는 불가촉민의 지위에 있었던 그들은 17세기경에 농민이 되면서 바이샤의 지위까지 오르게 된다. 모두 직업을 바꾼 후 새로이 확보된 경제력을 바탕으로 의례적 지위를 높인 것이 그 공통점이다.

그 과정에서 그들은 우선 카스트 이름을 바꿈으로서 조상들과의 관계를 끊고, 다음으로 원原카스트와 차별을 기하기 위해 그들과의 결혼과 음식 관계를 끊는 등 보다 정淨한 문화로 개작改作함으로써 상층 카스트로 자리잡았다. 이러한 새로운 직업 즉 대부분 농업과 상업을 통해 이동한 카스트들은 그에 맞춰 바이샤에 정착을 한다. 이동을 위한 모델로 지배 카스트를 따라 라즈뿌뜨나 끄샤뜨리아의 지위로 오르게 되는 경우도 물론 많다. 물론 여기에는 그들의 자민 다르zamindar[7])로서의 경제력 확장과 18세기 말 무갈 제국의 통치권이 쇠약해지면서 확보한 정치력 확장도 큰 요인으로 작용하게 된다.

지금까지 보아 왔듯이 카스트 이동은 카스트 구조의 철폐보다는 문화 개작을 통한 상층 카스트로 이동하는 형태로 나타났다. 그래서 반反카스트 운동은 항상 영적靈的 구원 문제와 관련되어 나타난다. 통상 어느 특정한 시점에 카리스마를 지닌 스승이 등장하고 그가 영원한 구원의 길을 창도하면서 많은 제자들이 그의 주위에 모인다. 스승의 새로운 가르침에는 항상 만민 평등, 의례주의 타파, 카스트 부정에 대한 것이 있고 이에 여러 다양한 카스트로부터 많은 추종자들이 모인다. 그들은 기존 사회와 거리를 두는 것을 실천하는 과정으로 반카스트 중심의 개혁 정신에 동참한다. 고대의 불교도나 자이나교도 그리고 중세의 링가야뜨Lingayat 교도들이 이에 속한다. 중세의 이슬람교의 영향 아래 일어난 사회 개혁 운동 또한 이와 크게 다르지 않다. 이 운동을 주도한 남데우Namdev, 까비르Kabir, 나낙Nanak 등은 모두 하층 자띠 출신으로 무엇보다도 카스트 철폐에 목소리를 같이 하였지만 그것은 곧 종교 개혁 안에서 주창될 수밖에 없었고 결국 새로운 종교 공동체의 형성으로 귀결되었다.

개혁에 동참하는 사람들은 그 정체성의 확보 차원에서 자신들끼리의 결혼과 음식의 자유스러운 관계를 갖는다. 하지만 결국 그것은 특정의 문화를 공유하는 특정 범주를 설정하는 것이 된다. 그러면서 결국 그들은 새로운 공동체로서 하나의 자띠를 형성하게 되는 것이다. 새로이 형성된 자띠는 적어도 그 위세를 떨친 그 지방에선 지배 카스트가 된다. 그래서 그들을 중심으로 하는 사회 재조직을 유도하게 되고 이로 인하여 카스트 구조의 새로운 형태가 이루어진다.

카스트 틀 내의 사회 재조직은 그 내부에서 실제로는 잦은 이동과 변화가 있었음에도 결국 사회 구조의 해체와 같은 혁명적 전환은 있을 수가 없음을 뜻하는 것이다. 중세 유럽에서와는 달리 17세기 이후 중세 인도의 많은 농민 봉기들이 사회 혁명으로 이어지지 못했던 것은 바로 이러한 계급 의식의 결여에서 비롯된 것이다. 마라타 Maratha 농민들은 봉기 이후 또 하나의 자민다르로 새로이 자리잡았고, 시크의 경우 종교 공동체의 형성으로 이어졌으며 자뜨의 경우 상층 카스트로 이동할 뿐이었다. 그들은 자신들이 하나의 농민임을 자각하지 못하였을 뿐 아니라 공동의 사회 경제적 조건 향상을 부르짖어야 함을 인식하지 못했다. 그들이 공동의 이익을 찾지 못한 데는 카스트라는 요소가 중요한 요소로 작용하였던 것이 사실이다.

2. 식민 경제 체제의 성립과 카스트 이동 운동

동인도 회사가 1793년부터 도입한 영대永代 자민다리제Permanent Settlement System는 카스트 체계의 변화에 결정적인 역할을 하였다. 원래 웃따르 쁘라데쉬를 비롯한 대부분의 북부 인도에서는 중세 이래 무갈 시대를 거치는 동안 브라만, 라즈뿌뜨, 타꾸르, 까야스타 등과 같은 상층 카스트들이 자민다르로서 토지를 소유한 반면에 그 경작은 슈드라가 주로 맡아 하였다. 경작지 면적에 비해 상대적으로 소작 농민들의 수는 적은 편이라 그들은 경작을 하고자 하는 한에서는 토지에 관해 거의 영구적으로 경작권을 소유하였다. 그렇지만 동인도 회사에 의해 새로운 지대제가 도입됨으로 인해 토지가 경매되고, 전대轉貸되는 현상이 심화되면서 기존의 많은 자민다르들은 보다 큰 규모의 신新자민다르에 완전히 흡수되었다.

신자민다르의 성립은 영국의 안정적 통치를 위한 정책의 일환이었다. 영국인 통치자들에게는 19세기경부터 끊임없이 이어져 온 농민 폭동의 진압이 무엇보다도 큰 과제였다. 그를 위해 전통적 지배 계급들 가운데 지역 사회를 안정적으로 유지시킬 수 있는 협조적인 세력이 필요하였다. 그러한 목적으로 그들은 새로운 지대법의 도입을 통해 신자민다르를 형성하였고, 따라서 신자민다르에게는 농민들이 사회적·경제적 이해를 공동의 축으로 하여 세력을 결집하는 것을 철저히 억압하는 것이 우선적인 과제였다. 영국인 통치자들은 그들의 비호 아래 특정 지역에서 정치적으로, 사회적으로 대표 세력으로 부상한 신자민다르들을 통해 사회 통제를 강화하였다. 신자민다르의 성장과 사회의 안정은 곧 농민의 피폐를 가져왔으니 농민의 위치는 극도로 악화되어 노예와 다름없는 상태에 빠지게 되었다. 결국, 농민들은 농업에서 유리될 수밖에 없었고 그 때문에 토지가 극소수의 손에 장악되면서 농업의 상업화와 농민들의 무토지 노동자로의 전환이 급속도로 전개되었다.

농민이 토지를 소유하지 못하면서 농촌의 카스트 구조는 급격히 흔들리게 되었다. 과거 전통 사회에서는 무토지 농업 노동자가 곧 불가촉민이었으나 이제는 그들과 동일한 경제적 위치에 놓이게 된 카스트들이 대량 생산되었으니, 무토지자가 반드시 불가촉민이 되는 필요 충분 조건이 되는 것은 아니었다. 게다가 전통 토지 체제의 붕괴로 인해 전통 사회 구조 밖으로 내몰린 카스트들은 새로운 경제 환경 아래에서 부나 권력을 확보할 수 있고 그를 발판으로 새로운 카스트로 이동을 할 수 있는 좋은 기회를 확보하게 되었다.

우선 전통적으로 '오염된' 직업을 가진 자들 가운데 일부는 고유의 직업을 버리고 새로운 직업을 선택하면서 많은 부를 확보하게 되었다. 그들은 새로 도입된 도로 사업, 가죽 가공, 술 제조, 축산, 소금 생산, 토지 개간 등을 통해 많은 하층 카스트, 특히 그 가운데 상층 슈드라들이 경제력을 확장할 수 있었다. 그들은 확장된 경제력을 바탕으로 주변의 많은 세력들을 규합해 유사한 카스트들의 연합을 이루고 나아가 결사체나 정당을 결성하였다. 여기에는 영국이 사회 개혁의 차원에서 적극 추진한 영어 교육과 이로 인한 유럽 근대 사상 확산의 역할이 컸다. 근대 교육을 받은 엘리트 지도자들은 카스트 개선을 위한 카스트 운동으로 본격적으로 시작하였다. 영국 정부에 의해 전국적으로 확장된 통신과 도로의 발달은 일정 지역을 넘은 수준의 카스트 운동을 가능하게 하였다.

영국 정부는 1871년부터 10년마다 통치의 효율성을 높이기 위해 모든 자원을 통계화할 필요가 있었고 그 차원에서 인구 조사Census를 시행하였다. 그들은 인구 조사에서 카스트 분류에 큰 역점을 두었으니 이는 인도 사회의 문화적 단일성을 저해하고 분열성에 대한 논리적 정당화를 이루고자 하는 의도에서였다. 따라서 그들은 카스트 서열에 대한 정당하고 실제적인 기준 설정에 대해 관심이 있을 수밖에 없었다. 결국 그들은 그 기준을 그냥 단순히 '고유 여론에 의한 사

회적 서열'로 정했다. 이는 카스트 이동 운동의 결정적 계기를 마련
해 주었으니 성장 일로에 있던 자띠들은 서열상 우위를 점하기 위해
이합 집산을 본격적으로 벌였다. 이 과정에서 1880년대 이후 도입된
선거 제도의 주도권 확보를 위해 각 집단별로 이익적 연대가 활발히
전개되었다.

카스트 운동은 의례적으로 낮은 카스트들이 브라만적 생활 양식
을 모방하는 것으로 시작하였다. 그들은 조금이라도 높은 위치를 정
부로부터 공식 확인받고자 자신들의 문화를 바꾸고 확보된 세속 권
력을 기반으로 주위에 영향력을 행사하였다. 그들은 전원이 일치 단
결하여 종교적으로 보다 오염되지 않고 보다 정淨한 쪽의 문화나 관
행, 예를 들면 채식주의, 금주, 과부 재혼의 금지 등을 실시하였다.
또 정기적으로 의례욕儀禮浴을 시행하고 브라만을 초대해 여러 가지
의식을 주관하기도 하며 딸을 보다 높은 쪽으로 시집보내는 이른바
상향혼을 적극적으로 추진하기도 했다. 또 높은 카스트들이 사용하
는 산스끄리뜨 이름을 사용하거나 조상에 관한 족보를 고치고 신화
를 조작하였다. 이러한 일련의 행위들을 통하여 그들은 조금이라도
더 높은 의례적 지위를 확보하려고 하였다. 사회학자 스리니와스M.
N. Srinivas는 하층 카스트들이 자신들의 관습, 의례, 이데올기, 생활
양식 등을 버리고 상층 카스트들의 그것으로 개작하는 것을 산스끄
리뜨화Sanskritization라 명명했다(Srinivas 1972 : 6).

산스끄리뜨화를 추진하는 주동 세력은 확보된 경제력을 기반으로
성장한 집단 내의 교육받은 엘리트였다. 엘리트들은 종교 사회 개혁
운동과 민족 운동의 성장으로 인해 형성된 사회의 정치화 분위기에
편승하여 카스트 이동을 위한 집단 운동을 추진하였다.

이에 해당하는 좋은 예로 1920~30년대 걸쳐 웃따르 쁘라데쉬에

서 일어난 후진 계급 운동을 들 수 있다. 이 지역에서 원래 소를 사육하거나 우유를 판매하는 여러 자띠들은 19세기 이후부터 전개된 새로운 경제 상황하에서 경제력을 키워 대상인으로 등장하면서 새로운 카스트로 이동을 추진하게 되었다. 그 가운데 아히르Ahir라는 자띠가 가장 주도적인 역할을 했는데 그들은 웃따르 쁘라데쉬에 있는 모든 세력을 모으고, 비하르와 빤잡에서 그들과 친연 관계에 있는 자띠들과 연합하였다. 그들은 산스끄리뜨 어휘에서 야다브Yadav라는 새로운 이름을 채택하여 1923년 알라하바드에서 전全인도 야다브 대연맹All-India Yadav Mahasabha을 결성하였다.

같은 해에 아그라 전체 인구의 1/6을 차지하고 있던 짜마르들은 근대 가죽 산업의 도입으로 상당한 경제력을 확보할 수 있었다. 그로 인해 끄샤뜨리야 이름인 자따브를 채택하였다. 하지만 그들은 정부 센서스에는 예전처럼 불가촉민으로 등록하였는데, 그 이유는 동업 조합을 통해 경제력을 계속해서 독점적으로 확보하고자 하기 때문이었다. 한편 세속화의 확대로 더 이상 정淨과 오염 의식이 사회적으로 강력한 영향력을 행사하지 않기 때문이기도 했다.

이러한 문화 개작 과정 가운데 또 하나의 중요한 방법은 서구화였다. 그것은 낮은 계층의 사람들이 산스끄리뜨화를 통해 위치 상승을 꾀하다 보니, 브라만이나 도시에 사는 상류층 사람들이 그들과 차별화를 이루고자 하여 취한 방향이었다. 그들은 자녀를 외국에 유학시키기도 하고, 많은 문명의 이기를 이용하여 경제력을 과시하기도 하고, 서양의 문화를 답습하는 것으로 생활 양식을 바꾸어 나갔다.

이러한 서구화는 마하뜨마 간디Mahatma Gandhi를 중심으로 하는 대중 정치가 위세를 떨치면서 더욱 가속되었다. 서구화는, 산스끄리뜨화가 단지 낮은 힌두 카스트와 부족들에게 사회 이동의 주요 방법으로 자리잡은 것에 반해, 특히 도시인들과 새로 성장한 엘리트층에게 큰 역할을 하였다.

근대 사회에서 카스트 이동 책략으로 산스끄리뜨화가 가장 중요하고 대중적인 방법임에는 분명하지만, 그와 반대로 비非브라만적이거나 심지어 철저히 반反브라만적인 경향의 운동 또한 적지 않았다. 비브라만 운동은 많은 카스트들이 온건한 친브라만적 산스끄리뜨화라는 방법 안에서 자신의 서열 상승을 추구한 것에 반해, 카스트 제도를 정면으로 반박하고 나섰다. 셰뜨지 - 바뜨지(shetji-bhatji ; 대상인님과 브라만님)에 반대하는 바후잔 사마즈(bahujan samaj ; 대중 사회)의 건설을 역설한 데서 큰 의의를 찾을 수 있다. 그 가운데 일부는 나중에 공산주의 운동과 연결되기도 하였다.

사띠야쇼닥 사마즈(Satyashodhak Samaj ; 眞理淨化協會)의 경우에는 브라만교의 의례와 브라만의 사회 권위를 공격하였을 뿐만 아니라 마하르Mahar나 망Mang과 같은 불가촉민들을 비롯한 비브라만 카스트들과의 폭넓은 연대를 시도하기도 하였다. 하지만 이 운동은 결국 본질적으로 카스트 운동이었을 뿐 계급 운동으로 발전하지는 못하였다. 그것은 우선 인도 사회에서 '카스트'는 분명히 '계급'과는 본질적으로 다른 범주였기 때문이다.

원래 하나의 카스트 집단은 여러 '계급'에 속하는 성원으로 구성되어 있고 따라서 그들은 공통의 '계급 인식'을 가질 수가 없다. 따라서 그들의 운동은 계급 운동으로 발전할 수 없었다. 운동은 일부 엘리트들에 의해 주도되었고 엘리트들은 계급 운동의 한계를 분명히 가지고 있었다. 즉 그들은 자신들을 새로운 사회 건설을 향한 계급의 주체로 보지 못하고, 다만 자신들의 물질적 이익 추구와 사회적 위치 개선만을 위해 행동하였을 뿐이었다. 그들은 결국 또 하나의 보수 세력으로 남을 수밖에 없었다.

3. 카스트 이동 운동에서 카스트 정치로

영국의 지대법 정책으로 인해 형성된 신지주들은 지방이나 주州를 넘어 보다 넓은 지역에서 단합을 이루면서 새로운 계급으로 발전하였다. 이는 하층 카스트들에게도 직접적인 영향을 끼쳐 보다 넓은 여러 가지의 카스트 연합이 이루어지는 계기로 작용하였다. 이제 카스트 연합은 단순한 산스끄리뜨화나 서구화를 통한 카스트 이동 운동 차원을 넘어 공동체의 정치적 이익을 위한 본격적인 정치 운동으로 발전한 것이다.

1894년에는 웃따르 쁘라데쉬와 비하르에 거주하는 꾸르미Kurmi들이 그들 중심의 전인도 꾸르미 대연맹All-India Kurmi Mahasabha을 결성하고, 조상 신화를 고쳐 인드라Indra와 연결시킴으로써 명실상부한 끄샤뜨리야임을 주장하였다. 그들은 교육 기관을 설립하고 정화 의례를 강화하는 등 여러 가지의 산스끄리뜨화를 통하여 안으로는 공동체의 결속을 증진하고, 이를 통해 밖으로는 정부에게 그들의 요구 사항을 추진하는 운동을 벌였다. 그들의 정치 운동은 영국인들에게 상당히 강력한 반체제 세력으로 인식되어 정부는 그들을 군과 경찰 채용에 응시하지 못하도록 하였다.

아그라의 자따브Jatav는 당시 정치 운동에 적극적으로 참여해 독립 이후에는 인도 공화당Republican Party of India을 창당하였다. 그러나 인도 공화당은 암베드까르B. R. Ambedkar가 죽은 후 그 본거지인 마하라슈뜨라에서조차 별 영향력을 행사하지 못했다. 그것은 인도 공화당이 본질적으로 마하르의 정당이라고 인식되었기 때문일 것이다. 비록 마하르가 그 지역에서는 가장 규모가 큰 불가촉민 카스트였지만, 망Mang이나 다른 불가촉민 카스트와 연대를 이루지 못하는 한 그 운동은 전체 사회에서 소수파의 신분 상승 운동으로부터 벗어날 수 없었으며, 이것은 정치적으로도 마찬가지였다.

더구나 회의당을 비롯하여 힌두 대회당(힌두 大會堂Hindu Mahasabha), 인민단Jana Sangha, 쉬바의 군대Shiva Sena 등과 같은 정치 세력들이 마하르를 비롯한 불가촉민들을 경쟁적으로 분리시켜 포섭했기 때문에 이러한 한계는 더욱 견고할 수밖에 없었다. 대중 사회당 또한, 비록 암베드까르의 노선을 전적으로 수용한다고 내세우며 불가촉민이 정치 권력을 획득하는 것을 목표로 삼고 있다는 점에서 인도 공화당의 노선과 유사한 점이 있지만, 그것은 기본적으로 북부 인도에서 가장 큰 짜마르의 정당이라고 인식되고 있을 뿐이라는 한계를 드러내고 있다.[8]

야다브의 경우도 마찬가지로 초기에는 카스트 이동을 위한 연합으로 출발하였으나 1940년대에 가면서 아히르, 꾸르미, 자뜨 등과 더불어 보다 높은 수준의 친연 관계로 발전하게 된다(Hasan 1989 : 178). 이 연합체로부터 아히르, 자뜨, 구자르Gujar의 연합체인 아즈가르(AJGAR ; 아히르, 자뜨, 구자르의 머리 글자를 따서 지은 이름)가 결성되고 그들은 상층 카스트에 철저히 적대적인 정치 운동을 하면서 소요를 일으키는 것도 마다하지 않았다. 이들의 정치 행위에는 스와미 아쭈따난다Swami Achutananda, 스와미 람 짜란 말라흐Swami Ram Charan Malla 와 같은 정치 지도자들이 중추적 역할을 하였다.

카스트 연합을 통한 정치 운동의 중요한 또 다른 예로 하층민들에 의한 비非브라만 운동을 들 수 있다. 처음에는 서구 교육 특히 기독교 선교사들의 힌두 사회와 카스트 비판에 큰 영향을 받은 그들은 아리야 사마즈와 같은 종교 사회 개혁 운동이 보수적으로 흘러가면서 반反브라만적인 사회 개혁 운동의 성격을 강하게 띠고 출발하였다. 하지만 그들은 산스끄리뜨화나 근대화를 통한 다른 카스트 이동 운동과는 달리 브라만들과 기본적으로 물질적 갈등 관계에 놓여 있었다.

비브라만 운동은 교육받은 다수의 비브라만 출신의 지배 카스트 즉 따밀의 벨랄라Vellala, 뗄루구 지역의 렛디Reddi와 깜마Kamma, 말라얄람 지역의 나이르Nair 등이 주도하였다. 이 시기는 인도의 각 지역 특히 남부 인도 각 지방의 자영농 혹은 소규모 부농 중간 계층이 새로운 경제 환경 하에서 자신들의 경제적 세력을 확대하던 때이다. 그들은 새로운 작물 재배의 도입, 유통 구조의 개선, 유럽 등 세계 시장의 판로 확대, 토지의 저당권 확대 등과 같은 새로운 경제 체제 속에서 성장한 농촌 부르조아로서 기존의 브라만을 중심으로 한 지주 계급들과 시장, 특히 새로운 직업을 놓고 심한 경쟁을 하지 않을 수 없었다. 그래서 그들은 자손들에게 적극적으로 서구 교육을 시켰고 그 결과 그 자손들은 도시를 중심으로 한 새로운 직업을 가진 중간 계급으로 성장할 수 있었다. 그들이 바로 비브라만 운동을 주도한 세력이 되었으며 이는 곧 비브라만 운동은 지주 세력들과의 경쟁에서 보다 많은 이익을 확보하기 위한 차원에서 발전한 것이다(Owen 1985 : 50).

그들은 기존의 산스끄리뜨화 중심의 사회 운동과는 달리 처음부터 카스트 이동을 위한 운동보다는 강한 정치적 경향을 띠는 반브라만 분파주의를 천명하였다. 이 시기에 일어난 반브라만 운동으로는 1873년 조띠라오 풀레Jotirao Phule에 의해 세워지고 그 후 상당 기간

동안 마하라슈뜨라 주에서 큰 영향을 떨친 사띠야쇼닥 사마즈가 대
표적인 예이다. 풀레는 브라만의 억압에 신음하는 다수 인민들의 수
호자로서(Tucker 1981 : 134) 사띠야쇼닥 사마즈를 창립하였으며, 우선
적인 목표는 위선자 브라만 계급과 힌두 경전의 낮은 카스트를 구제
하는 것이었다. 따라서 그들은 소외 계급을 함께 아우를 수 있는 이
데올로기를 반브라만주의에서 찾았다. 이를 위해 사띠야쇼닥 사마즈
에서는 매주 말 정기적인 교육을 통해 반브라만, 반카스트, 반의식
의 종교 계몽 교육을 실시하고, 나아가 집안의 과부들을 재가시키고,
브라만 사제를 참석시키지 않은 채 결혼식을 거행하고, 학교를 세워
하층 카스트 어린이들을 교육시키는 등 실천 운동으로 이어 나갔다.
교육과 운동을 위해 중간 계층의 부호와 상인들을 비롯한 여러 곳으
로부터 후원을 받았으며, 거기에는 제국 정부로부터 받은 것 또한
적지 않았다. 그것은 그들의 운동이 제국 정부가 인도 문화를 변화
시키고자 하는 정책과 부합되었기 때문이었다.

비브라만 운동은 처음에는, 벵갈이나 마하라슈뜨라의 브라만 중
심 인텔리층과 더불어 인도 국민 회의Indian National Congress를 중심으
로 한 민족 운동에 적극적인 참여를 했다. 그러나 인도 국민 회의가
브라만들에 의해 주도적으로 운영되고 정책의 방향이 그들 공동체
의 이익과 상충되는 경향을 띠면서 크게 반발하기 시작하였고 급기
야 1917년에는 따밀나두의 비브라만들이 인도 국민 회의와 별개로
통칭 정의당Justice Party이라 불리는 남부 인도 자유 연맹South Indian
Liberal Federation을 조직하여 자신들의 이익을 위한 정치 활동을 전개
했다. 그들의 반브라만 혹은 반산스끄리뜨 운동은 결국 반인도 국민
회의 및 친영 제국주의 노선으로 흘렀다.

이는 1920년대 간디의 등장과 함께 전인도적으로 반영 운동이 고

조되기 시작하는 상황에서 전인도 국민의 힘을 얻지 못하고 세력이 상당히 약화되었다. 하지만 그들의 비브라만 운동은 단순한 사회 이동의 차원을 넘어 '자존'自尊의 기치 아래 드라비다 민족주의 내지 분리주의라는 큰 정치 문제로 이어졌다. 특히 파리드뿌르Faridpur 지역의 불가촉민인 나마수드라Namasudra의 경우에는 그들이 영국 제국주의의 착취보다 상층 - 지주 카스트들의 착취에 대해 훨씬 심한 반감을 가지고 있었다. 결국 나마수드라는 분리주의를 표방하는 정치 운동을 벌였고 이는 다름 아닌 친영 입장의 정치 운동으로 나타났다. 이러한 분리주의 카스트 연합 운동은 영 제국 정부에 의해 분할 통치의 수단으로 교묘히 이용되었으며, 후대의 무슬림 운동과 더불어 민족 운동에 상당한 타격을 가했던 것이 사실이다.

후진 카스트들에 의해 전개된 카스트 연합은 보다 큰 규모인 불가촉민 혹은 지정 카스트 연합으로 발전하지 못하였다. 거기에는 여러 가지 원인이 있을 수 있겠으나 가장 결정적인 것은 1920년대 크게 일어난 아리야 사마즈Arya Samaj 운동 때문이었다. 아리야 사마즈는 '과거 재발견'을 통한 민족 운동으로, 여기에 동참한 많은 카스트 세력들로 하여금 자신들의 계보나 신화를 윤색하거나 조작하여 산스끄리뜨화를 이루고 그를 통해 카스트 이동을 달성하게끔 하였다. 웃따르 쁘라데쉬의 경우 서부에서는 자뜨가, 동부에서는 야다브가 아리야 사마즈의 주도 역할을 하면서 모두 산스끄리뜨화를 통한 카스트 이동 중심의 정치로 나아갔다. 하지만 많은 불가촉민들은 산스끄리뜨 문화에 원천적으로 접근이 불가능해 기술적으로 그 방법을 따를 수가 없었다.

후진 카스트들에 의해 전개된 카스트 운동이 보다 큰 단위의 정치 운동으로 활성화된 것은 영 제국 통치자들의 의석 지정 정책의 도입과 맞물리면서였다. 의석 지정 정책은 19세기 중반 이후부터 시작된 불가촉민 차별 철폐 운동의 연장선상에서 시작되었으며, 이는 크게 두 가지 흐름으로 나타났다. 하나는 암베드까르에 의한 카스트 제도의 부정 혹은 힌두교 부정의 방향이고 또 하나는 간디에 의한 카스트 제도의 인정 안에서 불가촉성untouchability 철폐의 방향이었다.

1920년대 암베드까르는 불가촉민제 철폐 운동에 적극적으로 나섰으나 카스트 힌두의 강한 저항으로 인해 실패하고, 결국 1956년에서야 불교로 집단 개종했다. 20세기에 들면서 이 흐름은 간디의 지도 하에 큰 진전을 보였으나 불가촉민 해방 운동은 카스트 제도를 인정하는 선상에서 시도되었다. 간디의 운동은 힌두 대중의 차별 감정을 해소하는 데는 실패하였지만, 민족 정당을 표방하는 인도 국민 회의의 강령에 불가촉민제 철폐를 포함시키는 긍정적인 역할을 하였다.

사실 지정 카스트와 지정 부족은 각 주마다 양적 비율이 제각기 다를 뿐만 아니라 다른 집단과의 관계도 동일하지 않기 때문에 특정 집단을 일률적으로 지정 카스트로 '지정'한다는 것은 애초부터 모순일 수밖에 없었다. 그래서 이 '지정'의 문제는, 암베드까르나 간디의 노력과는 관계없이, 영 제국의 식민 통치 정책의 일환으로 출발한 것이다. 영국은 무엇보다도 그들과 '카스트 힌두'와의 분열을 부추김으로써 독립 운동을 약화시키고자 했다. 나아가 이를 계기로 무슬림 연맹Muslim League에게 독립 운동에서 자신들의 몫을 확보할 수 있는 계기를 마련해 줌으로써 인도 국민 회의와 또 다른 분열을 꾀하고자 하는 의도가 있었다.

이렇게 전략적 차원에서 시작되다 보니 '지정'의 문제는 포함 범주와 기준이 객관적으로 이루어지지 않았다. 그러다가 지정 카스트와 지정 부족 외에 '여타 후진 계급'에게도 이 정책의 혜택을 확대하여야 한다는 주장들이 정치적 영향력을 얻기 시작하면서부터 카스트와 정치에 관한 문제의 핵분열을 일으키는 원인으로 상승 작용하였다. 현재 우리의 문제 가운데 가장 중심 역할을 하고 있는 여타 후진 계급에서 '여타'라는 표현이 바로 이를 시사하고 있는 것을 알 수 있다.

결국 근대 사회의 변화에 따라 발달한 카스트 연합과 그에 의한 정치는 그 방향이 산스끄리뜨화를 지향하든지 아니면 그 반대이든지 간에 일부 농민 중심의 사회 정치 운동으로 발전한 예외적인 경우를 제외하고는 대부분이 집단주의 정치 운동으로 발전하였다. 더불어 이 운동은 사회 구조의 변혁을 향한 것이라기 보다는 집단 이기주의로 발전하였다. 이는 새로운 물질적 환경에서 보다 많은 경제력과 공직을 확보하기 위한 경쟁에서 '카스트'를 철폐하기 위한 대상으로서가 아닌 가장 잘 활용할 수 있는 무기로 채택하기 위한 것이다.

결국 카스트는 의례, 경제, 교육 등에 관한 집단 공동의 이익을 추구하고, 사회적으로 종속 관계를 벗어나 지배적 위치를 확보하고자 하는 투쟁의 일환으로 연대를 하다 보니 '민족 블록'ethnic block으로 발전하는 경향을 보여 주고 있다(Rao 1989 : 39). 이러한 카스트 중심의 집단 정치 전통은 독립 이후 인도 정치에서 극명하게 나타난다.

4. 카스트 운동의 역사적 의미

고대와 중세를 거쳐 인도 전통 사회의 카스트 구조는 그 내부에서 실제로는 잦은 이동이 있었고 또 이로 인하여 여러 카스트들간의 정확한 서열이라는 것이 시간과 공간 속에서 절대적으로 정해질 수

없었다. 하지만 사회 이동의 방향은 항상 보수 구조의 유지 안에서
만 이루어질 수밖에 없었으니 사회 안의 변화는 분명하였지만 사회
의 변화는 존재하지 않았다. 결국 근대 이전에는 카스트 사회의 해
체란 있을 수 없었던 것이 분명한 사실이다.

상황은 근대가 시작되면서 크게 달라졌다. 우선, 시장 경제와 자
본주의 체제의 도입으로 카스트 제도를 지탱해 온 경제 체계의 기초
가 무너지기 시작하였다. 이는 곧 고대와 중세 사회에서 일어난 카
스트의 상향 이동보다 훨씬 심각한 내용과 규모의 변화를 초래하였
으니, 여기에는 노동의 세습적 분화라는 전통 구조의 쇠퇴와 같은
근대 이전에도 나타난 변화는 물론이고, 전통 구조의 수공업과 상업
에 종사해 온 일련의 카스트가 완전히 붕괴되는 새로운 구조적 변화
도 포함된다. 이러한 변화의 원동력은 두말할 것도 없이 영국의 산
업 혁명을 기반으로 한 제국주의의 침탈과 그 결과 나타난 전통 경
제 체제의 붕괴와 순수한 식민 경제 체제로의 전환과 같은 새로운
경제 환경이었다.

새로운 경제 환경으로의 변화로 인해 카스트 구조가 심각하게 침
해받고 있음에도 불구하고 여전히 카스트 제도가 유지되는 것은 카
스트 내혼 규칙이 아직도 크게 작용하기 때문일 것이다. 그것은 결
국 산스끄리뜨화를 중심으로 하는 사회 변화의 보수적 방향과 관련
되는 문제인 셈이다.

카스트 이동을 위한 사회 운동은 비브라만들을 중심으로 볼 때
산스끄리뜨화가 가장 주된 흐름임을 부인할 수는 없으나, 그것은 주
로 브라만 카스트의 다른 카스트들에 대한 사회 경제적 독점이 그렇
게 강하지 않은 북부와 동부 인도를 중심으로 일어난 현상이었다.
다시 말하면 브라만들의 독점과 착취가 상대적으로 강한 서부와 남

부에서는 반브라만 운동이 드세게 일어났던 것이다. 결국 산스끄리뜨화는 자본주의라는 새로운 물질적 환경 속에서 경제력을 확장하고 다수를 형성한 지배 카스트들이 전통적인 힌두 문화의 상승 지향적 성격에 의거하여 영국인들이 통치적 목적에서 도입한 센서스라는 새로운 제도 속에서 전개된 것이다. 하지만 브라만들의 독점적 위치가 강력하여 다른 집단과 사회적 갈등을 불러일으킬 만한 상황에서는 변화의 방향이 반산스끄리뜨화로 전개되기도 하였던 것이다.

이러한 방향의 움직임 속에서는, 사회적 영역에서 카스트는 분명히 그 전통적인 성격이 약화되는 현상을 보여주고 있지만, 근대 들어 새로운 정치적 각축장이 형성되면서 과거에는 지역적 또는 언어적 차이 때문에 상호 연계를 가지지 않았던 집단들이 직업과 관습의 유사성, 신화적 또는 전설적인 공통의 기원 등을 바탕으로 하여 정치적 영역에서 수평적 연대를 형성하고 있다. 연대는 공동의 이익을 추구하고 집단의 위치를 상승시키고자 특정의 문화적 상징을 조작하여 집단의 배타적 정체성을 형성하면서 '민족 블록'으로 발전하는 양상을 보여주고 있다.

II. 독립 이후 인도 정치와 카스트

1. 지정 카스트와 지정 부족에 대한 '보상적 차별' 정책

1947년 회의당은 독립 인도의 권력을 장악하였으나 독립 과정에서 인도 아대륙印度亞大陸이 인도와 파키스탄으로 분리되고 게다가 인도 동북부의 일부 부족들과 지정 카스트들이 독립 선거구를 요구하는 상황에 직면하였다. 회의당 지도자들은 보통 선거의 실시로 정치적 영향력이 크게 증대한 후진 계급의 팽배한 욕구와 그에 따른 불만을 제압하기 위해서 후진 계급에 대한 특별 보장 정책과 정치적 흡수 전략을 발전시켰다. 인도 독립에 즈음하여 힌두 교도들은 인도를, 무슬림들은 파키스탄을 그리고 지정 카스트 및 지정 부족은 특별 보장 정책의 혜택을 얻었다는 말은 크게 과장된 것이 아니었다.

자유주의적 회의당 고위 지도자들은 자본주의적 발전을 용이하게 하는 '기존의 구조' 내에서 '근대화' 및 '성장'을 명시적으로 강조하면서 카스트 제도를 비난했다.9) 1950년의 인도 연방 헌법은 회의당 지도부의 이러한 인도 사회의 재건과 발전 방향을 수용하고 있다. 인도 헌법은 모든 시민은 카스트에 따른 국가의 차별을 받지 않을 기본권을 가지며 나아가 사인私人의 카스트에 의한 불평등한 대우도 불법화하고 있다.10) 그리고 헌법은 "'불가촉성'은 철폐되며 어떤 형태로도 그것을 실행하는 것은 금지되며, '불가촉성'에서 나온 어떤 불공평한 행위의 강제는 법에 따라 처벌될 수 있는 범죄이다."(제17조) 라고 규정하고 있다.11) 나아가 인도 헌법은 하층 카스트들에 대한 평등 정책을 효과적으로 수행하기 위해서 헌법에서 명시적으로 철폐하고 있는 이 불명예스런 카스트 관념을 이용할 필요가 있음을 인정하고 있다. 인도 헌법의 이러한 보상적 차별 정책12)은 역사적으로 불리하게 차별 대우를 받았던 후진 계급13)에 특혜를 부여하는 일련의 계획으로 구성되어 있다.

이러한 특혜는 세 가지 기본 유형으로 분류된다. 첫째, 가치 있는 지위나 자원을 할당하거나 접근을 용이하게 하는 특별 보장이 있다. 이 유형의 가장 핵심적인 내용은 헌법이 연방 의회 하원(제330조)과 주 의회의 하원(제332조)에 전체 인구에 대한 지정 카스트와 지정 부족의 수에 비례한 의석의 보장을 특별히 규정한 것이다.14) 그리고 정부 공무원으로의 고용 보장(헌법 제16조 제4항, 제320조 제4항, 제33조 및 제335조) 및 선망의 대상인 기술 및 전문직 고등 교육 기관의 입학 보장 등이다. 둘째, 장학금, 무상 지원, 대여, 토지 분배, 건강 관리, 법률 지원 등의 경비나 서비스를 제공함에 있어서 수혜자들에게 특별 대우를 부여하는 계획이 있다. 셋째, 특별 보호 계획으로 후진 계급들을 착취와 희생으로부터 보호하기 위한 노력이 수반된다. 헌법은 강제 노역을 금지하고 있는데(제23조 제1항), 근년에는 지정 카스트나 지정 부족이 그 희생자의 대부분을 차지하고 있는 '예속 노동'bonded labour을 해방시키기 위한 노력이 경주되었다. 고리대 규제, 부채 탕감 및 토지 이전을 제한하는 입법은 지정 카스트와 지정 부족을 상층 카스트의 경제적 억압으로부터 보호하기 위한 시도이다.

우선 지정 카스트와 지정 부족을 위한 연방 의회와 주 의회의 의석 보장은 처음에는 10년간의 한시적인 것이었으나 주기적으로 연장되어 2000년까지 계속되었다(헌법 제334조). 현재 연방 의회에 78석 및 33석, 주 의회에 540석 및 282석이 지정 카스트와 지정 부족에 각각 배당되어 있다. 이러한 의석의 보장 외에 회의당은 지정 카스트 및 지정 부족 지도자들에게 각종 직책을 제공함으로써 그들의 지지를 얻었다. 예컨대 불가촉민 권익 수호의 대부였던 암베드까르에게 1947년에 연방 정부 법무 장관직이 주어졌고 자그지완 람Jagjivan Ram은 1946년부터 35년간 갖가지 고위직을 역임했다. 회의당은 당내에 지정 카스트와 지정 부족의 복지를 담당하는 특별 부서를 만들었고 몇몇 회의당 주 정부들은 이들 사이의 기업 운영을 고무하기 위해 각종 회사들을 만들어 그 장의 지위를 이들 정치 지도자들에게 제공했다.

그런데 회의당이 지정 카스트 및 지정 부족 정치 지도자에게 의

회 진출권을 부여함에 있어서 가장 중요한 고려 사항은 당선 가능성
이었다. 따라서 회의당은 후진 계급 정치 지망생 중에서 최소한 5에
이커 이상의 토지를 소유하거나 사업을 경영하거나 교육받은 지식
인들에게 기회를 부여하였고, 나아가 당 보스들의 노선을 충실히 이
행할 자세가 되어 있고 지정 카스트와 지정 부족 문제에 대한 전투
적인 입장을 회피하는 이들 출신 정치 지도자들에게만 당 후보의 기
회를 제공했다.

　그 결과 지정 카스트 및 지정 부족 출신 정치 지도자들이 의석을
차지하여 이들이 하나의 블록을 형성하고 그들의 수적인 힘을 당내
경쟁적 파당 정치에 이용하였다. 한 파당에 대한 그들의 지지의 대
가로 각료의 자리나 갖가지 위원회 또는 이권의 자리를 홍정할 수는
있었다. 그러나 그들은 자신이 속한 공동체의 문제를 제기하는 데
있어서 그리고 심지어는 그들 공동체 구성원들에 가해지는 가혹 행
위에 대해 효과적으로 대응할 수 없었다. 이들의 그러한 노력은 당
보스의 불쾌감을 유발했고 이는 그들의 정치적 지위의 상실을 의미
했다.

　그리고 1970년대에 들어와 회의당 내에서 자유주의 지도자들의
영향력이 약화되고 새로운 전문 정치인들이 당을 장악하자 카스트
에 대한 관심은 쇠퇴하였다. 그들의 주된 관심은 개인적 이해를 위
한 권력의 장악이었으며 사회 개혁이나 심지어 더 나은 자본주의적
발전에 대한 관심조차 없었다. 카스트와 종교 공동체적 감정이 거리
낌없이 선거 캠페인에서 이용되었고 그것이 선거의 승리에 불가피
하다면 정당한 것으로 간주되었다.

　그 결과 산업화와 녹색 혁명의 진전으로 카스트의 기본 교의가
침식되고 카스트 구조의 성격이 어느 정도 변화했음에도 불구하고

카스트 연대는 오히려 강화되었다. 회의당의 선거 정치와 권력 추구 책략은 정치에서 후진 카스트들의 역할을 증대시키는 것을 포함하여 변화를 초래한 것은 확실하다. 그러나 이 변화는 선거 정치의 결과이지 회의당이 내세운 세속주의와 평등주의를 달성하기 위한 사회 개혁 추구의 결과는 아니었다.

헌법 제45조는 1950년부터 10년의 기간 내에 6세에서 14세 사이의 모든 어린이들에게 무상 초등 교육을 실시하도록 국가에 지시했다. 이것은 아직도 달성되지 않은 꿈이다. 물론 초등 학교의 등록자수는 현저히 증가했다. 초등 단계(1~5학년)의 총등록률은 1950/51년의 42.6%에서 1992/93년에는 104.5%로 증가했고 상급 초등 단계(6~8학년)의 경우는 12.7%에서 67.7%로 증가했다(Government of India 1995 : 160 참조).

그러나 등록이 바로 출석을 의미하는 것은 아니다. 상급 초등 단계의 등록률이 초등 단계의 등록률보다 현저히 낮은 것에서 알 수 있듯이 초등 단계의 탈락률은 대단히 높다. 탈락의 가장 중요한 이유는 가계의 빈곤이다. 가난한 가정에서 5~6세의 어린이는 추가 노동력이며 가계 수입을 증가시킨다. 일반적으로 소녀들은 부모가 일나간 사이에 어린 동생들을 돌보거나 가사를 하며 소년들은 농업 노동자, 가정 하인, 소몰이 또는 가끔 땔나무하는 일을 한다. 학교의 탈락과 결석률은 특히 이들 후진 계급의 어린이 사이에서 매우 높다. 그 결과 1991년 현재 인도 전체 인구 중 48%가 문맹이다. 그 중에서 지정 카스트와 지정 부족의 문맹률은 각각 62.6% 및 70.4%이며 그 여성들의 문맹률은 각각 76% 및 82%에 달한다(Government of India 1995 : 159 참조).

헌법 제15조 제4항과 제29조에 따라 연방 교육부는 주의 행정 기관과 대학들에 지정 카스트와 지정 부족 출신 학생들에게 기술 및 전문 고등 교육 기관의 20%의 자리를 보장하도록 하고 이들에 대한 입학 자격 조건을 완화하게 했으나 이들에게 주어진 할당량이 대부분의 기관에서 충분히 채워지고 있지 않다.

중·고등 교육을 받은 후진 계급 출신자들이 사무직에의 취업을 원할 경우에 헌법 제16조 제4항과 제320조 제4항 및 제333조는 정부와 공공 부문에 지정 카스트와 지정 부족에게 각각 15%와 7.5%의 직책을 할당하게 한다. 이 특별 보장 정책은 교육받은 후진 계급 출신자들을 어느 정도 정부 공무원으로 흡수한 것은 분명하다. 그러나 중앙 정부에서 이들 출신의 공무원들이 차지하는 위치는 미미하다. 1959년 중앙 정부의 1급 직책 중에서 단지 1.18%를 지정 카스트 출신이 차지하고 있었고 그들의 비중은 1979년에 4.75%로 증가했고, 지정 부족의 경우는 이 20년 동안에 0.16%에서 0.94%로 증가했다(Government of India 1980 : 92~95 참조). 상황은 주 정부와 공공 부문에서도 비슷하며, 특별 보장을 부여하지 않는 사적 부문에서 그들이 차지할 수 있는 공간은 거의 없는 것으로 보인다.

그러나 대토지나 전문 기술을 가진 후진 계급의 일부 소수 집단은 보상적 차별 정책과 '개발' 계획들의 이익을 이용할 수 있었으며 그들의 경제적 조건을 개선했다. 부농과 중농들은 토지 개혁과 녹색 혁명으로 쌓은 부를 농업 성장을 위한 투자에 이용하였다. 그들 중 소수가 사업을 시작했고 그 중 소수가 기업가가 되었다. 지정 카스트와 지정 부족 출신 기업가들이 1979년 말에 각각 4,620개 및 1,423개의 소기업을 이루었다.

그런데 1981년 현재 인도 노동력의 약 69%가 여전히 농업에 종사하고 이들 중 26%가 농업 노동자들이며 40% 이상이 소농 및 한

계농이었다(Indian Express 1993 : 88 참조). 그들의 대부분은 지정 카스트와 지정 부족에 속한다. 나아가 200만 이상이 일종의 예속 노동을 하고 있으며 이들의 대다수는 지정 카스트 및 지정 부족에 속한다(예속 노동에 대한 자세한 분석은 Patnaik & Dingwaney 1985 참조).

이와 같이 독립 후 회의당이 주도한 보상적 차별 정책에 의한 후진 계급의 고용 기회와 교육 기관 입학의 특별 보장과 후진 계급 출신 정치 엘리트의 회의당 및 정부 기관의 흡수는 후진 계급 중 일부 소집단의 경제적 조건을 개선하고 그들의 중간 계급 진출을 가능하게 한 것은 확실하다.

그러나 그러한 변화는 대단히 제한적이었다. 후진 계급 출신의 대다수 농업 노동자, 소농 및 한계농과 산림 노동자들은 특별 보장 정책을 이용할 수 없었다. 사실상 특별 보장 정책은 그들을 위한 것이 아니었다. 부르조아 계급에 의해 통제되는 회의당은 후진 계급 출신의 유산 계급을 흡수했고 그들은 대신에 기존의 경제 구조에 대한 아무런 도전도 제기하지 않는 정치 체제를 정당화해 왔다. 지정 카스트 및 지정 부족 엘리트들은 회의당과 그 외 부르조아 정당을 위해서 후진 카스트 유권자들의 동원자로서 기능을 하였다.

일단의 불가촉민 지도자들이 회의당과 정치적으로 결탁한 것과 달리 불가촉민 자신들은 조직적인 결속을 통해 그들 전체의 이해를 관철시키려는 노력을 끊임없이 시도해 왔다. 독립 후 1957년에 불가촉민들은 인도 공화당을 결성하여 전체 지정 카스트, 지정 부족 및 후진 계급의 동맹을 꾀하려 했으나, 1970년 내부 분열로 당이 몰락하여 그들의 대다수가 회의당에 합류하였다.

그러나 인도 공화당 안의 젊은 세대와 호전적인 지정 카스트 집단은 달리뜨 운동을 추구하는 것을 목표로 하는 새로운 정당인 달리뜨 팬더Dalit Panther를 결성하여 보다 혁명적인 성격의 투쟁을 전개하기도 했다. 그리고 1984년에 깐쉬 람Kanshi Ram의 지도 아래 창당된 대중 사회당은 달리뜨들의 수평적인 연대를 통해 정치력을 확보하려 하고 있다. 이들은 1995년에 웃따르 쁘라데쉬 주에서 인도 국민당Bharatiya Janata Party과 연합하여 인도 사상 최초의 달리뜨 정부를 수립하기도 했다.

한편 지정 부족에 대한 보상적 차별 정책에도 불구하고 그들의 상황은 지정 카스트의 경우와 별로 다르지 않다. 이들의 열악한 삶을 개선하고자 하는 노력은 자르칸다 운동Jharkanda Movement과 같은 주의 독립을 요구하는 것을 포함하여 여러 가지 모습으로 나타난다. 이들이 제기하는 문제는 외부인들에 의한 부족들의 토지와 산림의 전유, 외부인들의 유입으로 나타나는 교육 기회의 상실, 직업의 박탈, 문화적 정체성의 상실 및 불균형적인 발전 등이다. 이는 독립 후 이들에 대한 회의당의 정책이 여전히 그들의 상황은 별로 바꾸어내지 못했음을 반증한다.

이러한 인도 공화당, 달리뜨 팬더 및 대중 사회당, 자르칸다 운동 등의 영향력은 대단히 제한적이었다. 그러나 지정 카스트와 지정 부족은 회의당을 포함한 부르조아 정당들의 이용 대상에서 점차 탈피하여 그들의 정치적 정체성에 근거한 독립적인 정치 단위로의 결집을 시작했다. 이러한 움직임은 인도 정치의 '만달화'Mandalization를 통해서 더욱 심화된다.

2. '여타 후진 계급' 문제와 정치의 '만달화'

제헌 헌법은 '후진 시민 계급'(제16조 제4항) 또는 '보다 취약한 사람들의 집단'(제46조)이라는 용어를 사용하기는 했으나, 지정 카스트 및 지정 부족과 구별되는 제3의 범주의 '여타 후진 계급'을 명확히 확인하고 있지는 않았다. 그러나 헌법 제340조는 인도 안의 '사회적 교육적으로 후진적인 계급'의 생활 조건을 조사할 위원회의 임명을 규정하고 있는데 이는 이 위원회의 임무가 여타 후진 계급을 확인하고 그들의 사회적 교육적 발전을 위한 조치를 권고하는 것을 의미했다.

회의당은 이 문제를 별로 서두르지 않았다. 이는 남부 인도를 제외하고 여타 후진 계급들의 특별 보장에 대한 요구의 압력이 없었기 때문이다. 독립 이전의 반反브라만 운동의 결과 마드라스Madras 관구는 1927년에 몇몇 공동체에 일정한 배당을 부여하였고 독립 후 1947년에 정부령으로 여타 후진 계급과 지정 카스트에 대한 배당을 증가시켰다. 그런데 1950년에 대법원이 이 '종교 공동체적 정부령'을 무효화시켰고 이에 후진 계급들이 반발했다. 소요 사태가 따밀나두 주 전체로 발전하자 네루 정부는 대법원 판결 바로 2개월 후에 헌법 제15조에 '사회적 그리고 교육적으로 후진적인 시민 계급'의 발전을 위한 특별 규정을 제정할 수 있는 권한을 주 정부에 부여하는 조항(제4항)을 삽입하여 헌법을 수정했다. 곧바로 마드라스 정부는 후진 계급과 지정 카스트에 특별 보장을 부여하는 명령을 통과시켰다.

한편 인도 정부는 헌법 제34조에 따른 제 1차 후진 계급 위원회를 1953년에 임명하였고 이 위원회는 1955년에 보고서(Government of India 1955)를 제출하였다. 이 보고서는 837개의 '가장 후진적'인 공동체를 포함하여 2,399개의 공동체를 '사회 교육적으로 후진적'이라 확인하였고(Government of India 1955 : Vol. 2 참조), 이들에 대해 정부 공무원의 고용과 교육 기관의 입학에서 특혜를 부여할 것을 권고했다(Government of India 1955 : Vol. 1, 제6장 참조). 정부는 이 위원회가 후진 계급을 확인함에 있어서 객관적이지 않았다는 이유로 이 보고서의 권고를 받아들이지 않았다.

그러나 1960년대 초 회의당은 남부 인도뿐만 아니라 북부 인도에서도 일부 후진 계급의 영향력을 무시하는 것이 어려워지는 사태에 직면하게 되었다. 힌디 벨트에서 사회주의당Samajwadi Party은 경제적 이해를 강조하면서 여타 후진 계급에 직접 호소했다. 그 결과 독립 후 회의당이 누려온 일당 지배는 1967년에 최초로 도전을 받았고 '회의당의 아성'인 웃따르 쁘라데쉬주를 포함해서 북부 인도의 일부 주에서 실권했다. 이에 인디라 간디Indira Gandhi 수상이 이끄는 회의당(I)는 1971년 구자라뜨Gujarat 주 선거에서 '가난 척결'Garibi Hatao의 구호를 내세우는 등 후진 계급에 대한 공략을 강화하였다.

한편 제1차 후진 계급 위원회의 실패는 후진 계급의 좌절을 부추기는 데 기여했을 뿐이다. 1961년에 연방 정부는 주 정부에 각 주 정부가 후진성을 결정함에 있어서 그 자신 고유의 범주를 적용할 재량이 있으나 "카스트를 기준으로 하기 보다 경제적 고려를 기준으로 하는 것이 보다 나을 것"이라고 통보했다(Government of India 1962 : 38). 그 결과 이후 30년 사이에 여타 후진 계급의 구성에 대한 주들 사이의 심각한 차이가 나타났고 게다가 일부 주에서는 여타 후진 계급을 확인함에 있어서 정치적 고려가 개입되었다. 이러한 상황은 헌법이 예정한 후진 계급에 대한 보상적 차별 정책의 선의를 왜곡하고 불신하게 하는 것이었다. 이같이 헌법에서 상정한 것과는 다른 의미를 '여타 후진 계급'이 나타나게 된 이후에야 비로소 제 2차 후진 계급 위원회가 임명되었는데, 이 역시 민중당Janata Party 정부의 정치적 책략의 소산이었다.

1977년 독립 후 최초로 비회의당 중앙 정부를 구성한 민중당Janata Party 정부는 이전에 비하르 주 수상이었던 만달 — 그는 후진 계급의 하나인 야다브 출신이었다 — 을 의장으로 하는 만달 위원회를 구성하여 전국적 규모에서 다시 후진 계급을 확인하고 이들의 발전을 위한 권고안을 제시하게 했다. 그런데 이 위원회가 1980년 12월에 보고서(Government of India 1980)를 제출했을 때는 인디라 간디가 다시 집권하고 있었으며 그녀도 그녀의 후계자였던 라지브 간디Rajiv Gandhi도 이 보고서를 시행할 생각이 없었다. 그런데 1989년 총선 기간에 브이 피 싱V. P. Singh이 이끄는 민중당Janata Dal이 그 선거 강령에 만달 위원회의 권고15)를 이행할 것을 포함시켰다. 1990년 1월에 인도 국민당과 좌파 전선Left Front의 지지하에 중앙 정부를 장악한 싱 수상은 8월에 중앙 정부의 공무원과 공공 부문의 고용에서 27%를 후진 계급에게 할당하는 것을 시작으로 만달 위원회의 권고를 이행할 것을 선언했다.

싱 수상이 사전에 여론의 여과 없이 갑자기 만달 보고서의 이행을 결정한 것은 분명히 정치적 책략이었다. 당시 암소 벨트cow belt라 불리는 힌두 지역에서 '후진 카스트들'의 지지를 장악하고 있었으며 만달 보고서의 열렬한 옹호자였던 데위 랄Devi Lal 부수상의 위협을 견제함과 더불어 여타 후진 계급 사이에 민중당Janata Dal 중심의 민족전선National Front의 지지 기반을 부상시키고 카스트에 따른 정치 세력을 재정비하려는 것이었다(Radhakrishnan 1996 : 213). 그러나 이 조치는 힌디 벨트에서 상층 카스트 출신의 많은 청년들이 분신 자살을 통해 항거하는 등 사회적 대혼란을 일으켰다.

이에 대법원이 1990년 10월 1일 싱의 결정에 정지 명령을 내리면

서 개입했고 싱 정부는 집권 11개월만에 물러났으며 짠드라 쉐까르
Chandra Shekar 내각이 잠시 동안 이를 이어 받았으나, 1991년 중간 선
거에서 나라심하 라오P. V. Narashimha Rao가 이끄는 회의당(I)가 다시
소수 정부를 구성했다. 회의당(I) 정부는 이전의 만달 위원회에 대한
반대의 입장에서 지지로 그 태도를 바꾸었다. 이는 물론 야당 특히
민족 전선의 전열을 분산시키고 정치적으로 살아남기 위한 것이었
다. 회의당(I)는 민중당Janata Dal이 선언한 것과는 별도로 특별 보장의
방식으로 발표했는데 이것 또한 결함 투성이인 만달 보고서에 기반
을 둔 위험천만한 것이었다. 회의당(I) 정부가 고안한 방식은 만달 위
원회가 권고하고 민족 전선이 시행을 결정한 대로 여타 후진 계급에
대한 27%의 고용 보장을 유지하고 그 위에 상층 카스트 중에서 경
제적으로 후진적인 계층에 10%의 고용 기회를 보장하는 것이었다.
회의당(I)의 이 방식은 헌법이 고려한 여타 후진 계급(및 지정 카스트와
지정 부족)에 대한 특혜가 그들이 역사적으로 누적된 불평등한 처우
때문이었다는 기본적인 취지를 망각한 것이었다.

　1992년 11월 16일 대법원은 여타 후진 계급을 위한 고용 기회 특
별 보장에 대한 최초의 법적 결정을 내렸다.[16] 이 판결은 민족 전선
이 결정한 여타 후진 계급의 27% 고용 보장을, 여타 후진 계급에서
사회적으로 발전된 개인들 및 집단들, 즉 상층부를 배제하는 조건으
로 유효하다고 결정했다. 그러나 회의당(I)가 결정한 상층 카스트에
서 경제적으로 후진적인 계층에 10%의 고용 기회를 보장하는 것은
유효하지 않다고 판결하였다.

　이 판결에 이르게 된 일련의 상황은 여타 후진 계급에 대한 특별
보장 문제를 해결하기보다는 오히려 브이 피 싱이 1990년에 인도
사회와 정치의 만달화를 시작한 이래 가열된 카스트주의를 심화시

킨 한 요소가 되었다. 한편 카스트주의가 심화됨에 따라 힌두 교도
와 무슬림 사이에 카스트가 부활하였고, 전체적으로 카스트는 20세
기를 넘어올 때와 마찬가지로 21세로 넘어가는 인도 사회에서도 여
전히 막강한 위력을 발휘하게 되었다.

헌법적 세속주의와 세속적 인도 민족주의의 유효성에 대해 의문
을 제기하면서 힌두 '민족주의'를 내세우는 인도 국민당과 같은 상
층 카스트를 중심으로 하는 힌두 보수 정당이 등장하였다. 인도 국
민당은 이슬람 근본주의 운동에 대항하는 이데올로기로 꾸준히 영
향력을 확장한 국가 자원 봉사단(國家自願奉仕團, Rashtriya Swayamsevak Sangh
; RSS)의 이념과 실천을 계승하는 가운데 만달 정책의 효과를 극대
화하고자 하였고, 결국 그들은 1990년대에 들어 '만달 대 만디르
(mandir ; 사원)'라는 상징 구호를 내세우는 등 힌두 근본주의를 내세
워 상층 카스트의 지지를 크게 넓히고 동시에 힌두 교도들을 대거
정치의 장으로 끌어내 이들의 표를 자신들의 집권의 발판으로 삼고
자 하였다.

만달 보고서의 이행에 따라 슈드라로 대표되는 여타 후진 계급이
그간 지정 카스트와 지정 부족에게만 주어졌던 특별 보장 정책의 혜
택을 입게 되자 브라만, 끄샤뜨리야, 바이샤 등의 상층 카스트들이
이에 거세게 반발하게 되었고, 하층 카스트들은 주어진 혜택을 보장
받기 위해 투쟁함으로써 인도에는 카스트 정치가 팽배하게 되었다.
물론 지역에 따라 다양성이 있지만, 인도 정치 판도에서 상층 카스
트 대對 슈드라가 중심이 된 여타 후진 계급의 대결 양상이 특별히
투표 행위에서 두드러지게 나타났다. 나아가 대중 사회당과 같은 달
리뜨가 중심이 된 정당도 하층 카스트와는 분리된 독립 정당으로 출
현함으로써 인도 정치는 상층 카스트, 여타 후진 계급, 달리뜨라는

크게 세 범주의 집단이 정치적 각축장에서 권력을 놓고 갈등 반목하게 되었다.

3. 1996년 제 11차 총선과 카스트 정치

인도 정치에서 정치적인 리더나 엘리트로 등장하는 과정을 결정짓는 여러 요소 가운데, 개인의 특성과 사회적인 상황 또는 소속 정당의 지지 등 이외에도 해당 개인의 카스트라는 요인이 중요한 변수로 작용한다. 인도가 근대 국가 체계로 진입하기 이전에는 일반적으로 상층 카스트가 정치 지도자가 되고 그 추종자는 하층 카스트로 구성되었다. 특히 독립 투쟁의 중심 역할을 수행한 인도 국민 회의의 경우를 보더라도 상층 카스트 특히 브라만이 중심이 되었으나 독립 후 근대적 제도의 도입으로 하층 카스트 가운데서도 정치적 지도자가 등장할 수 있는 길이 열렸다.

그러면서 의석 지정 정책의 도입으로 교육과 사회 그리고 경제적인 면에서 혜택을 입은 하층 카스트의 정치계 진출이 늘어나고 변화된 경제적 환경으로 하층 카스트의 경제력 향상이 그들 출신 지도자를 중앙 정치 무대에 등장할 수 있게 하였다. 이와 더불어 의례적이고 전통적인 영역에서 기능을 수행해 오던 카스트 제도는 그 기능이 점차 약화되어 가는 반면, 정치적인 맥락에서는 오히려 카스트를 통한 정치적 세력의 확대 및 정치 지도자의 등장이라는 사회적 현상이 크게 부각되기 시작하였다.

1996년 4월 27일, 5월 2일 및 5월 7일 인도 전역에서 실시된 제11차 총선[17) 결과 민중당Janata Dal을 중심으로 하는 민족 전선과 좌파 전선의 연합 정권인 통일 전선United Front 정부가 등장했다. 1996

년 선거는 회의당(I)의 '일당 지배'가 끝나고 어떤 대체 체제를 창출하고자 하는 다양한 시도가 심각하게 진행되어 가는 인도 정치의 하나의 중요한 전환점으로 보인다. 이 총선의 결과 독립 이후 49년 중에서 44년 동안이나 중앙 정부를 장악해 왔던 회의당(I)는 유권자들에 의해 권력에서 쫓겨났고, 힌두 '민족주의'를 내세우는 인도 국민당이 13일 동안 인도 역사상 최단명의 정부를 이끌다 물러났으며 통일 전선이 인도 역사상 처음으로 중앙 정부를 장악하게 되었다.

제11차 총선 결과 집권 회의당(I)는 1991년 총선의 36.5%보다 8.4%가 적은 28.1%의 득표를 함으로써 전체 의석 535석 가운데 겨우 136석을 확보하여 집권당에서 밀려났다. 이 선거에서 회의당(I)의 득표율은 역대 회의당(I)의 득표율 가운데 최하층을 기록했을 뿐만 아니라 위기 수준인 30%에도 미달했다.

인도 국민당은 1991년의 20.8%에서 겨우 2.7%를 추가하여 23.5%를 획득했으나, 의석수는 41석을 추가 160석을 확보함으로써 최다 의석의 단일 정당으로 등장했다. 인도 국민당의 전반적인 지지 세력은 비하르에서 뻔잡Punjab에 이르는 '힌디 벨트'에 집중되어 있다. 이 벨트에서 인도 국민당과 그 연합 세력들은 회의당(I)가 획득한 23% 득표율보다 훨씬 많은 평균 36%의 득표율을 기록하고 있다. 1991년 총선과 비교해 보면 이 벨트에서만 득표율을 5% 끌어올린 좋은 성적이다.

그러나 비非인도 국민당 강세 지역에서 인도 국민당은 약 2%의 유효 득표를 잃었고 의석은 1991년의 두 개에서 하나를 잃어 겨우 하나를 확보하고 있다. 통일 전선은 비록 득표율에 있어서는 1991년 24.9%에서 20.2%로 4.7% 하락하고 있으나 의석수에 있어서는 여전히 예전 수준을 견지하여 그 전체 의석수가 180석에 이르러 연합 세력으로는 인도 국민당 연합에 이어 두 번째 집권 가능 세력을 이루고 있었다.

1996년의 선거 결과 가장 주목할 사실은 회의당(I)가 누리고 있던 카스트, 지역 및 경제 집단의 차별 없이 전국에 걸쳐 각계 각층으로부터 같은 수준의 광범위한 지지를 받는 소위 무지개 연합이 정치적 지평에서 사라지기 시작했다는 것이다.

다음으로는 이 선거에서 1992년의 아요디야Ayodhya 사건이 인도 무슬림의 정치적 성향을 변화시킨 획기적인 사건이었음이 명백히 드러났다. 전국적으로 이 선거에서 회의당(I)가 무슬림 표의 28%를 얻은 것으로 나타났으나 이는 1991년 총선보다 18%나 모자라는 수치였고, 게다가 이 표의 대부분도 회의당(I)를 대체할 만한 당이 없는 지역에서 얻은 것들이다. 대안이 있는 곳에서는 무슬림들은 미련 없이 떠나갔고 그 결과 통일 전선의 무슬림 몫이 회의당(I)의 몫보다 훨씬 많은 48%에 달하고 있다. 사회주의당과 민중당Janata Dal 연합이 이 사건이 발생한 웃따르 쁘라데쉬 주에서 얻은 무슬림의 표는 인도 선거사상 유례없는 83%라는 기록을 세우고 있다. 인도 국민당의 무슬림 득표율은 무시할 만한 수준이고 인도 국민당 표의 96%는 힌두 교도들의 표이다.

<표 1-1> 1996년 제 11차 총선, 종교별 투표 성향(%)

	회의당(I)	인도국민당	통일전선	대중사회당	주(州)정당들	기타
힌두교도	29	27	18	4	14	8
무 슬 림	28	3	48	2	10	9
기독교도	46	3	12	1	23	15
시크교도	29	10	7	8	36	10

출처 : India Today(1996년 5월 31일자), 26쪽.

<표 1-2> 1996년 제 11차 총선, 카스트별 투표 성향(%)

	회의당(I)	인도국민당	통일전선	대중사회당	주(州)정당들	기타
상층카스트	29	33	17	1	10	10
여타후진계급	25	23	25	2	18	7
지정 카스트	31	11	21	16	14	7
지정 부족	47	17	15	2	7	12

출처 : India Today(1996년 5월 31일자), 27쪽.

셋째로 예전에는 선거구별로 카스트 분화 현상이 나타났으나 이 선거에서는 주별로 카스트가 분화되고 있는 것으로 나타났다. 특히 북부 인도에서 카스트에 따른 양극화 현상이 두드러지게 나타났는데, 인도 국민당의 성공은 <표 1-2>에 나타난 바와 같이 상층 카스트를 인도 국민당에 유리하게 양극화하고 여타 후진 계급의 표를 분산시키고 있는 것에서 설명될 수 있다. 비하르 주에서는 인도 국민당과 평등당Samata Party 연합이 상층 카스트 표의 67%를 얻고 있다. 반면에 후진 계급들의 정치는 아직 유효한 추진력을 개발하지 못하고 주별로 각기 다른 노선에 따라 분산되고 있다.

한편 달리뜨들의 표의 향배를 보면, 회의당(I)가 이들로부터 평균 득표율 이상을 얻고 있으나 이 선거에서 회의당(I)의 전통적 표밭인 이들로부터의 손실은 매우 크다. 특히 웃따르 쁘라데쉬에서 대중 사회당이 회의당(I)의 9%에 비해 59%를 득표함으로써 달리뜨들을 동원해내는 데 성공하였으며, 마디야 쁘라데쉬Madhya Pradesh에서도 회의당(I)의 지배에 대한 강력한 도전 세력으로 등장하였다.

카스트 정치의 등장은 촌락의 행정 제도가 빤짜야띠 라즈로 구성되어 있다는 사실과 밀접한 관계를 맺고 있다. 인도의 최하위 행정·입법 단위인 빤짜야띠 라즈는 경제적인 분배에 대해서도 그 영향력을 행사하게 되는데 이 과정에서 카스트라는 요인은 촌락 정치의 구조를 결정하는 중요한 요소가 되어 왔다. 뿐만 아니라 도시의 산업 현장이나 관공서의 승진 및 신규 직원 채용 등의 문제에서도 다른 요건 보다도 그 대상자가 어떤 카스트에 속하고 있는가가 중요한 변수로 등장하고 있다는 것도 간과할 수 없다. 이렇게 카스트를 토대로 등장한 대부분의 정치 지도자들이 자신들의 정책 수행 태도를 카스트주의나 카스트 정치와는 무관하다고 주장하지만 그들의 등장 그 자체가 카스트를 기반으로 하기 때문에 이러한 한계를 넘지 못한다.

일반적으로 볼 때 정치적인 행위에 영향을 주는 요인들로 선거 운동, 선거 공약, 소속 정당에 대한 충성도, 종교 등 유권자의 사회적 특성 등을 들 수 있지만 인도 정치에서는 카스트가 유권자의 정치 행위를 결정짓는 가장 중요한 요인 가운데 하나이다(Ahuja 1993). 즉 특정 카스트에 속하고 있다는 이유 때문에 지지해 주는 것이 일반적인 정치 행위이다. 이러한 행위는 나아가 유사한 지위의 카스트들이 연합하여 정치적인 집단 행위로 발전하거나 정치적인 목적상 다른 카스트들이 동맹을 맺기도 한다. 다소 다양한 카스트로 구성되어 있는 정당의 경우 입후보자를 내정하는 과정에서 역시 카스트라는 요인이 부각되기 마련이며 이러한 이유로 한 정당 내부에 파벌이 형성되는 경우가 많다.

이 밖에도 특정 정치적 엘리트와 정당은 정치적인 목적의 달성이나 인원을 동원하기 위해 카스트라는 요인을 이용하고 있으며, 역으로 특정 카스트 집단들이 자신들의 이해를 관철하기 위해 특정 정당과 정치적인 타협을 제안하는 경우도 있다.

이상에서 언급한 카스트와 정치와의 관계를 보여주는 다양한 국면을 구체적인 사례로 제시하기 위해 다음 장에서는 1996년에 실시된 웃따르 쁘라데쉬의 주 의원 선거를 분석하고자 한다.

4. 독립 이후 정치 단위로서 카스트 변화의 의미

인도 헌법 제정 당시 지정 카스트와 지정 부족에 대한 특별 보장 정책은 세속적이고 평등한 사회 질서를 구현하고 역사적으로 누적된 이들 후진 계급들에 대한 불평등을 해소하기 위한 것이었다. 회의당은 독립 후 인도 정치에서 누려온 '일당 지배 체제'가 무너지기 시작한 1967년 총선 이후 자신들의 헤게모니 유지를 위한 정치적 필요에 따라 주로 선거 국면에서 후진 계급들을 동원하고 유인하여 표를 얻기 위한 눈가림으로 이 정책을 이용하였다.

이러한 특별 보장 정책에 의해 후진 계급의 일부 인사들이 정치에 참여하고 후진 계급의 이해를 대변하게 되었으나, 주로 그들의 개인적 지위의 상승에 그쳤고 전체 후진 계급의 상황은 그리 호전되지 않았다. 그리고 인도 공화당, 달리뜨 팬더 및 대중 사회당, 자르칸다 운동 등 다양한 후진 계급의 독립적인 정치 단위로의 결집이 시작되었으나 그 영향력은 대단히 제한적이었다.

그런데 회의당(I)의 '일당 지배'가 무너져 내리면서 시작된 인도 정치의 '만달화' 이후의 국면에서 카스트가 부활하였고, 전체로서 '카스트주의'가 팽배하게 되었다. 그 결과 인도 정치는 상층 카스트, 여타 후진 계급, 달리뜨라는 크게 세 범주의 집단이 권력을 놓고 갈등 반목하고 있다. 그것의 가장 격렬한 투쟁의 장場이 웃따르 쁘라데쉬 주이다. 이상에서 언급한 카스트와 정치와의 관계를 보여주는 다양한 국면을 구체적인 사례로 제시하기 위해 다음 장에서는 1996

년에 실시된 웃따르 쁘라데쉬의 주 의원 선거를 분석하고자 한다. 즉 군 단위 및 촌락 수준의 정치와 카스트 간 관계를 실제 사례를 통하여 파악하고자 한다.

IV. 웃따르 쁘라데쉬 주 메인뿌리 군에 나타난 정치와 카스트의 성격

1. 메인뿌리 군, 바니가온 빤짜야띠 라즈 개관

메인뿌리Mainpuri 군은 전체 면적이 약 4,343㎢로 웃따르 쁘라데쉬 주 전체의 약 1.47%를 차지하고 있으며 1981년 센서스에 따르면 군 전체 인구는 172만 6,202명으로 웃따르 쁘라데쉬 전체의 약 1.56%를 차지하고 있다(Mainpuri District Handbook 1981). 메인뿌리 군은 북으로는 에따Etah 군, 남쪽으로는 에따와Etawah 군, 동쪽으로는 파르루카바드Farrukhabad 군, 서쪽으로는 아그라Agra 군을 접하고 있다. 메인뿌리는 다섯 개의 수세원(收税院 ; 떼실tehsil)으로 구성되어 있다.

단기 현지 조사가 실시된 촌락 의회 단위인 바니가온은 까르할 Karhal 수세원에 속하는데 이 수세원은 군에 속한 5개의 수세원 가운데 가장 규모가 작다. 군에서 가장 큰 수세원인 본가온Bhongaon 수세원의 1981년 전체 인구가 약 47만인데 비해 까르할 수세원은 18만명 정도로 본가온의 약 1/3에 불과하다. 그리고 1971년부터 1981년까지 10년간 군의 평균 인구 증가율은 19.42%인데 까르할은 17.74%로써 평균보다 낮다.

바니가온 빤짜야뜨는 가디아Ghadhiya 촌락, 쭈르헬라Churhela 촌락 및 바니가완Banigawan 촌락으로 구성된다. 3개 촌락의 의회 이름이 바니가온 촌락으로 정해진 것은 이 촌락의 역사가 가장 오래되고 과거 자민다르 제도가 있었을 때 바니가온의 라즈뿌뜨들이 자민다르였기 때문이다. 시르사간즈Sirsaganj 시에서 까르할 수세원의 중심에 이르는 지방 국도변으로부터 약 6~7km를 달리면 가장 먼저 가디야 촌락이 위치하고 있으며, 여기서 약 1km정도 떨어진 곳에 쭈르헬라 촌락이 있고, 바니가온은 이곳으로부터 약 1km를 더 가야 한다. 현재 군에서는 시멘트가 아닌 돌과 흙으로 길을 넓히고 다지는 공사를 수행하고 있는데 지방 국도변에서 가디야를 거쳐 쭈르헬라까지만 예정되어 있다. 바니가온 빤짜야띠 라즈를 구성하고 있는 세 촌락의 총 가구수와 유권자 수는 282가구에 1,266명이며, 이를 촌락과 카스트별로 자세히 제시하면 아래 <표 1-3>과 같다.

<표 1-3 > 바니가온 빤짜야띠 라즈의 세 촌락의 가구수와 유권자수

가구수 카스트	가디야(Gadhiya)		쭈르헬라(Churhela)		바니가온(Banigaon)	
	가구수	유권자수	가구수	유권자수	가구수	유권자수
라즈뿌뜨	12	36			45	298
바니야					4	9
야다브			78	288		
까치	51	207			10	39
가다리야	52	241				
나이	8	36				
바르하이	8	44				
꿈하르					1	2
자따브						
방기	1	4				
무슬림	9	53				
계	141	621	78	288	60	348

조사지인 바니가온 빤짜야띠 라즈의 인구는, 1991년 웃따르 쁘라데쉬 주의 각 군에 대한 편람이 아직 출간되지 않아, 정확히 알 수는 없다. 하지만 1981년 편람에 의하면 당시의 인구는 1,484명이고, 1971년부터 1981년도까지의 평균 인구 증가율을 고려하여 계산해보면 1,707명으로 추정된다. 그렇지만 보통의 경우처럼 실제 인구는 이보다 많을 것으로 보인다.

이 빤짜야띠 라즈의 소위 상층 카스트에 속하는 카스트에는 라즈뿌뜨와 바니아Baniya만이 있다. 바니야는 단지 4가구만이 살고 있으며 라즈뿌뜨들은 이들을 자신보다 모든 면에서 열등하다고 생각하고 있다. 라즈뿌뜨 카스트는 인구수와 경제력 면에서 결코 다른 카스트보다 뒤지지 않는다. 더군다나 그들은 지난날 이 지역의 자민다르였으므로 지역 내의 다른 카스트들은 그들에게 소작농이나 임노동자 관계로 종속되어 있었다. 따라서 현재까지도 라즈뿌뜨의 권위는 다른 카스트에 비해 더 높게 나타난다.

바니가온의 라즈뿌뜨 가운데 소수가 가디야로 이주하여 기존에 있던 양치기인 가다리아Gadhariya와 채소 재배인인 까치Kachi 등을 장악하였던 것으로 전해진다. 가디야라는 촌락 이름도 그 촌락에 처음 이주해 살았던 라즈뿌뜨 집의 거대한 대문에서 기원한 것으로 전해진다. 가장 늦게 세워진 쭈르헬라의 모든 사람들이 야다브인 것으로 추정해보면 이들 역시 인근의 바니가온 촌락의 라즈뿌뜨들의 가축을 돌보며 소작 농사도 지었던 것으로 추정된다. 대체로 라즈뿌뜨가 자기르다르jagirdar[18] 또는 자민다르로 장악하고 있는 주변의 야다브와 양치기 촌락은 대부분이 라즈뿌뜨들의 가축을 돌보는 역할을 수행해 왔다.

인도 전체에서 야다브의 경제·정치적 세력의 점진적 확장은 소위 상층 카스트인 브라만이나 라즈뿌뜨들의 기존 권위에 대해 도전

하였으니 쭈르헬라의 야다브 역시 예외는 아니었다. 특히 이곳 야다
브들은 인근 에따와 군 출신인 물라얌 싱 야다브Mulayam Singh Yadav
라는 정치 지도자의 후광을 바탕으로 1980년대 후반부터 상층 카스
트의 권위에 도전적이었고 반면에 다른 후진 카스트 및 달리뜨들에
게는 억압적인 태도를 보였다.

한편 이곳에서는 야다브의 경우와 마찬가지의 카스트 개명과 그
에 의거한 카스트 이동의 현상이 두드러진다. 메인뿌리 인근 군들에
흩어져 있는 가다리야는 전통적 직업에 따를 때 양치기였지만 산스
끄리뜨 이름인 바겔Bhagel로 개명하였다. 이러한 개명 작업은 1960년
대에 일어난 것으로 아그라 군의 지방 행정관 출신의 가다리야 지도
자들이 자신들의 카스트 지위 상승을 위해 부르기 시작한 것이 오늘
에 이르고 있다. 이 지역의 까치 역시 샥끼야Shakkya로 부르고 있으
며 청소부인 방기Bhangi는 발미끼Valmiki로, 짜마르는 자따브Jatav로 부
르는 것도 마찬가지 맥락에서이며, 이러한 현상은 같은 웃따르 쁘라
데쉬주의 미러뜨Meerut에 대한 연구(김경학 외 1996)에서도 발견되는
상당히 보편적인 추세이다.

가다리야는 가다야 촌락에서 가장 다수인 카스트이며 인근의 야
다브만큼 정치적 위세를 부리지는 못하지만, 인근 수세원에 살고 있
는 1993년 물라얌 싱 야다브 정권에서 내무장관을 역임한 순다르
싱 가다리야Sunder Singh Gadariya의 존재에 상당한 자부심을 지니고 있
다. 인구 면에서 가다리야와 비슷한 까치 역시 전통적으로 농사를
짓는 카스트들이다. 인구면에서 가장 큰 세력을 보이고 있는 카스트
들은 라즈뿌뜨, 야다브, 가다리야, 까치이며, 이 가운데 라즈뿌뜨를
제외한 세 카스트는 모두 후진 카스트의 범주에 속한다. 나머지 다
른 후진 카스트들로서는 목수인 바르하이Barhai, 토기공인 꿈하르

Kumhar, 이발사인 나이Nai가 있으며 이들은 인구수와 경제력 면에서 앞서 언급한 세 후진 카스트보다 열세이다. 비록 바니가온 빤짜야뜨에는 없지만 인근 뿌라Pura 빤짜야뜨의 뿌라 촌락에는 농민 카스트인 로드Lodh만이 살고 있는데, 웃따르 쁘라데쉬 내에서는 일반적으로 로드는 야다브나 꾸르미보다 의례적인 지위가 다소 낮게 평가되고 있다.

가디야 촌락의 방기와 바니가온 촌락의 자따브는 모두 달리뜨 범주에 속하며 수적·경제적으로 매우 열세를 보인다. 그러나 바니가온 빤짜야뜨 인근의 바하두르뿌르Bahadurpur 촌락과 까솔리Kasauli 촌락은 달리뜨가 수적인 면에서 다수를 차지하고 있다. 이 두 촌락에는 자따브가 가장 많으며 이 밖에도 조산원의 일을 하는 다눅Dhanuk, 도비, 방기 등이 있다. 바니가온 빤짜야뜨에도 무슬림이 아홉 가구 있는데 인근 촌락에도 비슷한 수가 살고 있다. 무슬림과 힌두 사이에는 음식을 주고받는 관계가 성립되어 있지 않다.

2. 메인뿌리의 정치와 카스트의 관계

메인뿌리 군과 바니가온 빤짜야띠 라즈의 카스트 정치는 웃따르 쁘라데쉬의 카스트 정치의 전체적인 흐름에서 크게 벗어나지 않는다. 따라서 메인뿌리 군과 바니가온 빤짜야띠 라즈의 카스트 정치를 알아보기 위해 우선적으로 1996년 웃따르 쁘라데쉬 주의원 선거의 카스트와 정치의 관계를 분석해 보기로 한다.

1) 1996년 웃따르 쁘라데쉬 주 의원 선거에 나타난 카스트 정치

인도 국민당은 1993년의 웃따르 쁘라데쉬 주 의회 의원 선거에서 전체 의석 424석 가운데 177석을 차지하여 다수당으로 부각하였다.

하지만 당시 세속주의 노선을 지향하면서 보수적인 힌두 상층 카스
트가 이끄는 정당에 대립각을 세우고 있었던 대중 사회당이 슈드라
의 상징적 인물인 물라얌 싱 야다브를 지지함으로써 그들 스스로 단
독 주 정부를 구성하지는 못했다. 하지만 1995년 6월 물라얌 싱 야
다브가 이끌었던 주 정부는 대중 사회당이 인도 국민당과의 연립 내
각을 구성하기 위해 물라얌 싱에 대한 지지를 철회하면서 해산되었
다. 결국 주 정부는 1996년 9월 선거 이전까지 대통령 직속 통치하
에 놓여 있었다. 그리하여 1996년 주 의회 선거는 인도 국민당과 평
등당의 연합 세력, 사회주의당을 중심으로 6개 군소 정당이 연합하
여 만든 통일 전선 그리고 회의당(I)와 대중 사회당의 연합 세력간에
각축을 벌이는 양상을 보였다. 여기서는 논의의 전개상 각 세력 집
단들이 보여준 1993년과 1996년의 선거 결과를 연합 세력 차원까지
분석하고자 한다. 그 결과를 표로 만들면 아래 <표 1-4>와 같다.

<표 1-4> 1993년과 1996년 웃따르 쁘라데쉬 주의원 선거 결과

연도 정당	1993년	1996년
인도국민당	176	174
사회주의당	109	110
대중사회당	67	67
회의당(I)	28	33
인도농민노동자당	0	8
민중당(Janata Dal)	27	7
인도공산당	4	5
회의당(T)	0	4
평등당	0	2
무소속	10	14
계	421	424

출처 : India Today, Oct. 31, 1996. p.65

한 마디로 이번 선거에서 가장 입지를 공고히 한 세력은 통일 전 선이었으며 가장 손실을 입은 세력은 인도 국민당이었다고 평가해 볼 수 있다. 물론 이번 선거가 1993년 선거와 본질적으로 같다는 사 실을 부인할 수는 없다. 다만 1996년에 치러진 주 의회 선거에서 인 도 국민당은 좋은 성과를 거두었지만 과반수 이상의 득표에 실패함 으로써 웃따르 쁘라데쉬에서 더 이상 '힌두주의'의 기치로는 과반수 의 단독 정당으로 주 정권을 장악할 수 없음을 명확히 보여주었다. 반면 통일 전선 가운데 주축을 이룬 물라얌 싱 야다브의 사회주의당 은 웃따르 쁘라데쉬의 지지 기반을 다시 한번 확인하였으며 이에 반 해 민중당Janata Dal이나 통일 전선을 구성한 다른 정당은 그 입지가 미약함을 드러냈다.

대중 사회당은 1993년 선거 때와 동일한 득표를 올렸으며 회의당 (I)와의 연합으로 그 세력을 강화했지만 무슬림 세력이 사회주의당으 로 대거 이탈함으로써 더 많은 득표에는 실패했다. 그러나 대중 사 회당이 독립적으로 정권을 잡을 수는 없지만 인도 국민당이나 사회 주의당이 모두 대중 사회당과의 연합을 통하지 않고서는 주 정권을 세울 수 없는 현실을 고려할 때 대중 사회당이 확실히 웃따르 쁘라 데쉬 정치에서 자신의 입지를 확고히 하였으며 이는 달리뜨들의 독 자적인 정치 세력이 규합되었다는 중요한 점을 확인해 주는 선거였 다.

우리는 여기에서 우선 1996년 선거에서 174석으로 최고 다수를 차지했지만 과반수를 넘지 못해 집권에 실패한 인도 국민당에 대한 선거 전략과 이번 선거에서 당의 주요 기반 세력이 어떤 카스트였는 가를 분석해 볼 필요가 있다. 인도 국민당의 주요 세력은 상층 카스 트 중심적이었다는 주장을 부인할 수 없지만 1991년 웃따르 쁘라데쉬의 주 수상이었던 깔리안 싱 로드Kalyan Singh Lodh로 대표되는 후진 카스트와 불가촉민의 당내 입지 또한 무시할 수 없게 되었다.

그 가운데 로드Lodh 카스트와 꾸르미 카스트는 후진 카스트의 가장 확실한 지지 기반이다. 파이자바드Faizabad 군 출신의 하원 의원인 비나이 까띠야르 꾸르미Vinay Katiyar Kurmi는 이번 선거에서 '힌두주의'를 기초로 한 종교 공동체주의 정서를 이끌어 내기 위해 "마투라Mathura와 까시(Kashi ; 바라나시Varanasi의 옛 이름)를 무슬림의 지배로부터 해방시켜야 한다"는 구호를 외칠 정도였다. 뿐만 아니라 인도 국민당은 일부 달리뜨 집단을 자신의 세력 안으로 대거 끌어들였다. 1992년에 아요디야의 바브리 마스지드Babri Masjid 모스크를 붕괴시킬 때 이미 극우 집단인 국가 자원 봉사단RSS이 방기들에게 라마 사원이 복원되면 사원 안에 그들을 위한 조그만 사원을 만들어 준다는 약속을 매개로 하여 연합 전선 세력을 구축한 바 있다. 사실 이번 선거에서 인도 국민당은 대중 사회당과 사회주의당의 연합을 가장 두려워했다. 하지만 그 연합은 이루어지지 않았고 인도 국민당은 다시 한 번 '힌두주의'의 망령을 이용하였다. 그럼에도 불구하고 자신들의 전통적인 표밭인 동부 지역에서와 웃따르칸드Uttarkhand의 산간 지역의 선전을 제외하고는 지난 1993년의 선거에 비해 그다지 좋은 성과를 내지는 못했다.

동부 지역은 상층 카스트가 지배적이었기 때문에 선전할 수 있었고, 산간 지역에서는 전체 19개 의석 가운데 17개를 차지하였다. 산간 지역은 통일 전선으로 합세한 회의당(T) 가운데 산간 지역에 정치적 영향력을 지니고 있을 것으로 기대했던 브라만 출신의 띠와리Tiwari가 입후보하고, 선거를 앞두고 인도 수상인 데브 고우다Deve Gowda가 "웃따르칸드를 하나의 독립 주로 인정할 것을 고려중이다"

라는 선거용 발언을 던짐으로써 상당한 기대를 하였으나 결과적으로는 통일 전선에게 커다란 패배를 가져다 준 곳이다. 이 지역에서 통일 전선이 실패한 주요 원인은 웃따르칸드 독립을 외치며 시위를 벌인 산간 사람들을 지난 웃따르 쁘라데쉬의 주 수상이었던 물라얌 싱 야다브가 강력하게 진압한 데 대한 반발이었을 것이다.

통일 전선은 이번 선거에서 134석을 차지했다. 통일 전선은 주요 세력인 사회주의당 이외에도, 4개의 의석을 차지한 회의당(T), 서부 지역 자뜨의 대부라 할 수 있는 아지뜨 싱Ajit Singh으로 대표되는 인도 농민 노동자당Bharatiya Kisan Kamgar Party, 민중당Janata Dal 그리고 좌파 세력인 인도 공산당Communist Party of India과 인도 공산당(M) Communist Party of India(Marxist)으로 구성되었다. 통일 전선이 인도 농민 노동자당을 영입한 것은 서부 지역의 지배 카스트인 자뜨 카스트의 지지를 얻으려는 것이었는데 크게 성공하지는 못했다. 그들은 지난 선거에서 인도 국민당이 56석을 차지하는 서부 지역의 인도 국민당 태풍을 감소시키려 인도 농민 노동자당을 통일 전선으로 끌어들였으나 인도 농민 노동자당은 단지 8개 의석을 차지하는 데 그쳤으며 이들이 승리한 곳 모두는 자뜨가 다른 카스트에 비해 수적으로 월등한 곳이다.

통일 전선이 의석 수를 유지할 수 있었던 것은 무슬림이 적극적으로 지지하였기 때문이다. 전통적으로 무슬림은 달리뜨와 함께 회의당(I)를 지지해 왔다. 그러나 아요디야 사건 후 회의당(I)를 이탈하였으나 지난 1993년의 주 의회 선거에서는 많은 무슬림들이 달리뜨들이 주축인 대중 사회당을 지지하였다. 그러나 대중 사회당이 1995년 힌두 보수 정당인 인도 국민당과 손을 잡고 주 정권을 장악한 점을 들어 이번 선거에서는 대부분의 무슬림들이 사회주의당의 물라얌 싱 야다브를 지지하였던 것으로 해석된다. 무슬림의 인구가 웃따르 쁘라데쉬 전체의 약 15%를 상회한다는 점을 감안하면 이들의 선거의 영향력은 매우 중요하다고 할 수 있다. 사회주의당의 주요 지지 기반은 후진 카스트이지만 이 가운데에서 가장 확실한 지지 카스트는 야다브 카스트이다. 이들은 물라얌 싱 야다브가 두 번에 걸쳐 주 수상을 차지한 덕분에 가장 혜택을 많이 입은 집단이라고 생각하고, 이러한 혜택을 계속 받기를 원하고 있을 뿐 아니라 다른 카스트에 대한 우위를 장악하고자 하기 때문이다.

이번 선거에서 동부 지역에서 통일 전선이 지난 선거에 비해 좋은 성과를 거둔 것은 동부 지역에서 가장 다수 세력인 달리뜨 가운데 짜마르Chamar 카스트를 제외한 다른 달리뜨들의 지지를 얻어냈기 때문이다. 대중 사회당을 이끌어 나가고 있는 대부분은 짜마르 카스트이기 때문에 이들이 아닌 다른 달리뜨를 후보로 내세움으로써 통일 전선은 좋은 성과를 거두었다. 이번 선거에서 110명의 사회주의당 출신 당선 의원들 가운데 20명은 달리뜨 출신이라는 점이 이를 잘 반영하고 있다. 또한 통일 전선의 일원인 민중당Janata Dal은 브이피 싱의 영향력으로 타꾸르Thakur 세력을 끌어 모을 것으로 기대했으나 민중당Janata Dal은 이 점에서 큰 역할을 하지 못하고 오히려 사회주의당이 25명의 타꾸르를 경선에 내세워 17명을 승리로 이끌어내는 쾌거를 올렸다. 이렇게 인도 국민당이 아닌 다른 당에서 상층 카스트를 후보로 내세워 인도 국민당의 주요 지지 기반인 상층 카스트를 분할시켜 인도 국민당의 세력 확장에 결정적인 제동을 걸었다.

이번 선거에서 대중 사회당은 회의당(I)와 연합하여 그들의 지지 기반인 달리뜨뿐 아니라 회의당(I)의 지지 세력인 상층 카스트의 표를 끌어내려 하였으며, 지난 선거에서 크게 지지를 보여준 무슬림

세력을 합쳐 달리뜨 - 상층 카스트 - 무슬림의 연합을 구축하고자
하였다. 대중 사회당의 주도 세력을 구성하고 있는 짜마르는 거의
모두가 대중 사회당을 지지하였으나 다른 일부 달리뜨들은 사회주
의당을 지지하였다. 그러나 짜마르는 단일 카스트로서는 웃따르 쁘
라데쉬에서 가장 다수를 차지하고 있고, 회의당(I)와 대중 사회당이
연합함으로써 과거 대부분의 달리뜨들이 회의당(I)를 지지했던 분위
기를 이끌어내는 데 일부 효과를 보았다. 대중 사회당 - 회의당(I) 연
합이 가장 선전한 곳은 분델칸드Bundelkhand 지역으로 이 지역의 많
은 무슬림들은 대체로 자신들의 형편이 좋기 때문에 자신들의 보호
를 위해 반드시 물라얌 싱의 후광이 필요한 것은 아니기 때문에 대
중 사회당을 지지한 것으로 보인다.

　지난 선거에서도 일부 드러난 사실이지만, 1996년 웃따르 쁘라데
쉬 주 의회 선거에서 분명히 드러난 사실은 다음의 두 가지로 정리
할 수 있다. 우선 자신들 정당의 이익을 위해서는 자신들의 당 이념
에 배치되는 카스트 세력과도 제휴하여 선거에 임한다는 사실이다.
다시 말해 자신들의 주류를 지지하는 카스트 집단이 아니더라도 자
신의 의석 수를 늘리고 상대당의 의석 수를 줄이기 위해서는 상대
당이 토대로 삼고 있는 카스트 범주의 일부를 자신의 당으로 영입하
여 후보로 내세움으로써 새롭게 영입된 카스트를 토대로 표를 끌어
모아 상대 정당의 세력을 약화시키려 한다는 사실이다.

　다음으로는 웃따르 쁘라데쉬에서 '힌두주의'의 기치를 내세워 힌
두 정서를 자극하여 정치 세력을 급속히 확보한 인도 국민당이 종교
공동체주의 전략으로는 단독으로 정권을 잡을 만큼의 득표를 할 수
없음이 극명하게 드러났다. 1996년 선거에서도 예외 없이 '무슬림
지배로부터 마투라와 까시의 해방'이라는 구호를 선거에 사용했으

나 유권자의 힌두 정서를 대거 끌어내지는 못했다. 비록 웃따르 쁘라데쉬가 다른 주에 비해 힌두 정서를 자극시킬 수 있는 역사적인 토양이 풍부하다지만 더 이상 아요디야, 마투라, 까시 등과 같은 종교 공동체적 모티프를 이용한 득표 전략을 통해 정권을 장악하려는 시도는 상당한 한계를 보여주었다.

또한 지난 선거와 이번 선거에서 대중 사회당의 달리뜨 집단이 더 이상 인도 국민당의 상층 카스트들이나 사회주의당의 후진 카스트들의 들러리에 지나지 않은 정도의 역할을 수행하지 않고 독자적인 정치 세력을 확고히 했음을 보여주었다.

2) 메인뿌리의 카스트 정치의 성격

웃따르 쁘라데쉬의 서부 지역에 속하는 메인뿌리 군의 다섯 곳의 선거구에서 물라얌 싱 야다브의 사회주의당이 모두 승리를 거두었다. 1996년 선거에서 서부 웃따르 쁘라데쉬의 전체적인 세력 판도는 47석의 인도 국민당, 26석의 사회주의당, 8석의 대중 사회당, 5석의 회의당(I), 1석의 민중당Janata Dal 및 13석의 무소속으로 구성되었다. 인도 국민당이 여전히 강세를 보이지만 지난해 56석에 비해 9개 선거구를 잃은 셈이며, 사회주의당은 24석에서 2석이 늘어났다.

바니가온 빠짜야뜨의 라즈뿌뜨와 바니야는 대부분 인도 국민당을 오래 전부터 지지해 왔다. 이들이 인도 국민당을 지지해온 이유는 인도 국민당이 상층 카스트 당이기 때문이며 1980년대부터 자신들의 정치·경제적 세력은 지난날에 비해 약화되어가지만 후진 카스트들, 이 가운데 특히 이 지역의 물라얌 싱 야다브의 후광을 입고 있는 야다브의 세력이 급속히 강해져 그들의 기존 권위에 도전적인데 대한 강한 반발심 때문에 이들은 인도 국민당을 적극 지원하고 있는 것으로 분석된다.

바니가온 빤짜야뜨 가운데 쭈르헬라 촌락의 전체 야다브는 사회주의당을 지지하는 것으로 나타난다. 빤짜야뜨를 구성하고 있는 세 촌락의 야다브를 제외한 많은 다른 카스트들이 야다브에 대한 집단적인 질투심 및 반감을 지니고 있는 이유 가운데 한 가지는 야다브들이 낮은 직급이나마 경찰직을 비롯해 기타 다른 분야의 공무원직을 가장 많이 차지하고 있다는 점을 들고 있다. 즉 물라얌 싱 야다브 고향 인근의 야다브들이 물심양면으로 가장 많은 혜택을 입고 있다는 주장이다. 1996년 선거에서 많은 수의 가다리야와 까치는 그들이 후진 카스트에 속함에도 불구하고 각각 인도 국민당과 대중 사회당을 지지한 것은 바로 이러한 이유 때문인 것으로 분석된다.

카스트에 따른 전통적인 직업이 약화됨에 따라 이 지역의 야다브, 가다리야, 까치 등은 농사를 주업으로 택하였다. 1950년대의 선거에서 이들은 상층 카스트와 달리뜨들을 기반으로 하고 있는 회의당(I)에 반대하여 사회주의 노선을 걸고 있는 인민 사회주의당Praja Socialist Party을 지지하였으며, 이후 계속적으로 차란 싱Charan Singh이 이끄는 인민당Lok Dal 그리고 후진 카스트가 주축을 이루고 있는 사회주의당을 지지하였다. 그들은 1993년의 선거에서도 사회주의당을 지지했지만 1996년의 선거에서는 양상이 크게 변했다.

먼저 이 지역 가다리야에게 큰 영향력을 지니고 있는 순다르 싱 가다리야는 지난 물라얌 싱 정권 때 내무부 장관을 지냈지만 물라얌 싱 야다브와 불화가 생겨 1995년 웃따르 쁘라데쉬 정권이 공전된 시기 이래로 인도 국민당으로 당적을 변경하였다. 이에 메인뿌리의 많은 가다리야가 그를 따라 1996년 선거에서 인도 국민당을 지지한 것으로 나타난다. 비록 웃따르 쁘라데쉬 전체 차원에서 대부분의 가다리야가 인도 국민당을 지지한 것은 아니겠지만, 특정 지역에서 특정 정치 지도자가 지지하는 당을 추종자들이 지지하고 그들이 속한 카스트 구성원들이 다시 지지하는 경우는 적지 않다.

현지 참여 관찰에 의하면 이번 선거에서 상당수의 까치들이 물라얌 싱 야다브의 사회주의당이 아닌 달리뜨들의 대중 사회당을 지지하였다. 1996년 봄에 실시된 하원 선거에서 대중 사회당은 후진 카스트 세력이 사회주의당의 세력을 약화시키기 위해 메인뿌리에 까치를 입후보시켰다. 이러한 사실은 몇 개월 후에 실시된 주 의회 선거에 영향을 끼쳤는데, 상당수의 까치가 대중 사회당을 지지한 것으로 나타난다. 그리고 이 지역의 대부분의 달리뜨들은 대중 사회당 후보를 지지하였다. 인근 촌락에 있는 달리뜨 대부분은 자따브이며 이들 외에도 도비 및 방기가 있지만 이들 역시 대중 사회당을 지지한 것으로 분석된다. 한편 바니가온 빤짜야뜨에는 없지만 인근 다름뿌르Dharmpur 촌락의 많은 브라만들은 인도 국민당을 지원했는데 이는 그들이 후진 카스트 특히 야다브 세력의 급성장에 커다란 불만을 품고 있기 때문이다.

메인뿌리의 1996년 주 의회 선거에서 사회주의당이 완승한 사실을 통해 보면 비록 가다리야와 까치의 상당수가 다른 당으로 빠져나갔음에도 불구하고, 대부분의 후진 카스트들이 사회주의당을 지지했음에 틀림이 없음을 알 수 있다. 지난날에는 이들 후진 카스트에 속하는 개별 카스트가 내부적으로 음식과 혼인 관계로 인해 분리되어 있었지만 이제는 특히 세속적인 목적을 위해서 내부는 물론이고 하층 카스트 사이의 통합도 불가피하게 필요로 하고 있다. 카스트 장벽을 뛰어넘는 카스트 모임이 선거를 앞두고 자주 개최되며, 그곳에서 강조되는 이데올로기 역시 카스트 관습과 규칙에 대한 언급 외에도 정치적인 단결을 촉구하는 내용이 강조된다.

또한 후진 카스트 범주에 속하는 다른 카스트 사이의 관계도 음식물 수수가 보다 늘어나고, 비록 야다브와 같이 혜택을 더 향유한 카스트가 일부 있는 것은 사실일지라도 후진 카스트로서의 동류 의식이 등장하고 있다. 이들은 자신들이 상층 카스트에 속하지 않고 또한 달리뜨와는 동등해 질 수 없다는 차별성도 강화되고 있다. 의례적인 카스트 위계에 따른 음식 관계 및 혼인 관계의 지평은 완전치 않은 정도일지라도 점차로 넓어지고 있음은 많은 연구자들이 일반적으로 지적하고 있는 양상이다(Fuller 1996).

바니가온 인근 촌락에 집중적으로 거주하는 달리뜨들 역시, 비록 아직까지는 개별 카스트 사이의 의례적 지위 경쟁이 불식되지 않았을지라도, 상당수의 달리뜨들이 과거에는 상층 카스트들로부터 그리고 현재는 후진 카스트들까지 자신들을 핍박하려는 경향을 강조하며 자신들의 '핍박받는 자'라는 이미지를 강조하고 있다. 인도 국민당과 사회주의당이, 대중 사회당이 자따브 주도 당이라는 점을 강조하며 달리뜨 내부의 불화를 조장하고 있는 것도, 웃따르 쁘라데쉬 전체 인구 가운데 20%를 상회하고 있는 달리뜨들이 완전한 하나의 힘을 보일 것에 대비한 전략인 것이다.

이는 이제 소위 상층 카스트, 후진 카스트, 달리뜨라는 '민족 블록'이 중요한 정치 단위로 간주되고 있음을 보여주는 것으로 해석할 수 있다. 하지만 득표 전략상 서로 다른 범주의 카스트들을 당으로 영입함으로써 결국 혈통이나 역사적 경험을 통해 나타나는 '민족성'ethnicity의 이질적 성격으로 인해 당내에 파벌이 발생하고 있는 것 또한 사실이다. 예컨대 웃따르 쁘라데쉬 주 수준의 정치에 나타나는 현상을 보면, 인도 국민당은 사회주의당의 세력 약화를 위해 후진 카스트의 농민 카스트 로드Lodh에 속하는 깔리얀 싱을 1989년에 영입하여 1991년 주 수상직에 올려놓았는데 그들은 여전히 인도 국민당이 상층 카스트 당이라는 이미지를 고수하려 한다. 이에 반해 깔리얀 싱은 더 이상 인도 국민당 상층 카스트들의 장식품 노릇은 하지 않고 자신의 자리를 요구하기 위해 당내 파벌을 조성하고 있어 당내 불협화음을 조성하였다.

3. 메인뿌리, 바니가온 빤짜야띠 라즈에 나타난 카스트 정치의 의미

카스트와 정치와의 역동적 관계를 분석하는 데 쓰인 스리니와스(Srinivas 1955)의 '지배 카스트' 개념은 1980년 후반까지의 인도 농촌 정치 현상에 대한 연구에 매우 적합하게 사용되었다. 이는 이 연구의 대상 지역인 웃따르 쁘라데쉬의 카스트 - 정치의 경우에도 마찬가지였다. 따라서 대부분의 기존 연구들은 촌락 또는 지방의 상층 카스트인 지배 카스트가 정치의 리더가 되고 그들을 따르는 다른 낮은 카스트들이 정치적 맥락에서 상호 깊은 관련을 맺는 하나의 파벌을 조직하여 적대적인 다른 파벌들과 권력 다툼을 위해 상호 반목과 갈등하는 면에 주목하여 왔다(Kim 1994). 1990년 후진 카스트들에 대한 의석 지정 정책을 시행하기 이전까지는 회의당(I)는 물론이고 심지어는 사회주의 노선을 걷던 여러 당들에서조차도 당내의 헤게모니를 상층 카스트 또는 자뜨들이 장악하였다.

하지만 상황은 1990년의 후진 카스트들에 대한 의석 지정 정책의 시행을 계기로 급변하였다. 웃따르 쁘라데쉬 내에서 약 50% 인구를 차지하는 후진 카스트들과 약 20%를 웃도는 지정 카스트들이 '산스끄리뜨화'되기 보다는 각각 '만달화'와 '달리뜨화'되는 과정을 선택하면서 인적 자원의 절대 다수라는 요인을 토대로 소위 슈드라와 달리뜨가 주인이 되는 정치를 적극적으로 펴기 시작했다.

또한 상층 카스트가 당내의 헤게모니를 장악한 회의당(I)와 연합하던 달리뜨들이 자신들 출신의 정치 지도자를 최초의 주 수상에 앉힘으로써 이제는 보수적인 노선이든 진보 노선이든 관계없이 자신들이 연합하여 주 정권을 획득할 수 있는 능력을 독자적으로 키우기까지 했다. 그리하여 야다브 출신인 물라얌 싱 야다브가 자신의 당을 배경으로 주 수상 자리에 오르기 시작하고 달리뜨들이 주도하는 대중 사회당이 자신들의 독자적인 목소리를 내기 시작하였다.

그렇다고 해서 의례적으로 소위 상층 카스트가 아닌 슈드라 집단과 달리뜨 집단이 웃따르 쁘라데쉬 정치에서 자신들의 정치력 확장을 위해 완전히 일치된 정치 행동을 보이는 것은 아니다. 1996년 선거에서 나타나듯 인도 국민당은 상층 카스트가 헤게모니를 지닌 집단이며, 통일 전선은 후진 카스트 당인 사회주의당이 주축인 집단이다. 그리고 대중 사회당 - 회의당(I) 연합은 비록 회의당 안에 상층 카스트들이 있지만 주축 세력은 달리뜨들이었음을 부인할 수 없다. 하지만 웃따르 쁘라데쉬 주 수준, 메인뿌리 군 수준 그리고 바니가온 빤짜야띠 라즈 수준 모두에서 나타난 정치와 카스트의 관계를 보면 모든 정당은 정권 획득을 위해 자신들의 지지 토대를 벗어난 카스트들을 영입하고 있는 점이 눈에 뜨인다. 그리고 '민족 블록'이라 불리는 범주가 정치적 행동에 중요한 단위가 됨 또한 알 수 있다. 따라서 특정 개별 카스트 중심이 아닌 소위 상층 카스트, 후진 카스트, 달리뜨와 같은 범주가 1990년대 이후의 인도의 카스트 정치의 양상을 규명하는 데 중요한 도구가 될 수 있다.

V. 카스트의 정치적 성격 변화와 그 추이

인도의 카스트는 그 구조가 형성될 때부터 현재에 이르기까지 항상 변화하여 왔고 지금도 그 전통은 지켜지고 있다. 그러나 전근대 사회에서는 사회 구조의 틀은 변화하지 않은 채 유동성을 이어 왔고 반면에 근대 사회에서는 점차 그 틀이 깨지고 있다. 이러한 상황이 전개된 것은 자본주의와 근대 문명의 도입에 의해서였다. 근대 이후 실시되어 온 보통 선거제의 도입은 카스트가 인도 정치에 더욱 깊숙이 관여하도록 하는 계기를 가져다주었다. 촌락 및 카스트 빤짜야뜨의 기능이 약화되고 그 자리를 근대 법 체계가 중요하게 차지하면서 촌락 단위의 사회에서 정치적으로 많은 갈등이 야기된다.

이로 인해 기존의 질서를 넘어선 새로운 정치 각축장이 형성된다. 경제 및 사회·정치적 영역에서 카스트는 전통적인 성격이 약화되는 현상을 보여주고 있지만 이러한 차원의 지방 정치와는 달리 지역적 또는 언어적 차이 때문에 상호 연계를 가지지 않았던 집단들이 직업과 관습의 유사성, 신화적 또는 전설적인 공통의 기원 등을 바탕으로 하여 정치적 영역에서 수평적 연대를 형성하고 있다. 결국 사회의 근대화를 통해 개인의 주체성의 근원과 서열 분류의 기준이 '카스트 - 합동 가족joint family - 촌락 공동체'에서 '정치 - 경제 - 법' 으로 변화하고 있다.

특히 이는 연방제를 근간으로 하는 인도 정치의 구조에서 연방 정부와 주 정부 사이의 정치적 역동성과 상호성을 불러일으키는 데 결정적인 역할을 하는 것으로 나타나고 있다. 더불어 그들은 카스트 제도 안의 낮은 지위와 피핍박성을 강조하고 그것을 공동의 토대로 삼아 정치적 공동체를 형성하면서 그들 공동의 이익을 공식적인 정

치 행위인 선거에 반영시키고 있다. 이러한 현상을 두고 1965년 중
앙의 유력 일간지인 「더 스테이츠먼」The Statesman은 그 사설에서 "카
스트 위계는 쇠퇴하는 반면 카스트주의가 상승하고 있다(Caste
hierarchy declines, as Casteism rises)"고 했다.

근대 사회에서 형성된 카스트 성격의 전환이라는 전통은 독립 후
회의당(I)가 권력 독점을 위해 시행한 특별 보장 정책으로 가속화되
었다. 이것은 세속적이고 평등한 사회 질서를 수립하기 위한 수단이
기보다는 정치적 목적에 따라 이용된 것이었다. 이는 특히 1989년
이래 회의당(I)의 '일당 지배'가 무너져 내리면서 시작된 '만달화'와
함께 크게 활성화되었다. 카스트주의의 등장은 후진 계급의 일부 인
사들로 하여금 집단의 정치적 이익을 대변할 수 있도록 하긴 하였으
나 구조적인 변혁을 이루지 못한 채 개인적 지위 상승 혹은 보스 중
심의 파벌 정치의 발전으로 그칠 뿐 본격적인 계급 중심의 사회 정
치로는 발전하지 못했다. 그 결과 인도 정치는 카스트에 크게 의존
하게 된다.

이러한 현재의 정치적 상황을 고려하면 '민족 집단'은 베버가 주
장하는 '민족성에서 카스트로의 발전'(Weber 1978)과 반대의 방향으로
전개되는 현상이 발견된다. 즉 위계적인 관계로 규정된 수직적 사회
체계가 점차 그 성격이 약화되어, 이제 카스트가 삶의 방식상의 차
별로 인하여 분화되어 가는 수평적이고 무연계적인 공존 형태를 띤
민족 집단으로 전환되어 가는 형태를 띠는 것이다. 물론 그렇다고
해서 인도에서 카스트적 위계라는 개념이 완전히 소용없게 되었다
는 것을 의미하는 것은 아니다(김경학 2000 : 126).

다만 특별히 인도의 현대 정치적인 영역에서만은 구체적인 혈통
관계에 있지 않으면서도 유사한 삶의 방식을 공유한 지위 집단을 형

성하게 하는 민족성이 더욱 구체화된 목표 달성을 위해 정치적인 동
원을 할 수 있는 토대를 제공해 주는 정체성이 되어가고 있음에는
틀림이 없다는 사실이다. 그 가운데 상층 카스트, 여타 후진 계급,
달리뜨의 삼대 범주의 집단이 권력을 놓고 갈등과 반목을 거듭하는
것이 가장 두드러진다. 이로서 카스트의 성격은 사회 단위로서의 원
래의 성격은 크게 약화되고 그 대신 정치 단위로서의 의미가 커지고
있다. 즉 인도 사회에서 의례적인 카스트 위계에 따른 음식 관계 및
혼인 관계의 지평은 비록 완전치 않은 정도일지라도 점차 넓어지고
있다. 카스트들이 의례적인 위계에 따른 여러 장벽을 허물고 있고,
심지어는 정치적인 연합 또는 동맹을 위해 상이한 카스트간 또는 더
큰 범주에서 상이한 카스트간의 장벽을 뛰어넘으려는 시도를 보이
고 있기까지 하다.

　우리는 이러한 현상을 개별 카스트의 성격을 약화시키고 '민족 집
단'을 이루어 가는 과정으로 간주할 수 있다. 그러나 이러한 변화는
현재로서는 특정한 정치 사건 중심적일 뿐 아직 문화적 동질체로서
의 이행이 완전한 형태로 이루어지는 것은 아니다. 각 지역마다 그
것이 나타나고 있는 성격이 다른데다 특히 정치적 이합 집산이 집단
내의 특정 리더의 의중에 따라 크게 좌지우지되고 있기 때문에 카스
트가 민족 블록으로 이동한다고 결론지을 수만은 없다. 더불어 그
내부에서 경제적 이해 관계로 인한 분열과 융합이 끊임없이 일어나
고 있다는 점도 추이 과정에서 매우 신중하게 보아야 한다.

경제적 단위로서 계급과의 복합적 관계 형성

I. 경제적 단위로서의 카스트

제2부에서는 인도 농촌 사회에서 생산, 분배, 노동 등을 중심으로 하는 경제가 카스트 체계 안에서 어떠한 역할을 하고 있고, 양자의 관계는 어떠한가를 살펴보고자 한다. 이 문제는 근대 사회의 변화로 인한 카스트의 전통적 구조에서 경제적 기능의 약화 그리고 그것이 궁극적으로 계급과 관련되어 어떠한 변화를 초래하고 있는가에 대한 것으로 연결된다.

2장에서는 전통 사회 체계 속에서 카스트가 어떻게 운용되었는가를 살펴보고 다음으로 근대 시장 경제 체계의 도입으로 인해 카스트와 결부된 전통적 경제 체계가 어떻게 변화하였는가를 살펴보기로 한다. 이어 인도가 식민 지배하에 들어가면서 맞게 되는 전통 경제 체계의 파괴로 인해 카스트의 경제 기능이 어떻게 변화하는가 그리고 그로 인해 카스트의 성격이 어떻게 바뀌는가를 알아본다. 동시에 새로이 변한 카스트의 성격은 식민지 근대 사회에서 어떤 사회적 역할을 하였는가를 분석할 것이다.

다음으로는 인도 농촌 경제에서 농업 생산을 담당하는 농민(지주, 소작인, 농업 임노동자)과 그들이 생산하는 곡물을 매개로 하여 상호 관계를 형성하고 있는 장인(수공업자, 잡역부) 그리고 그들을 둘러싼 소유와 지배에 관한 문제들을 분석하고자 한다. 토지와 기술 그리고 직업과 노동 분화 그리고 집단간의 갈등이 농촌의 사회 관계를 분석하는 데 중요한 요소로 작용하는 것은 이 때문이다.

3장에서는 1947년 이후 새로운 경제 환경에서 카스트가 어떻게 그 경제 기능을 담당하고 그것이 계급으로서의 의미를 어느 정도 갖는가에 대한 것을 분석한다. 인도가 정치적 독립을 쟁취했을 때 인도 농업 구조가 처한 가장 심각한 문제는 전반적인 경제적 불평등 및 사회 관계의 강력한 전근대적 요소의 잔존이었다. 이로 인해 독립 당시 농업 부문에서 농업 생산성은 정체되어 있었으며, 그것은 대다수 농민이 생산하는 잉여를 지주나 고리대금업자 등 소수 기생적 계층이 주로 비생산적 소비에 충당한 것에서 기인한다. 여기에서는 독립 후 농업의 정체성이 어떻게 극복되어 가는가를 우선적으로 고찰하고자 한다.

이어 그로 인해 새로이 형성된 경제 환경 아래에서 카스트가 얼마나 계급으로서의 성격을 띠는지에 대해서 살펴보고자 한다. 그것은 농촌의 경제 구조가 바뀜에 따라 카스트가 그 구조 속에서 어떻게 달리 나타나는지에 대한 분석과 연결될 수 있을 것이다. 카스트와 계급과의 새로운 상호 관계 속에서 카스트 경제 구조가 통합 - 갈등 혹은 보호 - 착취의 성격 가운데 어떻게 발전하여 가는가가 중요한 주제가 된다. 이런 맥락에서 '촌락 내 경제력 확보를 둘러싼 집단간의 투쟁으로 인한 카스트의 분화와 집산은 어떻게 전개될 것인가?', '전통적 의미에서 차별성과 분리를 강조하던 개별 카스트의 성격이 주로 경제적 기반 관계에 기반을 두는 계급의 성격을 띠어 가는 경향은 어떻게 전개될 것인가?'와 같은 문제들이 제 2부에서 다루고자 하는 핵심 연구 범주가 된다.

전통적 카스트 체계와 현대 인도 사회에서 카스트의 경제적 기능 및 역할과의 관련성과 그 변화를 추적하기 위하여 관련된 고대, 중세 및 근대의 여러 사료를 수집하고 분석한다. 그리고 국민 국가 건설 이후 전개된 농촌 경제 구조의 변화와 새로운 사회 집단 형성의 성격 규정을 위해서는 경제와 사회의 관계를 중심으로 1947년 이후에 실시된 주요 경제 정책을 분석한다. 이와 더불어 라자스탄 주와

빌와라Bhilwara 군에 있는 말리케라 촌락의 경제 구조와 카스트와의
관계를 분석하기 위해서 현지 조사를 통한 인류학적 연구를 수행하
였다. 구체적인 현장성을 위해 수행한 현지 조사는 1998년 2월 초순
부터 1개월간 북부의 빌와라 군의 말리케라 촌락에서 이루어졌으며,
세 명의 연구자들 모두 촌락에 거주하며 탐방 조사하였다. 조사지
촌락의 사회 구조를 파악하기 위해 각 카스트별 토지 현황과 경제
지표에 대해 인터뷰를 통해 자료를 수집했다. 이러한 자료와 그 분
석이 4장을 이루고 있다.

II. 카스트 제도의 경제 기능의 구조와 변화

1. 전통 사회의 토지 제도와 카스트 제도

바르나 체계가 처음 발생할 당시에는 특정 바르나에 특정 직업이
규정되는 것이 원칙이었다. 『마누법전』*Manusmriti*을 보면, 브라만의
직업으로는 교육, 베다 학습, 자가 제사 수행, 타인의 제사 집행, 보
시 증여, 보시 수여가 허용되었고 끄샤뜨리야에게는 교육을 제외한
학습, 타인의 제사 수행을 제외한 자가 제사, 보시 수여를 제외한 보
시 증여, 통치, 전투가 허용되었으며 바이샤에게는 교육을 제외한
학습, 타인의 제사 수행을 제외한 자가 제사, 보시 수여를 제외한 보
시 증여, 농경, 가축 사육, 상업, 식리 대부가 허용되었다. 그리고 슈
드라에게는 상층 세 카스트의 하인으로서의 일 그리고 여러 가지 수
공업이 규정되었다(『마누법전』 X. 74-100).

그렇지만 기원 초기에는 상업과 수공업이 발달하고 이로 인하여
많은 상인들과 수공업자들이 자유로운 직업을 선택하고, 동업 조합

을 운영하며 이를 바탕으로 하여 상당한 사회 경제적 세력을 축적하였다. 이는 곧 그들의 카스트 안의 사회적 지위의 향상을 가져왔고 이로 인해 그들은 전통적 질서에 의한 일방적인 조세 납부와 부역을 거부하는 것으로 이어졌다. 이러한 현상은 곧 브라만과 끄샤뜨리야가 생산 관계에서 지금까지 누렸던 독점적 지위를 점차 상실하는 것으로 나타났으며, 이러한 현상이 특히 브라만들에게는 심각한 사회적 위기로 인식되었다. 브라만들이 본격적으로 법전 편찬을 통해 브라만적 질서를 교육하고 널리 보급시키면서 안정된 사회 구축을 꾀한 것은 이러한 맥락에서였다.

5세기 이후 로마와의 무역이 쇠퇴하면서 또 한 차례의 카스트 질서가 흔들리게 되었다. 도시 경제가 침체하면서 바이샤의 세력이 크게 약화되었고 많은 바이샤들이 농촌으로 유입되어 농업에 종사하였다. 계속된 카스트 질서의 위기를 봉쇄하고자 왕은 브라만에게 토지를 하사하였고 이로 인해 많은 슈드라들이 새로 확장된 토지를 경작하는 일에 종사하게 되었다. 브라만들은 바르나 체계를 지탱하기 위해 꾸준히 법전을 통해 직업상의 의례적 정성淨性을 강조했고, 이러한 이데올로기적 통치를 통해 사회는 안정적으로 유지되었다. 이 과정에서 카스트 제도 내로 흡수된 부족들과 경제적으로 몰락하고 사회적으로 예속 상태로 전락한 슈드라들은 '오염된 일'에 종사하는 불가촉민이 되었다.

이러한 카스트 체계는 그 이후 많은 사회 경제적 상황의 변화로 인해 위계적 구조에 관해서는 상당한 변동이 있었지만, 직업의 세습적 측면 특히 특정 직업에 대한 독점권은 오랜 동안 유지되어 왔다. 따라서 전통 사회의 카스트 체계는 노동 분화가 상대적으로 두드러지게 나타나는 일종의 생산 관계를 중심으로 하는 경제 체계였다.

이 생산 체계의 양축을 구성하는 집단은 농업을 담당하는 세력과 수공업을 담당하는 세력이었다. 전자는 조세를 납부하는 계층으로 후자는 '오염된 일'의 세습으로 인하여 전문직의 최하층민으로 이어져 왔다.

중세에 들어와 델리 술탄의 통치에 의해서도 이러한 생산 관계의 세습을 기초로 한 카스트 체계에 큰 변화는 일어나지 않았다. 13세기가 되면서 도시화가 광범위하게 일어나면서부터 인도에는 서아시아로부터 많은 새로운 생산 수단과 기술이 도입되었다. 그리하여 새로운 직업과 생산 관계가 창출되고, 그로 인해 장인들의 인구 증대와 사회 이동이 크게 늘어났다.

그렇지만 이 시기의 도시화는, 기원전 6세기나 기원 초기의 경우와 마찬가지로, 새로운 생산 기술과 구조를 농촌에까지 확장시키지는 못하였다. 카스트와 분리된 새로운 직업들이 농촌 사회로 보급되지 못함으로써 근본적인 생산 관계의 변화를 일으키지 못했다. 현금 경제의 운용 범위는 도시에만 국한되었으며 농촌에서는 여전히 현물 교환 경제가 근본 구조를 이루고 있었다. 따라서 새로운 종류의 시장이나 유통 체계가 농촌에까지 퍼지지 못함으로써 전체적으로 카스트를 기반으로 하는 경제 구조를 부식시키지 못하였다.

결국 중세의 도시화는 기껏 카스트의 위치 이동이나 새로 발생한 직업의 세습 정도의 결과만 낳았을 뿐 근본적인 카스트 구조의 와해 같은 것은 발생하지 않았다. 따라서, 특정 시기에 발생한 경제적 변화가 카스트의 근간을 크게 흔들고 그 체계에 심각할 정도로 도전한 것이었다 할지라도 각 구성원의 경제적 구조와 지위가 변하지 않는다면 결코 카스트 구조의 와해는 일어나지 않는 것이다. 그 상황에서 일어날 수 있는 것은 구조 안의 단순한 위치 변동일 뿐인 것이다.

더군다나 무슬림 통치자들은 다신교나 우상 숭배와 같은 종교와 관련된 사항에 대해서는 많은 압력을 행사하였지만 카스트의 세습 구조에 관해서는 일절 간여하지 않는 정책을 폈다. 그들은 차라리 카스트 제도의 안정적 유지를 위해 정책적으로 힘을 썼다. 그것은 경제적으로는 생산 체계의 안정적 유지와 그를 통한 안정된 세수 확보 및 노동력 확보가, 그리고 사회적으로는 전통 사회의 안정적 유지가 필요하였기 때문이었다.

무갈 시대의 카스트 경제 기능 또한 전대와 크게 다르지 않았다. 무갈 시대의 지주인 자민다르는 토지를 모두 사적으로 '소유'하는 권리를 가지고 있었다.[19] 그는 자신의 토지를 소작을 주어 그들로부터 지세를 징수하거나 국가의 토지에 대해 지세를 징수하는 권리 즉 자민다리를 가지고 있었다.

이 자민다리의 권리는 상속, 양도, 저당, 매도가 가능했다. 그러나 쿠드 까슈뜨khud-kasht가 일정량의 지세를 성실하게 납부하는 한 그 토지에 관한 소유권을 그와 공동으로 가지고 있는 것이었기 때문에 그 경작자를 퇴거시킬 수는 없었다. 쿠드까슈뜨는 상속권이 부여된 자기 '소유' 토지 안 또는 자민다르 '소유' 토지 안에 거주하면서 가족과 함께 경작하는 농민으로, 종자, 황소, 농기구 등 경작에 필요한 도구들을 스스로 투자하고 자신이 그 소유권을 가지고 있는 일종의 자작농이다. 따라서 자민다르는, 악바르Akbar 재위시에 국가의 승인을 얻는 조건하에서 자민다리를 매도할 수 있는 권한을 획득하였으나, 이 또한 전적인 토지 소유권으로 발전하지는 못했다(Habib, 1963 : 115).

경작자가 지세를 납부하는 한 토지로부터 퇴거당하지 않는 것은 빠히 까슈뜨pahi kasht라는 소작농의 경우에도 마찬가지였다. 빠히 까

슈뜨는 쿠드 까슈뜨의 경작지나 자민다르의 토지를 경작하는 소작
농이다. 그들은 경작에 필요한 도구들을 소유하지 않고 자민다르 등
으로부터 배급받거나 임대하는 경작자와 그것들을 스스로 소유하는
경작자로 나뉘는데, 특히 후자의 경우 여러 촌락의 자민다르나 촌장
들로부터 상당히 좋은 소작 조건을 제시받으면서 이곳저곳으로 이
동하는 것이 보통이었다. 그것은 무갈 시대에는 경작되지 않은 토지
가 얼마든지 많았고 반면에 토지를 소유할 수 없는 불가촉민들이 상
대적으로 많았기 때문에 충분히 가능한 일이었다.

다만, 그러한 미개간지를 경작지로 전환시키기 위해서는 적어도 3
년 내지 5년 정도의 기간 동안 생활하는 데 필요한 여러 가지 일용
품과 가축, 종자, 농기구 등에 대한 물적 지원이 필요하였던 것은 당
연한 사실이다. 따라서 그들은 농작물을 받는 대신에 불모지나 저급
의 토지를 불하받는 경우가 많았고 그것을 발판으로 삼아 쿠드 까슈
뜨로 성장하는 경우가 드물지 않았다. 쿠드 까슈뜨와 빠히 까슈뜨
외에 세 번째의 경작자로 일일 급여를 받는 무토지 임노동자도 있었
으나 그 수는 매우 적었고(Chandra, S. 1971 : 40), 따라서 그들이 계급
갈등이나 사회 변동의 주요 요인으로 자리잡을 수는 없었다.

이와 같은 토지 체계를 바탕으로 보면, 중세 인도의 농민은 카스
트라는 단순한 전통적 요인 위에 토지 소유와 경작을 기본으로 하는
경제적 위치가 복합적으로 작용하여 몇 가지의 계급으로 나뉘게 되
었다. 이를 구체적으로 보면, 자민다르, 쿠드 까슈뜨, 빠히 까슈뜨,
무토지 임노동자 혹은 까민(kamin ; 장인)이 바로 그들이다. 이를 카스
트와 연계시켜서 보면, 자민다르나 혹은 경우에 따라서 쿠드 까슈뜨
를 구성하는 카스트들이 주로 지배 카스트를 형성하고 있는데, 대부
분이 재생 카스트들이다.

그리고 자민다르와 함께 촌락 사회에 막강한 영향력을 가진 또 하나의 지배층으로 자기르다르가 있다. 그들은 델리 술탄조朝부터 무갈조朝에 걸쳐, 왕이 토지세를 비롯한 주민세, 주택세 등을 징수하는 권한을 부여하는 토지를 중앙 정부의 특정 관리들에게 양도함으로써 형성된 귀족 계급이었다. 악바르 재위 때만 하더라도 정부의 관리는 만사브다르mansabdar 체제하에서 현금을 급여로 받으면서 각자의 군대를 육성해야 했으나 후대에 가면서 현금 대신 자기르를 부여받게 됨에 따라 이에 국고는 고갈되고 귀족들의 부의 축적은 갈수록 심화되었다.

이들 사이에서 무갈 정부는 농촌 사회 안정을 추구하는 조정 정책에 심혈을 기울였다. 한편으로는 쿠드 까슈뜨 즉 지배 카스트가 무토지 임노동자나 장인들을 착취하지 않도록 견제하면서 동시에 쿠드 까슈뜨가 자민다르나 자기르다르에게 착취당하지 않도록 견제하였다. 그러면서 정부는 자민다르가 적극적으로 지세를 징수하여 국가에 납부하도록 그들을 후원하였다. 이러한 그들의 조정 노력은 안정과 조화의 유지에 크게 기여하였고 특히 그 가운데 특정 계급이 잉여 생산을 독차지하는 경우가 발생하지 않도록 하였다. 더불어 중앙 정부는 국고 증대를 위해 지세의 국고 몫을 늘린다거나 농촌 사회의 여러 계층들과 적대 관계를 무릅쓰고 정부의 경제력을 집중하는 따위의 일을 시도하지 않았다. 이로 인해 각 계층간에는 조화 상태가 유지되었고 결국 새로운 계급 갈등이나 그로 인한 사회 변동은 생길 수 없었다.

사실, 중세 인도의 촌락 형성과 도시 경제의 발생 과정을 보면 당시 인도 사회에도 개별 경제 단위로서의 카스트를 초월하고 보다 큰 단위로서의 계급의 발생과 그로 인한 근대 사회로의 변동이 일어날 수 있는 소지가 있었음을 알 수 있다. 자민다르는 다른 세력이나 정부 관리들로부터의 보호 내지 방어를 위하여 독자적인 성곽을 구축하고 그 안에서 반독립적인 세력을 유지하였던 경우가 많았는데 특히 비하르와 분델칸드의 삼림이나 구릉 지대, 아그라 주변, 델리 주변의 자뜨 세력권, 라자스탄을 비롯한 서북부 지역 등이 이에 해당하였다. 보통 이런 지역에서는 지배 카스트가 한 촌락 혹은 몇 개의 촌락의 토지에 대한 소유권을 행사하는 경우가 많았다. 따라서 그 촌락 내 자민다르의 사회 경제적 관계에 대한 영향력은 실로 막대하였다.

촌락은 보통 자민다르가 자신의 사유지를 중심으로 조성하기 시작하면 주변의 빠히 까슈뜨 농민이나 장인들이 그 안으로 이주를 하고 유랑 도적이나 유목민들이 그곳에 경작자로 정착을 하면서 이루어지는 경우가 많았다. 따라서 보통 이러한 촌락들은 그 자체 내에서 다양한 경제 행위가 모두 이루어질 수 있을 만큼 다양한 카스트로 구성되어 있지 않았다. 그래서 그들은 주변 촌락과 긴밀한 경제적 관계를 유지하였고, 각 직업의 카스트들이 생산한 물품들을 시장에 내놓거나 도시와 교역을 하여 자체적으로 부족한 물품들을 외부에서 충당하는 것이 보통이었다.

따라서 델리 술탄 시대부터 무갈 시대에 이르기까지의 인도의 촌락은 폐쇄된 경제 공동체가 아니라 상업과 도시를 발달시키는 귀중한 자산이었다. 따라서 18세기 인도의 촌락에는 상당한 수준의 화폐 경제가 통용되고 있었다. 그러나 자기르를 근간으로 하는 봉건 사회 경제 체계에서 그것은 더 이상 성장할 수 없었다. 그것은 국가가 사회의 안정적 유지를 위해 여전히 자기르다르 - 자민다르 체계의 소농업 경영을 유지하는 정책을 기조로 삼았고 그 안에서 국가의 비호를 입은 여러 단계의 중개인들이 농업 부문의 잉여 생산물과 잉여 노동을 지속적으로 수취하여 비생산적 부문에 소비하였기 때문에 자본의 본원적 축적이 대규모로 진행될 수 없었던 것이다.

결국 쿠드 까슈뜨가 임노동자를 고용하여 경작 규모를 확장하거나 빠히 까슈뜨를 흡수하여 대토지 소유 경영을 시도하는 것은 허용되지 않았다. 그러다 보니 성장할 수 있는 도시 경제는 더 이상 농촌으로 확대되지 못하였고, 농촌의 자민다르와 자기르다르와 같은 부유층들은 새로운 산업에 투자를 하지 못하고 항상 대금업이나 토지 저당 등을 할 수밖에 없었다.

결국 자민다르나 자기르다르나 모두 농촌 사회의 지배 계급임에는 틀림없지만, 그들은 철저히 조세에 의존하였기 때문에 그들이 획득하는 잉여는 국가가 수취하는 잉여의 일부였을 뿐이며 잉여 그 자체는 철저히 국가의 승인이라는 조건하에서만 가능하였을 뿐이다. 이러한 잉여 양식으로 인해 그들은 국가에 종속적인 계급으로 남을 수밖에 없었고, 그러한 상태에서 그들은 상업 혁명이나 새로운 산업 환경의 창출 등은 이루어내지 못한 채 계속해서 중개인의 기능만 담당할 수밖에 없었다.

또 자작 농민들의 경우를 보면, 그들은 토지로부터 완전히 퇴출당하거나 완전한 임노동자로 전락 당하는 것과 같은 경우의 극단적 피착취 행위가 발생하지 않았기 때문에 착취와 계급 갈등으로 인한 사회 길등과 그로 인한 변동이 발생할 여지가 없었다. 이것이 특유의 '무갈의 안정'Mughal's stability이다. 이러한 상황에서는 카스트 구조의 해체나 새로운 계급의 발생 같은 현상은 발생하기가 불가능하였지만, 카스트는 여전히 사회 계급을 구성하는 데 중요한 역할을 유지하고 있었다. 이러한 상황에서 영국 통치가 가지고 온 식민 경제 체제를 맞게 된다.

2. 전통 사회의 자즈마니 체계의 성격

카스트를 중심으로 하는 전통 사회의 농촌 경제 구조에 대해 상당한 오해가 오랫동안 학계에서 진행되어 왔다. 주로 선교사나 초기의 사회학자들에 의해 이루어진 이러한 연구들은 인도의 농촌을 다양한 카스트로 구성되어 있고 그것을 바탕으로 상호 의존적으로 노동 분화가 이루어져 공동체의 결속감을 추구하는 하나의 작은 독립된 공화국이라고 간주했다.

그러한 차원에서 제기되는 체계가 흔히 인도 농촌의 경제 사회 관계를 언급할 때 자주 사용하는 자즈마니 체계이다. '자즈마니 체계'라는 용어를 최초로 사용한 와이저W. H. Wiser는 "북부 인도에서 개인은 고정된 경제적 - 사회적 지위를 가지고 있는데 그것은 태생에 의해 특정 카스트로 주어진다. 그가 만일 목수 집안에 태어났다면 그는 절대적으로 목수 일을 할 수밖에 없다. … 각 목수는 각자의 고객을 가지고 있는데 그 관계는 관습에 따라 정해지고 다음 세대로 계속 이어진다. 촌락의 규모가 충분히 크다면 고객은 그 촌락 내로 한정될 것이다. 그렇지만 촌락이 그리 크지 않거나 한 촌락의 수요에 비해 그들의 수가 너무 많은 경우에는 고객은 이웃의 목수가 없는 촌락으로 확장된다"(Wiser 1958 : xvii)고 설명하고 있다.

와이저를 비롯한 자즈마니 체계를 주장하는 학자들에 의하면, 자즈마니 체계에서는 까민(장인)은 의례적으로 오염된 일과 그 생산물을 자즈만(농민)에게 제공하고 자즈만은 이에 대한 대가로 곡물을 제공한다. 따라서 이 체계 내의 양자간의 경제 행위는 시장 경제의 원리보다는 전통법 원리의 영향을 받으면서 이루어지고 양자간의 관계는 경제적으로 뿐만 아니라 사회적으로도 중요한 의미를 지니고 있다.

이 관계는 특정 가족들만을 위해 노역을 제공하는 배타적인 관계이며 양자의 관계는 매우 지속적인 것이 된다. 와이저는 이를 "각자는 서로에 대해 주인과 종이 된다"(Wiser 1958 : xxi)고 정리하고 있다. 이들간의 관계는 지속적이고 배타적일 뿐 아니라 재화와 서비스 제공에 있어서도 다중적인 성격을 띠고 있으니, 그들 관계의 안정성은 권리와 의무를 가족을 통하여 세습함으로써 보장된다. 즉 특정 가족에게 재화 또는 서비스를 제공하는 일은 상속은 물론 분할 가능한 일종의 '재산권'으로 간주되는 것이다(Mandelbaum 1970 : 161~162 ; Srinivas 1987 : 74~75).

하지만 실제의 전통 사회의 농촌은 그러한 특징을 갖는 자즈마니 관계로 운영되는 것만은 아니었다. 엄밀히 말할 때 '자즈마니'(즉 배타적 관계를 갖는 후원자)로서의 관계는 사제 일을 하는 카스트에게는 해당이 되겠지만, 목수, 대장장이, 도공, 피혁공, 이발사 등과 같이 장인과 잡역부 카스트들에게는 적용되지 않았다.

전통 사회의 그들은 특정 농민 가족하고만 '후원자 - 고객'의 관계를 형성하는 것이 아니라, 촌락 전체의 공무公務를 담당하는 공복公僕의 역할을 하고 있는 경우가 많았다. 그들은 세습적이고 고정된 노동 분화를 기반으로 하여 특정 카스트가 촌락 전체에 대해 공복의 역할을 담당하였고 그에 대한 대가는 특정 노역에 대한 것으로 지불되지 않고 촌락 공동체에 대한 대가로서 지불 받는데 때로는 일정한 토지를 지급 받기도 하고 때로는 추수시에 현물 혹은 현금으로 지급 받았다. 이러한 그들의 노역을 두고 막스 베버는 '공무 노동'demiurgical labour이라고 하였다(Weber 1961 : 34~35 ; 97).

그들은 촌락 내의 교역에 있어서 세습적인 독점권을 누렸고 추수시에는 그 대가로 받는 곡물을 경작자 각 가족으로부터 받았다. 따라서 세습 직업을 기반으로 하는 장인들의 공무 노동으로 인해 촌락은 자급자족적인 체계를 갖추기도 하지만 동시에 자연스러운 교환경제를 이루기도 한다. 그것은 카스트 중심의 노동 분화에 의한 생산 관계가 처음에는 촌락을 일정 정도 외부로부터 격리시키기도 하지만, 궁극적으로는 직업의 세습으로 축적된 전문화된 기술로 인해 생산성이 향상되고 이는 결국 잉여 생산을 창출시켜 그 잉여 생산을 바탕으로 외부와의 상품 교환이 이루어지기 때문이다. 이로 인해 촌락간에 시장이 자연스럽게 형성되고 그곳에서 상품 판매가 이루어지는 것이다. 이런 점에서 뒤몽이 주장한 '종교적이면서 비경제적인 무상의 노동 분화'(Dumont 1988 : 150)는 역사적 사실을 분석하지 못한 가설에 지나지 않는 것이라고 지적하지 않을 수 없다.

그럼에도 불구하고, 와이저 등이 조사한 바에 따르면 그들의 생산 관계가 몇몇 가족과의 배타적 관계로 국한되는 것으로 나타난다. 이와 같이 식민지 시대에 '후원자 - 고객'의 일대일 관계가 두드러지게 나타나는 것은 새로이 도입된 경제 체계로 인해 전통 구조가 변질되면서 나타난 것이다(Fukazawa 1972 : 14~40).

이런 맥락에서 사르까르Sumit Sarkar가 와이저나 바이델만T. O . Beidelman과 같은 사회학자들이 연구한 자즈마니 체계의 성격에 대하여 언급한 것은 주목할 만하다. 그는 벵갈을 비롯한 동부에서는 촌락 수공업이 파괴된 반면 그 외의 지역 특히 서부에서 철도의 보급과 자본주의 제품의 본격 침투가 있을 때까지는 상대적으로 나중에까지 전통적 체계가 유지되었지만 그들이 연구하던 1930년대에는 이미 크게 파괴된 형태라고 지적한 바 있다(Sarkar 1983 : 29). 인덴Ronald B. Inden이 카스트 체계가 원래는 왕을 중심으로 하는 정치적 체계였던 반면에 영 제국의 식민 통치 이후 경제가 식민화되고 그에 따라 자즈마니 체계가 등장하면서 브라만이 왕의 자리를 대체하여 경제적 수취자로서의 역할이 증대되었다고(Inden 1986 : 402) 주장하는 것도 이와 동일한 의미에서였다.

카스트 중심의 노동 분화와 그 세습은 전문 기술의 축적을 이루게 하는 반면, 원천적으로 사회 이동을 어렵게 하였다. 게다가 힌두 이데올로기의 오염 관념으로 인해 불가촉민들의 사회적 지위는 카스트 체계에서 가장 낮은 위치였다. 이는 특히 불가촉민의 농업과의 관계에서 두드러지게 나타나는데, 중세 이후 많은 농지 개척으로 인해 인구에 비해 토지가 충분하였음에도 불구하고 불가촉민들이 토지에 대한 소작권, 소유권, 경작권 등을 갖지 못했기 때문에 비록 그들이 농업 노동과 개간에서 차지한 역할이 상당하였다 할지라도 그들은 단순한 임노동자일 뿐 사회 변화를 불러 일으킬만한 힘을 축적할 수는 없었다.

결국 카스트 구조하에서 하층에 속하는 사람들은 자신들의 노동력과 기술을 착취당하는 관계에 놓여 있었다. 그렇지만, 브레만Jan Breman의 현지 조사에 나타나듯, 그들은 착취를 당하기도 하지만 자즈만과의 사회 경제적으로 복합적인 관계를 통해 상당한 후원을 받으며 어느 정도의 보상을 받았다(Breman 1993 : 224~230). 보상은 지주로부터 전통 사회 생활에 필요한 법률적이고 사회적인 측면의 것들이 대부분이었다. 이를 경제적인 측면에서 보면 까민의 입장에서는 시장의 노동 탄력성에 크게 영향을 받지 않고 안정적으로 노동력을 공급할 수 있었기 때문에 그들이 여전히 카스트 관계 중심의 경제 체계를 유지하고자 한다는 의미이다.

따라서 전통 경제 구조 내의 카스트는 브라만 이데올로기에 의해 형성된 가상의 조직으로서 사회 통합의 역할을 하는 체계도 아니요 계급간에 착취와 갈등만이 존재하는 체계도 아니다. 경제적인 면에서는 착취 - 피착취적인 면이 우세하나 개인적이고 사회적인 측면의 조화 - 통합적인 면도 교묘하게 섞여 있는 것이다.

3. 식민 경제 체제의 농촌 사회의 변화

동인도 회사가 들어오기 이전의 북부 인도 농촌에는 자민다르가 가장 대표적인 지주였다. 그렇지만 그들은 전통적으로 농작물을 손수 경작하는 것을 오염된 행위로 인식하고 있었던 브라만이나 끄샤뜨리야(라즈뿌뜨 포함)가 대부분이었으며 이들은 대부분이 자가 경작을 기피했다. 그래서 많은 경우 쿠드 까슈뜨나 빠히 까슈뜨 혹은 임노동자들에게 경작을 임대하였다. 반면에 소작농은 슈드라에 속하였고, 임노동자들은 대부분이 불가촉민이었으며 농기구 등은 자즈마니 관계에 따라 장인들이 공급하고 있었다. 따라서 수적으로 보나 경작의 기여도로 보나 자민다르에 비해 소작농, 임노동자, 장인들이 압도적으로 중요하였지만 여전히 그들은 경제적으로 정당한 대우를 받지 못하고 있었다. 그 가운데 특히 임노동자와 장인들은 농민으로부터도 사회적 대우도 받지 못하였으니 그들의 사회 경제적 핍박은 갈수록 커져 갔다.

1) 새로운 토지 제도의 도입과 농업 경제의 변화
전통적 카스트 체계를 기반으로 한 농촌의 봉건적 계급 구조에 크게 변화가 온 것은 1773년 와렌 해이스팅스Warren Hastings 총독이 지세 징수권 경매 정책을 실시하면서부터였다. 벵갈의 경우, 콘B. S. Cohn의 조사에 의하면 라즈뿌뜨가 대표적인 자민다르의 예에 속하는데, 그들은 경매제로 인해 가장 많은 토지를 매각하는 집단으로 전락하게 되었다. 당시 벵갈에서 경매로 매각된 토지의 54%가 라즈뿌뜨의 토지였을 정도다(Cohn 1987 : 369).

매각된 토지는 대금업자, 상인, 중소 은행가, 공무원, 법률가 등이 대거 매입하였다. 그들의 매입은 몇 가지 점에서 중요한 의미를 지닌다. 우선 그들은 모두 도시인이다. 그들은 경제 활동의 근거지를 도시에 두고 있기 때문에 토지를 일차적으로 경작하는 목적으로 사용하지 않는다. 그들에게 토지는 경작을 통한 생산 수단으로서의 의미보다는 토지 전대라는 원래의 의미에서 크게 벗어난 수단으로서의 경제적 이익을 창출하는 상품 그 이상의 것은 아니었다. 그들은 직접 경작자나 구舊자민다르들을 접촉하는 경우는 없었다. 따라서 토지를 기반으로 하여 네트워크로 형성되어 있는 전통 사회의 정치 - 경제 관계는 크게 변화할 수밖에 없었고 그 가운데 가장 큰 변화는 라즈뿌뜨가 누려 왔던 촌락 내 카스트 관계 내의 영향력 쇠퇴와 촌락민들의 정치 - 경제 관계가 도시 경제에 종속된다는 것이었다.

이러한 변화에 박차가 가해진 것은 1793년에 영대永代 자민다리제와 라이야뜨raiyat제의 도입이었다. 이들 제도의 도입은 곧 토지에 대한 상속과 양도를 할 수 있는 유럽식 사적 소유권의 도입을 의미한다. 이로 인해 인도에도 유럽 개념의 토지 소유 봉건 계급이 형성되었다고 볼 수도 있겠으나 그것은 어디까지나 형식적인 논리일 뿐, 새로운 제도로 인해 변화한 것은 기존의 자민다르 자리를 국가라는 거대한 하나의 자민다르가 대신한 것일 뿐이었고 농민의 토지에 대한 위치는 더욱 악화되었다.

무엇보다도 새로운 토지 제도는 지세를 정액의 현금으로 자민다르에게 혹은 농민 개인에게 부과하였고, 거기에는 일체의 경작 상황에 대한 고려가 없었다. 그래서 지세를 납부하지 못하면 가차없이 토지를 매도하고 경작자를 퇴거시켰다. 그로 인해 전통적으로 작은 규모의 자민다르들은 신新자민다르에 완전히 흡수되고 신자민다르는 새로운 대지주 계급을 형성하였다. 반면에 이로 인해 소작 농민들은 지금까지 토지에 관해 누릴 수 있던 경작권이나 공동 소유권 등의 권리를 완전히 박탈당했다. 따라서 토지를 소유하지 못한 농민들은 대거 임노동자로 전락하였다.

영대 자민다리 제도를 처음 기획한 존 쇼어John Shore가 계산한 것을 보면, 벵갈에서 이 제도의 도입에 의해 농민이 생산한 전체량의 45%는 동인도 회사에, 15%는 자민다르를 비롯한 중개인에게 바쳐지고 실제 경작자들에게 돌아간 것은 불과 40%밖에 되지 못했고 (Chandra, B. 1971 : 103), 이러한 높은 지세로 토지는 갈수록 전대轉貸되었다. 전대된 토지는 결국 도시 상인들의 손에 들어가게 되고 농업은 상업에 종속되고 농민은 고리대금에 얽매임으로써 전체 농촌 경제는 붕괴하기 시작하였다.

농민의 몰락은 곧 농업 경제의 붕괴와 그로 인한 촌락 내 장인의 몰락으로 연결되었다. 동인도 회사의 불평등 무역으로 인해 인도의 가내 수공업이 경제적으로 크게 타격을 받고 가내 수공업의 후원자 역을 맡아 오던 봉건 토후 세력들이 정치적으로 몰락함으로써 농촌의 수공업 체계도 완전히 몰락하였다. 게다가 철도가 농촌에까지 부설되면서 자본주의 공장제 상품이 농촌 깊숙이 들어오게 되어 농촌 경제의 붕괴가 가속되었다. 농업과 수공업의 몰락은 도시에도 악영향을 미쳐 소상인들이 대거 몰락하였고, 특히 영국의 산업 혁명으로 인해 인도의 도시 장인들은 완전히 몰락할 수밖에 없었다.

영국에서는 장인들이 몰락하면서 곧바로 자본주의 경제 체제로 대체되어 새로운 산업 인구의 증가로 이어졌지만 인도의 경우에는 기형적 식민 체계만 형성될 뿐 새로운 산업 구조가 형성되지 않아 결국 도시의 몰락은 수많은 도시 빈민만 양산되었고, 그들은 대거 농촌으로 유입되었다.

이렇게 몰락한 농민과 장인 그리고 도시 빈민들이 모두 무토지 임노동자가 되었다. 그래서 19세기 후반 무토지 임노동자는 기존의 부족이나 최하층 카스트 출신에서부터 그리고 슈드라 출신 소작농이나 자작농으로부터 파산하여 전락한 사람들 그리고 도시의 붕괴로 인해 농촌으로 유입된 사람들로 구성되면서 그 수가 급격히 증가하였다. 토지로부터 유리된 많은 사람들은 결국 전대 토지의 임노동자로 전락하고 고리 대금으로 연명하거나 하였다. 그러면서 결국 농업은 상업에 완전히 종속 당했고 그로 인해 독자적 세력 기반을 갖추는 농민 계급의 형성은 이루어질 수가 없었다.

새로운 토지 제도의 도입으로 인한 또 다른 사회적 변화는 전통 경제 체계의 붕괴 위에 새로운 생산 양식이 대체하지 못하였고 그로 인해 토지에 세력 기반을 든 봉건 지주 계급이 상당히 파괴된 것이다. 영국의 지배하에서도 자민다르는, 무갈에서 동인도 회사로 주체만 바뀌었을 뿐 여전히 '국가' 권력의 중개인이라는 위치에는 하등의 변화가 없었다. 무갈의 국가 운영 체제는 변함없이 동인도 회사로 이양되었고 따라서 그 안에서 자민다르들은 여전히 토착 중개 지주 혹은 국가 기생 지주로서의 역할만 할 뿐이었다.

그래서 그들은 축적한 부를 대금업에 활용하거나 유럽으로부터 들여온 사치품의 소비에 열을 올리는 정도가 고작이었지, 농업 개선을 시도한다거나 새로운 투자 산업을 계발한다는 것은 생각할 수가 없었다. 그래서 그들은 새로운 계급으로 성장할 수 없었다. 중세 유럽에서는 대지주가 국가 권력에 독립적 관계를 유지하던 봉건 세력이었기 때문에 국가 통제에 대한 부르조아 계급과의 갈등이 발생하였으나 인도에서는 지주가 국가 권력에 종속적인 위치였기 때문에 근본적인 사회 갈등은 발생하지 일어나지 않았다.

2) '카스트에서 계급으로 전환'의 한계

식민 통치로 인해 신新자민다르들의 부가 축적되면서 하층민들에 대한 노동력 착취는 더욱 심화되었다. 농업은 상업에 종속되고 이로 인해 인도의 농촌 사회는 근대 사회로 변화하지 못하고 반半봉건적 사회로 악화되어 갔다. 이 과정에서 소작농과 무토지 임노동자들은 부채의 증가로 인해 경제적 압박을 갈수록 심하게 받게 되었다. 하지만 그들은 비록 적은 기회지만 근대 사회가 가지고 온 새로운 직업에 참여하고 그로 인해 경제적 부와 사회적 명성을 함께 획득하는 기회가 생기면서 카스트와는 별도의 새로운 계급이 발생할 가능성을 나타내기 시작하였다. 하지만 식민주의 경제 체제는 새로운 생산 관계를 크게 발전시키지 못했고 따라서 기존의 경제 단위로서의 카스트를 대체할 수 있는 계급 발생의 토양을 만들어주지 못했다.

결국 농촌 사회에서는 개별 경제 단위로서의 카스트는 카스트대로 작동하면서 비록 일부지만 계급은 계급대로 존재하는 이중적 지배 구조가 형성되었다. 이 시기에 카스트에 의한 핍박이 여전히 존재할 수 있었던 것은 이러한 맥락에서였다. 이로 인해 그들은 자신들의 노동을 '베트 베가르'(veth begar ; 강제 부역)로 인식하였고 그러한 불만이 농민 운동으로 연결되었다(Omvedt 1992 : 87).

이러한 현상은 특히 영국 통치의 우산 속에서 기생하고 있던 많은 토후국에서 두드러지게 나타났는데 라자스탄이 그 대표적인 곳이다. 라자스탄은 다른 지역에 비해 동인도 회사 지배 이후에도 봉건 지주 세력이 상당한 수준의 권력을 유지하고 있었던 곳이다. 라즈뿌뜨로 대표되는 자신의 영역 안에서 자기르를 유지하고 있던 많은 봉건 지주들은 인권 개혁이나 사법이나 조세 체계의 개혁을 통한 근대화에는 무관심한 채 지세 상승을 통한 착취에만 전력을 다하는 하나의 작은 전제 군주로 여전히 군림하고 있었다.

농민 운동이 대大자민다르 - 자기르다르 세력의 영향력이 가장 막강한 라자스탄이 주요한 진원지인 것은 이런 이유에서였다. 1922년과 1927년 메와르Mewar에서 일어난 빌Bhil족 농민의 신新조세 거부 투쟁, 1925년 알와르Alwar의 지세 인상 거부 투쟁이 그 대표적인 예이다. 농민들의 반봉건 투쟁은 주로 서부와 남부에서는 특정 카스트 중심의 반反브라만 운동으로 그리고 북부에서는 반자민다르 운동으로 전개되었으며 종국에 가서는 독립 투쟁으로 연결되었다.

이에 대해 영국 제국주의 정부의 반응은 단호한 무력 진압으로 나타났다. 영국 정부는 1922년 메와르의 경우 촌락 두 곳을 모두 불태워 버렸고, 1925년 알와르에서는 156명의 농민을 학살하였다. 이는 그들의 반봉건 투쟁이 독립 투쟁으로 연결되었기 때문이었다. 이러한 소작농과 무토지 임노동자들의 반봉건 투쟁과 제국 정부의 무자비한 탄압에 대해 인도 국민 회의는 일체의 불간섭을 방침으로 정하였다. 그것은 토후국에 대해서는 간섭을 하지 않는다는 미명하에 서였으나 실제로는 인도 국민 회의와 봉건 지주와의 밀착 관계 때문이었다. 자민다르같은 봉건 지주들은 신新지주주의의 상황하에서 그 사회 경제적 지위가 이전 시대보다도 강화되었으니, 그들이 인도 국민 회의가 출범할 때 중추적인 역할을 하였던 것은 자명한 이치였다.

이러한 상황에서 소작농과 임노동자들의 상황은 전혀 개선되지 못하였을 뿐 아니라 갈수록 악화되었고 이로 인해 그들은 하나의 계급으로서의 인식을 할 수 있게 되었다. 1921년 웃따르 쁘라데쉬의 모쁠라흐Moplah에서 일어난 농민 봉기는 아히르, 꾸르미, 빠시Pasi, 짜마르 등과 같은 소작농과 무토지 임노동자들이 하나의 계급으로 발전할 수 있는 가능성을 보여주는 좋은 예이긴 하지만 전체적으로 그들은 하나의 계급으로 발전하지 못한다.

따라서 농민 운동은 계급 투쟁으로서 사회 혁명을 일으키는 요인으로 성장하지 못하였으며 여전히 카스트 인식을 바탕으로 하는 한계를 벗어나지 못하였다. 그렇게 된 궁극적 이유는 새로운 토지 제도의 도입과 식민 착취 아래에서 농민들 사이에 경제적 층위들이 다양하게 나타났기 때문이다. 그 가운데 중요한 것으로 새로이 성장한 부농과 중농 사이의 이해 관계를 들 수 있다. 중농은 꾸르미, 자뜨, 야다브 등 전통적으로 경작을 하는 농민들 가운데 일부가 새로운 토지 제도의 도입 이후 라즈뿌뜨와 같은 비非경작 지주들이 매각한 토지를 확보함으로써 형성되었다.

따라서 그들은 수적인 우위를 확보하고 그 위에 경제력을 갖춤으로써 촌락 사회에서 큰 영향력을 행사하였고 이로 인해 라즈뿌뜨와 같은 대자민다르들과 항상 충돌을 벌였다. 하지만 그들은 새로운 계급을 형성하는 데에는 별 관심을 갖지 않고 대부분이 카스트 구조 안에서 상향 이동만 추구하였다. 그들은 정치적으로 중소 자민다르 및 상층 소작농들과 함께 인도 국민 회의의 정책을 지지하였고, 간디의 사따야그라하 운동의 주요 기반으로서 역할을 하였다. 여기에 간디가 주도권을 장악한 1920년대 이후 인도 국민 회의는 당시 인도 사회를 구성하던 각 계급들을 망라하였고 그 안에서 여러 계급들의 갈등은 인도 국민 회의가 마련한 일정한 타협안에 의해 조정되었던 것 또한 그들이 새로운 계급으로 발전을 이루지 못한 중요한 이유 가운데 하나로 작용하였다.

그렇지만 전통적 중농들은 신지주주의와 농업의 상업화의 확산으로 인해 그 위치의 변동이 아주 심했을 뿐만 아니라 시장 경제 체계와 같은 외부 상황에 종속된 채 경제적으로 성공하지 못하고 결국은 대부분이 소농으로 전락했다. 그들 외에도 비록 적은 수이긴 하지만 몰락한 브라만이나 라즈뿌뜨 그리고 극소수의 불가촉민 출신도 또 다른 범주를 구성하였다. 하지만 그들 각각은 카스트와 전통적 관계로부터 완전 자유롭지 못한 채 카스트 내부의 매우 다양한 이해 관계에 얽매여 있어 하나의 계급을 형성할 수 없었다. 대부분의 불가촉민 장인, 무슬림 그리고 임노동자 등은 경제적으로 중농과 확연히 구분되는 또 다른 범주로 묶을 수는 있겠으나 그들을 하나의 계급으로 볼 수는 없다.

식민 경제가 기승을 부리던 1920년대부터 1940년대까지 인도 농촌의 농민은 지주, 부농, 중농, 소농, 빈농, 무토지 임노동자 등으로 분열되었다. 이러한 상황에서 소농, 빈농, 무토지 임노동자 사이에서는 계급 의식보다는 상호 적대감이 갈수록 성장하였다. 그래서 이들을 이루는 구성원들은 하나의 계급으로서의 상호 연합을 이루지 못하였다. 다만 상호 연합이 이루어진 예로, 1928년의 바르돌리Bardoli 농민 운동을 생각해 볼 수 있겠으나, 그것도 자유주의 - 개혁주의의 노선을 중심으로 한 민족주의 운동의 일환으로 발생한 것이었을 뿐이고, 1946~1951 사이에 일어난 뗄랑가나Telangana 농민 운동 같은 경우에는 그 내부 갈등을 극복하지 못하고 결국 분열되고 말았다.

4. 카스트와 계급의 복합적 성격 형성의 의미

카스트와 계급간의 관계는 복잡하고 상호 밀접한 변화의 과정을 겪는다. 상호 변화 과정에 서로가 영향을 미쳐왔고 지금도 미치고 있다는 것은 분명한 사실이다. 그것은 카스트는 인도 사회에서 계급 구조가 역사적으로 변화를 겪는 과정에서 인도 사회의 특수성을 표현하는 사회 단위이기 때문이다.

인도 농촌 사회는 전통 사회와 근대 사회에서, 다소 정도의 차이는 있겠지만, 자치적으로 존재하지는 않고 주변 촌락과 도시와의 경제 교류를 가지면서 존재하였다. 촌락에서 생산된 것이 모두 그 내부에서 소비되지 않았고 촌락 내부에서 소비되는 것 가운데 외부에서 수입되어 들어온 것 또한 많았다. 따라서 근대가 시작되기 이전의 농촌의 사회 집단 사이의 경제적 갈등은 비경작 자민다르와 소작인과의 갈등이 주를 이루었다.

영국 식민 통치자들에 의한 새로운 유럽식의 사유지 제도의 도입과 그로 인한 농업의 상업화, 새로운 직업의 등장, 그리고 시장 경제의 활성화 등은 인도 농촌의 외부 의존성을 크게 심화시켰다. 이러한 새로운 상황으로 인해 집단간의 갈등은 자작농과 고리대금업 자민다르 그리고 지주와 무토지 임노동자 사이의 갈등으로 변화하였다. 그 사이에서 새로이 형성된 계급 갈등이 싹트기 시작하였다. 이제 피착취 농민들뿐만 아니라 수공업자도 하나의 계급 의식을 공유하게 된다.

하지만 이와 동시에 식민지에 이식된 왜곡된 자본주의로 사회가 여전히 카스트를 기반으로 하는 반봉건 구조가 심화되는 모순적인 결과를 가져오기도 하였다. 그로 인해 많은 곳에서 농민 운동이 발생하였음에도 불구하고, 새로운 세력으로 성장한 많은 중농들이 기존의 카스트 구조를 붕괴시키지 않은 채 그 안에서 상향 이동만 실현하는 일이 빈번하였다. 마찬가지의 맥락으로, 많은 불가촉민 장인들은 그들의 노동력이 베트 베가르라는 사실을 인식하고는 있으나, 여전히 자즈마니 체계 아래에서 안주하는 경제 관계를 맺었다. 그럼으로써 농촌에는 계급 의식과 카스트 의식이 서로 섞이게 되는 기형적 사회 구조가 잔존하였다.

이러한 성격의 카스트와 계급의 복합 구조는 근대 인도 사회에서 개인의 집단 형성과 정치화 과정에서 카스트는 카스트대로 계급은 계급대로 각각 중요한 사회적 역할을 하였다. 그러한 현상이 전개되는 과정과 의미는 상황과 경우에 따라 달리 그리고 복합적으로 나타나기 때문에 일반화시키기는 대단히 어렵다. 하지만 중요한 사실 가운데 하나는 지주, 부농 계급이 중농, 빈농, 무토지 임노동자 사이의 갈등을 조장함으로써 그들을 분열시키고 결과적으로 그로 인해 그들이 하나의 계급으로 성장하지 못하였다는 사실이다. 그리고 그 갈등 조장에 큰 역할을 한 것이 카스트라는 사실이다. 이러한 카스트 - 계급의 복합적이고 모순적인 성격은 독립 이후로 그대로 이어진다.

III. 독립 이후 농촌 경제 구조의 변화와
카스트의 계급적 성격

1. 농촌 경제 구조의 변화

독립 당시 인도 농업 부문은 200여 년에 걸친 영국 식민 지배의 영향으로 농업 생산성은 정체되어 있었으며, 그 위에 파키스탄과의 분리, 급증하는 인구 증가로 인한 식량 부족 등으로 위기에 처해 있었다. 이러한 농업 부문의 위기 상황은 신속한 산업 발전의 가능성을 또한 가로막고 있었다. 농업 생산성의 정체는 인도 농업 구조가 직면하고 있던 전반적인 경제적 불평등 및 사회 관계의 강력한 봉건적 요소의 존재에 기인하는 것이었다.

따라서 독립 후 인도 산업 및 농업 발전의 가장 중요한 전제 조건은 비생산적인 기생 지주 집단을 생산에 적극적으로 직접 참여하는 자작농 집단으로 대체하는 토지 개혁이었다. 인도 독립을 전후해서 부르조아와 지주의 연합 세력으로 구성된 지배 세력인 회의당은 독립 운동의 과정에서 농민들의 끊임없는 토지 개혁 요구에 직면하고 있었으며 이러한 농민 운동의 격화에 따른 위기 의식과 자신들의 권력의 정당성 확보를 위한 전략적 차원에서 서둘러 토지 개혁의 실시를 추진하게 되었다.

다시 말하면, 당시 회의당 정부는 일정한 개혁 조치를 통해 한편으로는 지방 토후 세력이나 자민다르 등의 봉건 세력을 견제하는 동시에 급진적인 민주화를 요구하는 하층 농민 및 농업 노동자들의 불만을 해소함으로써 농업 부문에 안정적인 자본주의적 생산 관계를 도입하고자 했던 것이다. 이와 같이 농업에서 자본 형성과 축적을 촉진시킬 필요와 정치적 정당성을 유지할 필요에 직면한 회의당 정부는 토지 개혁을 중심으로 하는 광범위한 농업 개혁을 불가피하게 실시할 수밖에 없었다.

독립 후 인도의 토지 개혁은 크게 세 국면으로 나눌 수 있다. 첫 번째 국면에서는(1948~49년에서 1951~52년 사이) 인도 연방의 여러 주 정부들이 자민다리의 성격을 갖는 대장원을 폐지하고, 직접 생산에 참여하지 않으면서 농민들의 잉여를 수취하는 각종의 기생적인 중개인들을 제거하는 것이었다. 두 번째 국면(1951~52년에서 1950년대 말까지)은 소작 기간의 보장, 지대의 고정, 소작인들에게 자신들이 소작하는 토지를 구매할 수 있는 기회의 제공 등 소작인들의 권리를 보장하는 시기였다. 1950년대 말부터 진행된 세 번째 국면은 개인별 토지 보유 크기의 상한을 정하고 그 결과 확보한 초과 토지를 무토지 농민들이나 소농들에게 분배함으로써 불평등한 소유 구조를 개선하는 정책을 시행하는 시기이다(Jeong 1994 : 43).

주지하다시피 토지 개혁의 핵심은 불평등한 토지 소유 구조의 개혁으로 이것은 '토지를 경작자에게'라는 구호로 상징화되었다. 그러나 실제 토지 개혁을 실시하는 정책들은 이러한 이념을 실현함에 있어서 많은 구조적인 한계를 갖고 있었으며 실제로 토지 개혁을 실시하는 과정에서 이러한 한계들이 그대로 드러났다.

먼저 자민다르 등 중개인 제도의 폐지는 앞에서 언급한 바와 같이 당시 회의당 지배 세력의 이해와 일치하는 것으로 회의당 정부에 의해 주도된 토지 개혁 조치의 최우선 과제였다. 1950년대 인도의 거의 모든 주에서 공식적으로는 거대 중개자들이 법적으로 철폐되었고 대부분의 지역에서 과거 중개자들로부터 토지를 임차했던 소작인들이 국가와 직접적인 접촉을 하게 되었다. 그러나 실제로는 자민다리의 법적 철폐가 인도 농업에 있어서의 봉건적 성격을 제거하기는 했지만 그것이 거둔 성공은 단지 부분적이었다.

중개인 제도의 철폐로 자민다르 등 중개자들은 명목상으로는 사라졌으나 바로 그 사람들이 토지의 대부분을 실질적으로 장악한 토지 보유자들로 확정되었다. 즉 중개자들은 허용되지 않게 되었고 토지 임대는 금지되었으나, 자민다르 등 중개자들이 자경지自耕地를 보유할 수 있었고 이 '자경'이라는 것이 실제로는 부재 지주제를 허용할 정도로 모호하게 정의되어 있어 고용 노동자의 노동만으로 경작하거나 분납 소작인에게 토지를 경작하게 하면서도 '경작자'로서의 지위를 보유하는 것이 가능했다.

그 결과 한편으로는 자민다르 등 부재 지주들은 '실제 경작자'로 전환되었으며 토지에 대한 '사실상의'de facto 점유권을 갖고 있던 상층 소작인들은 토지 구매를 통해 '법적'de jure 소유권을 가지는 자작농으로 전환되게 되었다. 반면에 실제 경작을 담당하는 분납 소작인, 수의 소작인 등 하층 소작인들은 경작 토지를 구입할 수 없었으며 오히려 기존의 소작권마저 박탈당하여 대부분 농업 노동자로 전락하게 되었다.

자민다리제가 법적으로는 폐지되었으나 이러한 법적 조치는 지주들로 하여금 각종 법적 또는 비법적 수단을 동원하여 소작인, 전대인 및 분납 소작인들을 토지로부터 대거 축출하게 하였다. 게다가 전혀 정비되어 있지 않았던 토지 기록, 주로 구두로 이루어졌던 토지 임대차 및 지대 영수증의 부재, 소작법상 분납 소작인의 소작인으로서의 불인정 및 소작법상의 각종 처벌 규정들은 지주들이 모든 유형의 소작인들을 축출하는 데 이용되었다. 그 결과 인도 농업에 있어서의 봉건적 착취는 성장을 지연시키는 많은 특징을 유지한 채 여전히 계속되었다.

이러한 경향에 대처하기 위해서 주 정부들은 불법적인 축출에 대한 적절한 보호와 분납 소작인과 수의 소작인들의 안정을 보장하기 위해서 소작인들에게 소작 기간을 보장하고, 소작료를 규제하며, 소작인들에게 자신들이 소작하는 토지를 구매할 수 있는 기회를 제공하는 등 소작인들의 보호를 위한 조치들을 실시하였다. 그러나 소작권의 안정을 보장하고 소작료를 규제하기 위한 이러한 조치는 대체로 많은 법적인 결함과 미비 및 정확한 토지 기록의 결여로 인해 전반적으로 실패했다.

소작인들의 토지 보유의 불안정은 법 규정의 부재에서 나온 것이기보다는 오히려 인도 농촌에 만연한 가난과 부채의 전반적인 악순환으로부터 결과하는 것이었다. 만약 소작인이 최저 생활의 유지도 힘든 적자 경제를 면치 못하는 상황에서 고용과 때때로의 신용의 필요를 그의 토지 소유주에게 의존할 수밖에 없다면 토지로부터의 축출에 대한 안정은 전적으로 토지 소유주의 자비에 달려있게 된다. 아울러 소작료 문제에 있어서도 농촌의 과잉 인구가 대량으로 존재하고 이들의 농업 부문 외의 고용 기회가 거의 없는 상황에서 토지에 대한 소작 수요는 더욱 늘어나게 되고 그 결과 소작료는 인상될 수밖에 없는 것이다. 적절한 소작 기록 제도에 의해 지지되는 소작인의 안정을 위한 법 규정은 소작농의 보호를 위한 필요 조건이기는 하나 충분 조건은 아니다.

한편 개인별 토지 보유 상한을 정하고 그 결과 확보한 초과 토지를 무토지 농민들이나 소농들에게 분배하는 정책도 대체로 앞의 두 경우와 비슷한 법적 장애와 비효율적 행정으로 인해 제대로 이루어지지 않았다. 이는 토지 보유의 제한과 잉여 토지의 분배 조치는 본질적으로 국가 권력에 의한 강제적 재분배의 성격을 띠는데, 인도의 중앙 정부와 지방 정부의 핵심에 토지 소유 계급이 결정적인 지위를 차지하고 있어 상한법의 입법 지침의 마련에서부터 지방 토지 법원의 소송에 이르기까지 그들이 강력한 영향력을 행사하고 있는 현실의 당연한 귀결이라고 볼 수 있다.

요컨대 토지 개혁은 자민다르 등 부재 지주들 가운데 일부를 자가 '경작자'로 전환시키고 상층 소작인들을 자작농으로 상승시킴으로써 농민의 상층부에서는 어느 정도 토지를 재분배하는 성과를 거두었으나, 하층 소작인, 빈농 및 농업 노동자들에 대한 토지의 재분배는 실질적으로 거의 이루어지지 않았다(정채성 1995 : 176). 따라서 토지 개혁의 실시 이후에도 토지 소유의 소수에의 집중은 인도 전지역에서 여전히 매우 높았다.

독립 후 농가 소유지의 규모별 분포와 변화를 보여주는 아래 <표 2-1>의 1971~72년도 전국 표본 조사(National Sample Survey : NSS)에 나타난 토지 보유 분포 상황에서 볼 수 있는 바와 같이 총 농가의 62.7%가 1헥타르(2.5에이커) 이하의 토지를 소유하고 있으며, 이들이 소유한 토지의 면적은 전체 면적의 9.8%에 불과한 반면, 10.13 헥타르(25에이커) 이상의 토지를 소유한 전체 농가의 2.1%에 불과한 농가가 총 토지의 23.0%를 소유하고 있다. 이로서 우리는 인도 농업에 있어서의 토지 소유의 극단적인 불평등 상태가 토지 개혁 실시 후 약 20년 동안에 거의 변화하지 않고 그대로 계속되고 있음을 알 수 있다.

<표 2-1> 농가 소유지의 규모별 분포와 변화(%)

소유지 규모 (ha)	세대			면적		
	1953~54	1961~62	1971~72	1953~54	1961~62	1971~72
1.0 이하	61.3	60.1	62.7	6.3	7.6	9.8
1.01~2.02	13.5	15.2	15.5	10.1	12.4	14.7
2.03~10.12	21.7	22.0	19.8	47.5	51.7	52.7
10.13~20.24	2.7	2.3	1.7	18.6	17.1	15.1
20.25 이상	0.9	0.6	0.4	17.5	11.1	7.9
평균규모(ha)	-	-	-	1.95	1.78	1.53

출처 : Government of India(1961), NSS, 8th Round, No. 36

　　　Government of India(1968), NSS, 17th Round, No. 144

　　　Government of India(1976), NSS, 26th Round, No. 215

그러나 데사이A. R. Desai가 지적한 바와 같이 토지 소유 현황에 대한 이와 같은 개략적인 서술만으로는 인도 농촌의 토지 소유의 불평등 상태가 내포하고 있는 그 심각성이 제대로 드러나지 않는다. 또한 이 수치는 농업 용수의 이용 가능성 여부를 포함하여 토지의 질을 따질 경우에는 최하층 영세농과 농업 노동자들에게 더욱 더 심각한 불평등을 드러낼 것이다(Desai 1984 : 184).

독립 후 인도 농업 문제 해결을 위한 최우선 과제로 추진된 토지 개혁 조치는 중개자의 법적 철폐를 가져왔으나 여전히 지주와 부농층의 토지 소유 집중이 계속되었다. 그리고 토지 개혁 이후에도 농업 생산력은 거의 상승되지 않았으며 경작 면적의 확대에 의한 농산물의 생산 증대도 곧 한계에 봉착하였다. 이에 따라 식량 부족은 계속되었고 외국 곡물 수입이 만성화되었다.

이러한 사태에 직면하자 인도 정부는 1960년대 중반부터 농업 정책의 중심을 제도 개혁으로부터 신기술 체계의 도입에 의한 생산력의 증대를 도모하는 신농업 전략으로 전환하였다. 이 신농업 전략은 흔히 '녹색 혁명'으로 불리는데 이는 미국의 지원하에 제 3세계 나라들에서 새로운 농업 기술 체계의 도입에 의한 곡물 수확량의 급격한 증대 현상을 지칭한다. 이 새로운 기술 체계는 주로 밀과 쌀을 대상으로 하는 다수확 품종, 화학 비료와 살충제의 대폭 사용, 광범위한 관개 시설의 이용을 결합시키고 있다.

이러한 농업 기술 혁신 정책의 주된 담당 세력은 토지 개혁의 결과 농촌의 지배력을 장악한 자작농과 부농층이었다. 이들은 국가의 거대한 농업 보조금과 농업 지원의 주된 수혜자들이었으며, 잉여 생산물의 생산자로서 농업 부문에 유리한 교역 조건과 새로운 농업 기술의 혜택을 집중적으로 받게 되었다. 따라서 녹색 혁명의 실제 수혜자는 부농과 지주층에 한정되었다. 이들만이 신품종 재배를 위해 필요한 관개 시설의 정비와 화학 비료, 살충제 등의 구입에 필요한 대규모 자본을 투자할 능력을 가지고 있었다.

반면 대부분의 소농 겸 소작 경작자들은 이러한 생산 설비의 투자 능력이 없었고, 또한 농업 이윤의 상승으로 인한 높은 소작료도 부담할 수 없게 되어 점차 경작자의 대열에서 탈락하게 되었다. 그 결과 대농이 소농에게 토지를 임대하는 전통적 소작 형태와는 달리 소농들이 대농에게 소규모 토지를 임대하는 새로운 '상업 소작' 형태가 나타나게 되었고, 이들 소농들은 자신들이 임대해 준 토지에서 임금을 받는 농업 노동자로 전락하는 경향이 뻰잡과 같은 역동적인 농경 지역에서 두드러지게 나타나게 되었다.

한편 다수확 품종에 의한 단위 면적당 수확의 증가, 양곡 가격의 상승, 정부에 의한 가격 보조 정책 등으로 훨씬 높아진 농업 생산의 이윤 가능성은 지주 계급을 비롯한 부농층의 농업 투자 의욕을 자극하였고 이는 지주의 소작지 환수 현상으로 나타났다. 이는 토지 개혁 과정에서 나타났던 토지 환수 현상과는 그 성질을 달리하는 것으로 토지 개혁시의 토지 환수는 실질적으로는 소작제를 암묵적으로 유지한 채 자경으로 위장한 것이었지만, 녹색 혁명기의 토지 환수는 실제로 지주 자신이 소작지를 자가 경작지로 전환시켜 직접 경영에 참여한다는 적극적 의미를 띠는 것이었다.

따라서 농업 수익성 증가에 의해 촉진되었던 이러한 새로운 성격의 토지 환수 현상의 특색은 실질적인 소작제의 폐지, 자본가적 농업 경영에로의 전환이라는 의미를 지니는 것이라 할 수 있다. 소작농의 입장에서 보면 토지 개혁 단계의 토지 환수는 일반 소작농으로부터 수의 소작농 또는 분익 소작농으로의 전락을 가져온 반면, 녹색 혁명 단계의 그것은 수의 소작농 또는 분익농의 지위로부터 사실상의 농업 노동자로의 전락하는 결과를 가져왔다.

이와 같이 토지 개혁을 중심으로 하는 제도 개혁과 녹색 혁명은 토지 소유에 기초한 기존의 불평등 관계를 온존시키면서 농업 생산의 상업화와 농업에서 자본주의적 관계의 발전을 촉진시켰다. 기술 혁신과 제도 개혁 조치는 소수의 부농과 자본주의적 기업농을 집중적으로 지원하고 이들에게 농업 개선을 의존함으로써 무토지 농업 노동자와 빈농들을 포함한 인도 농촌의 가장 취약한 계급의 경제적 상황을 크게 변화시키지 못했으며 오히려 대다수 농민들에게 파산과 빈궁만을 가져다주었다(Jeong 1994 : 59).

2. 농촌 카스트의 계급적 성격

독립 후 국가에 의해 추진된 일련의 농업 개혁의 결과 토지 소유에 기반을 둔 기존의 농촌의 불평등 구조가 대체로 그대로 유지되는 가운데 심화된 농업 생산의 상업화와 농업의 자본주의적 관계의 진전에 따라 인도 농촌의 카스트 - 계급 구조는 큰 변화를 경험하였다. 먼저 이러한 변화 가운데 가장 두드러진 특징은 카스트 제도에 기초한 전통적 사회 분화를 가로지르는 계급의 모습이 점점 뚜렷이 나타나게 되었다는 것이다. 그리고 카스트 제도의 기초로서 토지 소유자와 무토지 농민 사이의 불평등 관계를 정당화시켜주던 위계적 가치관이 점차 쇠퇴했다(Jeong 1994 : 60). 그러나 이러한 변화는 신분으로서의 카스트에 기반을 둔 사회적 위계 질서의 완전한 붕괴로 이어진 것은 아니고 카스트의 계급 구조와의 복합적 관계의 형성으로 인한 모순적 현상이 나타났다. 이에 대하여 하나씩 구체적으로 살펴본다.

인도 농촌에서 경제적 위상을 나타내는 계급과 사회적 신분의 표지인 카스트 간에 명확한 상관 관계가 존재한다는 사실은 널리 인정되고 있다. 부유한 토지 소유자는 일반적으로 브라만, 옥깔리가Okkaliga, 링가야뜨, 렛디, 깜마, 고운다르Gounder, 빠다야찌Padayachi, 무달리아르Mudaliar, 나야르Nayar, 마라타, 데쉬무크Deshmukh, 빠띠다르Patidar, 라즈뿌뜨, 자뜨, 구자르, 아히르 등 상층 카스트 출신이고 반면에 무토지 농업 노동자의 상당수는 불가촉민 출신이었다(Srinivas 1976 : 169).

스리니와스에 의하면 토지 소유와 카스트 지위 사이에는 두 방향의 관계가 존재한다. 전통적으로 토지 소유는 소유자의 위신을 높이고 존중을 받도록 했으며 이것은 시간이 지남에 따라 카스트 지위의 상승으로 이어졌다. 브라만이 아닌 카스트 성원들이 토지를 소유하게 되면 브라만의 생활을 모방하는 산스끄리뜨화를 통해 부를 카스트 지위와 사회적 위신의 상승으로 전환해 내려고 시도하는 경향이 널리 나타난다. 반대로 토지를 소유하지 못한 상층 카스트 성원은 생계를 위해 직접 농사일을 해야 하기 때문에 높은 의례상의 지위에 상응하는 대접을 받을 수 없었다(Srinivas 1976 : 211, 216). 이같이 토지 소유자가 대체로 상층 카스트의 지위를 누리지만 카스트가 정확히 계급과 일치하는 것은 아니었다. 카스트는 계급 분화가 진행되는 넓은 사회적 틀을 제공하는 것으로 생각된다.

그리고 인도에는 전통적으로 카스트 범주에 의해서 뿐만 아니라 넓은 의미의 경제적 범주, 즉 생산 체계에 있어서의 지위에 따라서 도 사회적 분화가 이루어졌다(Béteille 1974 : 126). 벵갈에서는 이것이 자민다르(jamindar ; 대지주), 조떼다르(jotedar ; 대농), 바르가다르(bargadar ; 분익 소작농), 케뜨마즈두르(khetmazdur ; 농업 노동자) 등으로 나뉘어 있었다(Gough 1983). 따밀 나두에서는 미라스다르mirasdar나 까니야찌 까라르kaniyachikarar와 같은 지주, 빠이까리아payikaria라는 소작농, 공무 원 및 장인, 아디마이adimai나 빠디얄padiyal과 같은 예속 하인과 경작 노비 등으로 꽤 명확한 위계가 형성되어 있었다. 비하르에서는 아슈 라프(ashraf ; 상층 카스트 대지주), 바깔(bakal ; 촌락 상인), 빠와니아(pawania ; 촌락 장인), 조띠아(jotiya ; 자작 소농) 및 지방에 따라 가장 많은 농업 노동자의 이름으로 알려진 하층 카스트 무토지 노동자 계급으로 나 뉘어 있었다. 마하라슈뜨라에서는 라야뜨rayat 즉 지배 카스트 가계, 꿀와디kulwadi 즉 비지배 카스트 가계, 우빠리upari 혹은 메흐만mehman 즉 촌락 바깥 출신의 카스트 - 힌두 경작자 및 발루떼다르balutedar 즉 불가촉민 노동 카스트로 분화되어 있었다(Omvedt 1986 : 171).

앞 장에서 살펴본 바와 같이 영국 식민 통치하에서 인도의 자본 주의적 발전이 시작되고 카스트의 봉건적 형태가 결정적 타격을 입 기는 했지만 여전히 카스트 제도와 계급간의 상관 관계는 대체로 존속되었다. 따라서 상층 카스트가 계속해서 지주, 고리대금업자, 상인, 관료 및 전문가 계급을 이루고 있었고 하층 카스트가 주로 노동인민을 형성했다.

오늘날 자본주의적 관계의 진전, 특히 토지 개혁과 녹색 혁명의 결과 농업의 자본주의적 관계의 발전에 따라 카스트와 계급간의 이 오랜 상관 관계는 급속히 붕괴되었고 보다 새롭고 복합적인 관계로 재구성되었다. 카스트 그 자체는 결코 사라지지 않고 있지만 봉건적 지주제의 철폐와 함께 낡은 형태의 상층 카스트 지배도 붕괴되었다.

자본가농과 지주를 포함한 부농은 브라만, 라즈뿌뜨, 부미하르 Bhumihar, 나이르, 벨랄라 등의 이전의 상층 카스트 지주와 마라타, 자뜨, 꾸르미, 야다브, 깜마, 렛디, 까뿌Kapu 등의 슈드라 농민 카스트 출신 양자를 포함한다. 토지를 임대하는 지주들은 주로 브라만, 까야스따 등 비경작 상층 카스트 출신인 경향이 많다. 반대로 자본가적 농민의 지배 집단은 경작농이라는 카스트 전통을 가진 흔히 이전의 소작인 및 경작농이었던 농민 카스트들이다. 보다 후진적이고 반半봉건적인 지역에서는 라즈뿌뜨, 부미하르 및 브라만과 같은 이전의 지주 카스트가 여전히 세력을 갖고 있으며 농민 카스트 출신 부농과 주도권 다툼을 하고 있다. 비하르에서는 '선진 카스트와 후진 카스트' 사이의 갈등으로 불리는 이러한 갈등 관계가 여전히 치열하게 진행된다.

그러나 자본주의적 영농 방식이 발전된 지역에서는 전통적으로 슈드라 출신이고 과거에 소작인이었거나 종속적 지위의 경작농이었던 부농 카스트가 오늘날 결정적 지배권을 행사하고 있다. 예컨대 마하라슈뜨라의 마라타, 구자라뜨의 빠띠다르, 뻔잡·하리야나·웃따르 쁘라데쉬 서부 지역의 자뜨, 까르나따까의 옥깔리가 및 링가야뜨 등이 그러하다. 이것은 물론 이들 지역에 다른 카스트 출신의 자본가농이나 지주가 없다고 하는 것을 의미하는 것은 아니다. 예컨대 마하라슈뜨라 서부 지역에는 여전히 상당수의 브라만 대지주들이 있으나, 지배권을 행사하는 농민 카스트들에 비해 수적으로 열세이고, 정치적으로나 사회적으로도 종속적인 위치에 있다는 것이다.

이러한 의미에서 인도 전역의, 특히 자본주의적 발전이 보다 진전된 주의, 부농 지배 집단은 바르나 측면으로는 슈드라 출신이고, 자신들을 여전히 농민 카스트로 생각할 뿐만 아니라, 상층 카스트와 지주 지배에 대한 저항의 역사와 함께 자신들이 속한 카스트에 대해서도 긍지를 지니는 카스트 문화 전통을 가진 자들이다(Omvedt 1992 : 129~130).

중농은 주로 농민 카스트들로 구성된다. 그리고 마라타, 자뜨 등과 같은 카스트가 상당한 비중을 차지하는 주나 지역에서는 그들이 자본가농과 중농 양자 모두에서 압도적인 비중을 차지한다. 자본가농과 중농의 차이는 중농 계급에는 브라만 등과 같은 상층 카스트가 거의 없거나 극소수가 있을 뿐이며 장인 - 서비스 카스트가 다소 많은 비중을 차지한다는 것이다. 지정 카스트와 지정 부족의 극소수 — 아마도 이들의 1% 또는 2% — 가 이 계급에 속한다. 이러한 공통의 카스트와 혈족이라는 출신 배경은, 중농의 일반적인 유산자적 성격과 그것이 유발하는 열망을 함께 고려할 때, 중농을 자본가농과 일치시키는 것을 용이하게 한다(Omvedt 1992 : 130).

빈농과 농업 노동자 계급은 거의 모든 카스트 출신을 망라하고 있지만 그들의 대다수는 슈드라 농민 카스트 및 장인 카스트, 지정 카스트와 지정 부족 및 그 외 무슬림, 기독교도, 불교도, 소수 민족 출신 등이다. 여러 지역에서 장인과 지정 카스트 이외의 하층 카스트 뿐만 아니라 농민 카스트 출신의 다수가 농업 노동자를 구성한다. 인도 전체 농업 노동자 중에서 지정 카스트와 지정 부족이 아닌 카스트 출신이 반 조금 넘는 비율을 차지한다.

이 사실은 농업 노동자는 주로 또는 모두 지정 카스트와 지정 부족 출신이라는 주장이 허구임을 말해 준다. 단지 뻔잡주와 하리아나 주의 농업 노동자의 대부분이 지정 카스트나 지정 부족 출신인데, 여기서도 웃따르 쁘라데쉬주와 비하르주의 카스트 - 힌두 노동자들의 이주가 증가함에 따라 상황이 변하고 있다. 무토지 노동자들만을 고려한다 해도 상황은 크게 다르지 않다. 왜냐하면 지정 카스트는 카스트 - 힌두 노동자들보다 단지 약간 덜 토지를 갖고 있을 뿐이기 때문이다(Omvedt 1992 : 130~131).

이와 같이 계급과 카스트는 이제 더 이상 절대적인 상관 관계를 갖는 것이 아니다. 경제적 분화는 거의 모든 카스트에 영향을 미쳤다. 그러나 이러한 분화는 지역에 따라 다양한 모습으로 카스트에 따라 차별적으로 진행되었다. 대체로 하층 카스트보다는 중간급이나 상층 카스트 내에서 더 많은 계급 분화가 나타난다. 즉 지정 카스트와 지정 부족, 그리고 정도는 조금 덜하지만 장인 및 서비스 카스트와 그 외 하층 카스트 그리고 아마도 무슬림과 기독교도 등의 소수 집단들이 주로 빈곤 계층으로 남아 있다. 이들 구성원의 소수만이 중농이 되었고 자본가농이 된 경우는 거의 없다. 이와 대조적으로 중간급의 농민 카스트가 계급으로 가장 심하게 분화되었으며 자본가농, 고위직 공무원, 사업가 및 정치가로부터 중농, 무토지 노동자에 이르기까지 모든 계급의 구성원이 되었다.

마하라슈뜨라에서는 마라타 카스트와 같이 그 지역의 주요한 카스트들도 분화되었을 뿐만 아니라, 이러한 분화가 실제로 그 카스트 내의 모든 분파 씨족들에 확장되었다. 그 결과 심지어 한 촌락의 가장 지배적인 가계에 농업 노동자 구성원을 포함하게 된 경우도 있다. 그러나 그러한 카스트가 농사를 하는 것이 카스트 지위상 모욕적이라고 생각하는 곳에서는, 상대적으로 가난한 그러한 카스트 구성원들은 자신의 촌락에서 농업 노동자로 일하지 않고 다른 곳으로 이주를 하거나 소비 수준을 줄이려 애쓴다(Omvedt 1992 : 131).

따밀 나두의 딴조르Tanjore에 있는 한 촌락에 대한 연구에서 베떼이유Andre Béteille는 다음과 같이 지적하고 있다. "이 지역에서 전통적인 경제 질서는 토지를 소유한 브라만 미라스다르가 비브라만 소작농에게 토지를 임대하고, 이 비브라만 소작농은 아디 - 드라비다 카스트인 노동자를 고용하여 그 토지를 경작하게 하는 것이었다. 물론 이것은 고도로 단순화시킨 것인데, 전통 경제하에서도 이러한 브라만 지주, 비브라만 소작농, 아디 - 드라비다 노동자라는 단순 등식에 예외가 있었다. 이러한 예외는 지난 50년 사이에 상당히 증가하였다. 미라스다르의 하향 이동과 토지 소유자의 지위를 획득한 비브라만 농민과 소작농이 되었거나, 소규모의 토지를 소유하게 된 아디 - 드라비다 노동자들의 상향 이동이 일어났다. 또한 소작 관계도 분화하여 대단위 소작농들은 자신들을 소농이라기 보다 오히려 토지 소유 계급에 더 가깝게 생각한다"(Béteille 1966 : 195, 207).

구프Kathleen E. Gough는 딴조르의 한 촌락 연구에서 일부 브라만들은 30에이커에 달하는 토지를 소유하고 있는 반면, 다른 브라만들은 3에이커에도 미치지 못하는 양의 토지를 갖고 있다고 지적하면서, 이들 브라만들의 경제적 양극화 현상과 나아가 비브라만들의 경제적 이질성에도 주목하고 있다. 그에 따르면 농업이나 원예업에 종사하는 43명의 비브라만 가운데 3명은 소토지 소유 경작자이고, 9명은

일년 단위로 계약을 체결하는 빤나이얄(Pannaiyal ; 예속 노동자)이고, 10
명은 현대판 빤나이얄이라 할 수 있는 꿀리kuli이며 21명은 소작농이
다. 그리고 농업 노동자이었던 낮은 카스트 간에도 계층 분화가 심
각하게 나타났다고 지적하고 있다. 단지 22%만이 현재 빤나이얄이
고, 38%가 비브라만과 같은 조건의 소작농이며, 39%가 일용 꿀리인
반면 그 중 한 명은 소토지 소유 경작자이다(Gough 1971 : 31 ; Joshi
1986 : 159~160에서 재인용).

　　따밀 나두의 타이유르 빤짜야뜨Thaiyur Panchayat의 한 촌락 연구는
다음과 같이 지적하고 있다. "카스트와 계급 사이에는 강한 그러나
결코 완전하지 않은 상관 관계가 있다. 비하리잔 가구의 18%가 상
층 계급인 대농에 속한 반면, 하리잔 가구의 경우에는 단지 3%만이
대농에 속한다. 이것은 적대적 위치에 있는 다른 카스트 구성원 사
이에 항상 개재되어 있던 전통적인 생산 관계가 여전히 대체로 존속
하고 있다는 것을 의미한다. 그러나 절대적인 숫자로 볼 때는 대농
계급과 중농 계급에 속하는 하리잔 가구수가 비하리잔 가구수 보다
더 많다. 이것은 같은 카스트의 성원끼리 서로 착취 관계에 있음을
의미하며, 카스트 이데올로기가 다양화하고 있어 이데올로기 세계의
변화가 기대된다. 상당한 규모의 하리잔 집단이 이제 더 이상 가난
하지도 않고 착취당하지도 않으며, 이들의 경제적 조건은 그들의
'불가촉성'과 배치된다. 하리잔들의 경제적 지위는 더 이상 동질적
이지 않다"(Djurfeldt & Lindberg 1976 : 216~217).

　　이와 같이 오늘날 인도 농촌에서 카스트는 더 이상 직업이나 부
에서 동질적인 집단이 아니다. 카스트가 인도 농촌에서 직업과 경제
적 지위를 결정짓는 전통적 기능은 오늘날 거의 상실되었다. 이제는
같은 카스트 성원들 사이에도 토지 소유 정도에 따라 부농, 중농, 빈

농, 소작농, 농업 노동자 등 상이한 계급이 나타나게 되었고, 이러한 토지 소유의 유무에 따라 경제적 지위가 결정되었다.

그러나 카스트의 내부적 계급 분화는, 지역에 따라 다양한 모습으로 나타나기는 하나, 대체로 토지를 소유한 부농, 중농 및 전문직 종사자들에서 상층 카스트 및 중간 경작농 카스트 출신의 비율이 높으며 반면에, 그들 가운데 극소수가 하층 카스트 출신이라는 특징을 가지고 있다. 그리고 지정 카스트와 지정 부족, 장인 - 서비스 카스트 및 그 외 하층 카스트 그리고 무슬림, 기독교도 등의 소수 집단들이 여전히 빈곤 계층으로 남아 있으며, 이들의 대다수가 적절한 고용 기회도 주어지지 않는 가운데 점차 궁핍해 진다는 것이다.

오늘날 인도 농촌의 주된 갈등 및 대립의 축은 상층 카스트 지주 대 하층 카스트 농민과 농업 노동자 사이에 있지 않고, 부농·중농 대 농업 노동자·빈농 사이에서 형성되고 있다(Omvedt 1982 : 26). 이러한 현상을 베떼이유는 인도 농업에서 기본적인 문제는 토지 소유자와 무토지자들 사이의 관계를 중심으로 나타나고 있는 것으로 분석한다(Béteille 1974 : 160).

한편 브레만은, 농업의 자본주의적 관계의 진전에 따라 농촌 착취 구조가 카스트에서 계급으로 그 중심이 전환되는 과정을 지배적 토지 소유 카스트와 노동자 카스트 간의 '탈후원화'depatronisation 또는 '후원에서 착취로의 전환'으로 특징짓고 있다(Breman 1974 : 253). 그는 남부 구자라뜨의 촌락들에 존재해 왔던 할리 제도hali system[20])에 대한 연구에서, 농업의 자본주의적 생산 양식으로의 전환에 따른 농촌의 대규모 빈궁화가 공공연하게 형성되고 있다고 파악하고 있다. 그는 농촌의 가장 약한 집단과 가장 강한 집단 사이의 대비가 극심해졌다는 사실에 주목하면서, 이를 전통적 지배 - 착취 관계와 질적으로 다른 상황이라고 보고 있다. 그는 착취는 할리 제도에 본질적인 부분이었으며 후원은 이러한 착취의 상황에서도 존재할 수 있으나, 과거의 상황과 현재의 상황은 정도의 차이 그 이상이라고 주장한다 (Breman 1974 : 225).

인도의 다른 지역에서도 이러한 '탈후원화'의 과정이 많은 연구자들에 의해 밝혀지고 있다. 서벵갈에서는 영구적 또는 반영구적 노동 계약자인 마힌다르mahindar 또는 나가레nagare는 농업 노동자 사회에서 소수가 되었다. 오늘날 대다수 농업 노동자는, 공장의 임시직 노동자와 같이 일용 노동자로 고용된다(Chandra 1983 : 233~235). 따밀나두의 딴조르에서도 1951~53년부터 1976년 사이에 농업 노동자의 구성이 크게 변화했다. 예속 노동자인 빤나이얄의 남자 노동자 구성비가 꿈바뻿따이Kumbapettai에서는 37%에서 9%, 그리고 끼립뿌르Kirippur에서는 61%에서 14%로 감소했다. 반면에 일용으로 고용되는 임시직 꿀리는 꿈바뻿따이에서 48%에서 79%로, 끼립뿌르에서는 26%에서 80%로 늘어났다(Gough 1983 : 279~283).

이 모든 경우에 지주와 농업 노동자 사이의 관계가 점점 더 상업화되고 계약적 성격을 띠게 되어, 점점 봉건적인 후원자-피후원자 관계에서 벗어나 점차 더 노골적인 자본주의적 착취의 성격을 띠게 되었다(Omvedt 1982 : 27). 이리하여 토지를 소유한 상층 카스트가 무토지의 하층 카스트에 대해 가지고 있던 전반적인 의무감이 옅어져서 더 이상 서로를 보호자와 피보호자로 생각하지 않게 되었고, 서로 대립되는 이해 관계를 가진 고용자와 노동자로 인식하게 되었으며 그 결과 농촌 빈곤 계층 사이에 그들이 착취당하고 있다는 의식이 차츰 증가하게 되었다(Jeong 1994 : 71~72).

이와 같이 토지 소유자와 무토지 농민 사이의 관계가 노골적인 계급적 착취 관계로 변질됨에 따라, 이러한 착취에 대항하는 농민들의 투쟁도 점점 더 다발적이고 더욱 폭력적인 형태를 띠게 되었다. 그러나 이러한 투쟁이 확고한 계급 의식에 기반한 조직적 농민 운동으로 발전하고 있지는 못하다. 그 이유는 우선 투쟁에 참여하는 농촌 빈곤 계급 사이에 여전히 경제적 지위에 있어서 구분이 존재하고 있고, 나아가 경제적으로 동질적이라 할지라도 사회적 배경(카스트, 종교 등)에 따라 그들이 분리되어 있기 때문이다.

주로 지정 카스트와 지정 부족과 최하층 카스트 장인들은 몇몇 지역에서, 여전히 자즈마니 형태의 강제 노역의 잔재에 여전히 시달리고 있다. 보다 나은 기술과 특권을 누리는 노동자들은 카스트 - 힌두 출신들인 것도 여전히 사실이다. 이들 카스트 - 힌두 노동자들은 같은 카스트와 같은 혈족 출신의 부농들로부터 호의적 대우를 받고 있으며, 고정직 노동자로서 고용되기가 보다 쉽다. 그들에게는 트랙터 운전사가 되거나, 제분소나 유제품 가공 공장 등에 직장을 구하는 것이 보다 쉽다. 여전히 지정 카스트 출신 노동자들은 밭갈이와 같은 일에 오염을 이유로 고용되지 않는 곳도 있다. 지정 카스트들은 여전히 촌락 바깥에 별도의 우물을 사용하고, 열악한 환경 속에서 분리되어 산다. 반면에 카스트 - 힌두 노동자들은 촌락 안에 그들의 보다 부유한 카스트 구성원들과 이웃해서 어느 정도 같은 사회적 생활을 공유하면서 산다.

역사적으로 지정 카스트 농업 노동자와 카스트 - 힌두 농업 노동자 사이에는 중요한 차이가 있다. 지정 카스트 농업 노동자들은 대부분의 경우 토지 및 교육에 대한 접근이나 권리에 있어서, 현재의 보다 자유로운 지위는 그들 자신의 투쟁과 운동의 결과로서 쟁취한 것이고, 현재의 지위가 아무리 어렵고 빈한하다 할지라도 이전의 봉건적 굴레에 비하면 크게 나아진 것이라고 생각한다. 반면에 카스트 - 힌두 농업 노동자들은 흔히 한계농이나 장인으로서 이전에 가졌던 지위에서 하강하였고, 사회적 지위도 퇴보를 경험하고 있다. 이 모든 차이들이 사회적 의식과 조직을 형성함에 있어서, 결정적인 차이를 나타내는 역사적·물질적 기초를 제공한다(Omvedt 1992 : 131 ~ 132).

따라서 농업 노동자들은, 경제적으로나 카스트 구성에서 모두 동질적인 특별한 경우에만 정치적 행동을 목적으로 하는 계급으로 조직한다는 것이 가능한데, 이것은 인도 농촌에서 아주 예외적인 경우이다(Béteille 1974 : 166~167). 예컨대 인도 농촌에서 계급 대립이 실제 농민 운동으로 나타난 딴조르 동부 지역이나, 꾸따나드Kutanad 지역은 서로 적대적인 계급 구분에 따라 카스트 또는 민족적 구분이 또한 명확히 나타난 경우였다(Bardhan 1984 : 186).

그리고 또 다른 이유는, 새로운 지배 계급 집단이 자신의 동료 카스트들이 다른 카스트에 속해 있는 비슷한 농촌 빈곤 계급과 연대하는 것을 막기 위해 카스트주의를 이용하기 때문이다. 상층 토지 소유 계급은 중농과 농업 노동자들 사이에 자신의 카스트 감정을 호소하고 다른 카스트들에 대한 편견을 부추기며, 상대적으로 가난한 카스트 형제들에게 자신의 카스트에 속하는 부유한 카스트 지도자들을 지지하면, 그들의 경제적·정치적 및 교육적 상황이 개선될 것이라는 헛된 희망을 불러일으킨다. 실제로 토지 소유 계급과 무토지 농민 계급 사이의 대립과 충돌에서 카스트는 여전히 전자가 후자를 분열시키고, 공격하는 가장 강력한 수단의 하나로 이용되고 있다. 이것은 아직도 카스트 - 힌두와 지정 카스트를 가로지르는 장벽이, 같은 경제적 지위를 공유하는 계급의 성원으로서의 이해 관계보다 강력하다는 것을 의미한다.

이와 같이 농촌 빈곤 계급이 여전히 그들의 카스트에 따라 분열되어 있기 때문에, 그들이 지배 계급에 대한 투쟁을 조직화하고 이를 지속해 나갈 가능성은 대단히 제한적이다. 그리고 지역별로 산발적으로 터져 나오는 계급 갈등은 흔히 카스트나 '민족 집단' 사이의 갈등으로 왜곡된다. 예컨대 1980~81년 마하라슈뜨라의 아흐마드나가르Ahmadnagar, 둘레Dhule 등의 사탕수수 노동자 투쟁이나 마디야 쁘라데쉬의 보즈뿌르Bhojpur에서, 낙살 사람들의 지도하에 수십 년간 계속되는 달리뜨와 하층 카스트 노동자 투쟁은 임금 인상을 요구하는 노동자들의 투쟁이거나 소작권을 반납하지 않으려는 소작인들의 소작 쟁의임에도 불구하고, 이들에 대한 지주들의 보복 행위는 '불가촉민에 대한 잔학 행위'로 간주된다.[21] 이것은 본질적으로 계급적 성격의 갈등을 카스트 및 민족적 성격의 억압으로 은폐하려는 지배 계급의 이데올로기적 책동의 결과임은 두말할 나위 없다.

3. 독립 이후 카스트의 계급적 성격으로의 변화의 의미

독립 후 인도 국가가 실시한 토지 개혁을 중심으로 하는 제도 개혁 등의 특별 입법과 조치들 및 사회 경제적 발전을 위한 보다 넓은 범위의 계획, 정책 및 조치들은 인도 농촌에서 토지에 기초한 기존의 불평등 관계를 온존시키면서, 농업 생산의 상업화와 농업에서 자본주의적 관계의 발전을 촉진시켰다. 이러한 변화는 인도 농촌에서 카스트 공동체의 급속한 내부 분화를 초래했으며, 오늘날 카스트는 더 이상 직업이나 부에서 동질적인 집단이 아니다. 전통적으로 카스트가 인도 농촌에서 직업과 경제적 지위를 결정하던 기능은 거의 상실되었다. 이제는 같은 카스트 성원들 사이에도 토지 소유 정도에 따라 부농, 중농, 빈농, 소작농, 농업 노동자 등 상이한 계급이 나타나게 되었고, 이러한 토지 소유의 유무에 따라 경제적 지위가 결정되게 되었다.

그러나 카스트의 내부적 계급 분화의 특징은 지역에 따라 다양한 모습으로 나타나기는 하나 대체로 토지를 소유한 부농, 중농 및 전문직 종사자들에서 상층 카스트 및 중간 경작농 카스트 출신의 비율이 높다. 반면에 그들 중 극소수가 하층 카스트 출신이다. 한편 지정 카스트와 지정 부족, 그리고 무슬림, 기독교도 등의 소수민들이 여전히 빈곤 계층으로 남아 있으며 이들의 대다수는 여전히 경제적으로 궁핍 상태에 놓여 있다.

인도 농촌의 대립은 상층 카스트 지주 대 하층 카스트 농민과 농업 노동자 사이에 있지 않고, 부농·중농 대 농업 노동자·빈농 사이에서 형성되고 있다. 나아가 이들 사이의 관계가 카스트 체계에 기초한 전통적인 '후원' 관계와 함께 위계적 가치관이 쇠퇴함에 따라 점차 계급 관계로 변화하고 있고, 그 안에서 착취에 대항하는 농민들의 투쟁이 점차 치열하게 전개되고 있다. 그러나 이러한 투쟁이 확고한 계급 의식에 기반을 둔 조직적 농민 운동으로 발전하고 있지는 못하다. 이런 틈새에서 지배 계급들은 이데올로기적 책동을 통해 본질적으로는 계급적 성격의 갈등을 카스트나 '민족 집단' 사이의 갈등으로 왜곡시키고 있다.

다음 장에서는 인류학적인 현지 조사를 통해 인도 농촌 지역에 나타나고 있는 카스트와 계급간의 상관 관계를 미시적으로 살펴보고자 한다. 사례 조사 지역은 라자스탄Rajasthan 주의 빌와라 군에 있는 말리케라 촌락이다.

IV. 라자스탄 주 빌와라 군에 나타난 카스트와 농촌 계급 구조간의 관계

1. 빌와라 군, 말리케라 촌락 개관

독립 이전의 라자스탄은 22개의 토후국으로 구성되어 있었으며, 이 가운데 19개 토후국은 힌두 라즈뿌뜨가 그리고 2개 토후국은 힌두 자뜨 카스트가 나머지 1개 토후국은 무슬림이 통치하고 있었다. 지난날 라즈뿌뜨 토후국을 유지하였던 재정의 대부분은 농민들과 서비스 카스트로부터 충당되었다. 토후국의 왕은 자기르다르나 자민다르와 같은 중개인을 통한 간접적 세금 징수와 칼사khalsa 체계[22])를 통한 직접적인 세금 징수의 방법으로 토후국을 유지해 왔다. 토후국의 종속민은 전체 인구의 약 95%에 해당하는 농민, 상인, 장인, 노동자로 구성되었으며, 지배층은 전체 인구의 약 5%에 해당하는 중개 계급과 기타 토지 보유 집단이었다. 종속민들은 거의 자유를 향유하지 못하고 재산이 있을지라도 특별한 이유가 없이도 몰수되기까지 하였다. 그들은 과도한 세금과 각종 조세의 대상이 되어 많은 수가 거의 노예와 같은 지위에 놓여 있었다. 1950년대 초 봉건 제도가 철폐됨에 따라 농민이나 다른 피착취 집단에 대한 비인간적 행위는 약화되었고, 농지 개혁과 토지 상한선 체계의 도입 등으로 인해 특권을 누렸던 봉건 지배층의 물질적 입지가 약화되는 양상 또한 전개되었다.

라자스탄은 문화 영역에 따라 마르와르Marwar, 메와르Mewar, 쉐카와띠Shekhawati, 둔다르Dhundar, 브리즈Brij, 하도띠Hadoti 등 6개의 권역으로 구성되어 있다(Sharma 1998 : 13). 빌와라는 우다이뿌르Udaipur,

치또르가르gmChitorgarh, 둥가뿌르Dungapur, 반스와라Banswara 군과 함께 남부 라자스탄을 구성하고 있는데 이들 모두를 합쳐 메와르Mewar 문화권으로 부른다. 빌와라 군은 북동쪽으로는 아즈메르Ajmer, 남서쪽으로는 우다이뿌르, 남동쪽으로는 치또르가르, 동쪽으로는 분디 Bundi 군과 경계를 하고 있다. 행정적으로 빌와라 군은 빌와라, 만달 Mandal 등을 포함한 다섯 개의 하위 행정 단위와 열 한 개의 수세원으로 구성되어 있다.

1991년의 센서스에 따르면 빌와라 군의 전체 인구는 159만 3,128명이며, 이 가운데 약 80.47%가 농촌에 거주하고 있다. 지난 1981년부터 10년 동안의 인구 증가율은 약 21.58%이며, 농촌에 비해 도시의 인구 증가율이 약 3배 정도 높았다. 이는 빌와라에 섬유, 순면, 양모 제조 공장 등의 직조업과 팔찌, 피혁 공장 등 소규모 공장이 동일 기간 동안에, 빌와라 인근의 농촌 인구 뿐 아니라 멀리는 웃따르 쁘라데쉬, 마디야 쁘라데쉬, 비하르 등의 노동력을 흡인하였기 때문이다.

1991년 센서스에 따르면 군 전체 인구의 17.12%는 지정 카스트에 속하며, 지정 부족의 비율은 9.02%이다. 대부분의 지정 부족과 카스트는 농촌에 거주하고 있으며, 이들 가운데 약 8%만이 도시에 거주하고 있다. 도시 지역 가운데 이들이 집중되어 있는 곳은 군의 행정 소재지인 빌와라 시 내부이다. 이는 이 곳이 다른 지역에 비해 상대적으로 일일 임금 노동을 통해 생계를 이을 수 있는 많은 기회를 제공하기 때문일 것이다.

촌락 말리케라는 아즈메르와 아흐메다바드Ahmedabad를 잇는 8번 국도변에서 바네라Banera 수세원으로 연결되는 도로를 따라 약 1.5㎞ 떨어진 곳에 위치해 있다. 촌락은 빌와라 군의 행정 소재지 빌와라

시와 약 12㎞ 떨어져 있으며, 만달Mandal 수세원과는 약 4.5㎞ 떨어져 있다.

만달 수세원으로 이어지는 사거리를 만달 쪼라이Mandal Chaurai라 부르는데, 이곳은 만달과 군 소재지인 빌와라를 이어주는 8번 국도상에 있는 연결 지점으로서 찻집, 자동차 수리점, 전화방, 양복점, 잡화점, 금은방, 직물 가게 등이 있다. 인근 촌락민들은 간단한 물품을 구입하기 위해서는 이곳을 자주 찾지만, 큰 장을 보거나 관공서 일을 보기 위해서는 수세원이 있는 만달로 나가야 한다. 특히 라자스탄의 남녀가 다른 지역의 인도인들보다 다양하고 많은 종류의 금은 장신구를 착용하기 때문에 만달의 금은 세공업소의 수는 다른 지역에 비해 많은 편이다. 만달 인근 촌락의 도로변에는 크고 작은 직조 공장들이 여기저기에 세워져 있어 인근 촌락민들 뿐 아니라, 멀리 다른 주들로부터 온 외지인들 상당수가 인근 촌락에서 자취하고 있다.

촌락 말리케라에는 13 종류의 힌두 카스트가 있으며, 전체 67가구에 381명이 거주하고 있다. 촌락민의 거주 유형은 마을 사원을 중심으로 하여 형성된 중심지에 브라만, 뿌자리Pujari, 라즈뿌뜨 등의 상층 카스트와 말리Mali, 다로가Daroga 등 슈드라이지만, 수적·경제적으로 지배적 위치에 있는 카스트들이 거주하고 있다. 카스트에 따른 구역의 구분은 분명치 않지만 마을 길을 따라 동일 카스트들이 인접해 살고 있는 점이 두드러진다. 촌락 내에 하나의 마을 사원과 하누만Hanuman 신을 독립적으로 모시는 하누만 사원이 있다. 그리고 주변에 크고 작은 신상과 사당들이 있다.

아래 <표 2-2>는 말리케라의 카스트와 인구 및 가구 구성에 대한 것이다. <표 2-2>에 나타난 바와 같이 인구 면에서 가장 다수

세력은 말리와 다로가로서 전체 인구의 52%를 웃돌고 있다. 과거
라자스탄 주의 실력가인 라즈뿌뜨 카스트는 네 가구에 불과하며 인
구 면에서도 소수에 불과하다.

<표 2-2> 말리케라의 카스트별 가구수 및 인구수

카스트	전통 직업	가구수 (전체 가구수 대비 %)	인구수 (호당 인구)
브라만	가내사제	2(2.9)	15(75)
뿌자리	사원사제	4(5.9)	13(3.25)
라즈뿌뜨	무사/지주	4(5.9)	31(7.75)
다로가	라즈뿌뜨 시종	19(28.3)	58(3.05)
말리	채소재배	19(28.3)	97(5.10)
로하르	대장장이	2(2.9)	4(2)
수타르	목수	2(2.9)	6.5(3.25)
꿈하르	도공	2(2.9)	5(2.5)
나이	이발사	1(1.4)	0
오우드	노새짐꾼	6(8.9)	31.5(5.25)
나약	마을경비	1(1.4)	0
발라이	직조공	3(4.4)	13(4.33)
카떡	푸주한	2(2.9)	0
합계		67	274

말리케라가 형성된 시기를 정확히 알 수 있는 자료는 없지만, 촌
락민들 이야기로는 약 250여년 전에 당시 바네라Banera 토후국에서
억압받던 일부 말리들이 바네라로 도망친 후, 우다이뿌르 토후국 소
속인 현재의 촌락에 정착하였다고 한다. 여기에서 촌락명 말리케라
가 유래되었다. 그 이후 이 촌락은 우다이뿌르 토후국의 칼사 지역
이 되었고, 촌장인 빠뗄patel이 '말리'였으며 당시 토후국에서 조세

징수를 위해 온 조세원이 촌장의 집에서 여장을 풀었다고 전한다.

현재 촌락 내에 네 가구의 라즈뿌뜨가 있지만 삼부 싱Sambu Singh 만이 비공식적이지만 지도자로 인정이 되고 있을 뿐이다. 이처럼 다른 촌락에 비해 라즈뿌뜨의 영향력이 약한 것은 이 촌락이 자기르다르 지역이 아닌 칼사 지역이었기 때문일 것이다. 이곳에서는 카스트 위계가 사회 체계를 결정짓는 것이 아니라, 봉건적 체계가 카스트 위계를 비롯한 다른 사회적 영역을 포괄하고 있다. 즉 봉건적인 성격을 지닌 라즈뿌뜨 지주의 지배성과 헤게모니가 오히려 카스트 위계를 비롯한 사회의 모든 면을 포괄하고 있다. 이러한 곳에서는 카스트의 의례적 위계화가 상대적으로 애매 모호하거나 상호 음식을 주고받을 수 있는 관계의 폭이 넓어지는 경향이 있다.

2. 말리케라의 사회 구조의 특성과 경제 활동

카스트를 토대로 한 촌락 경제 체계를 드러내 주는 것은 소위 힌두 자즈마니 체계로서 이는 농민과 보충용 물자와 용역을 제공하는 전문 카스트 간의 경제적 교환 관계를 말한다.[23)

아래 <표 2-3>은 말리케라의 카스트별 현직업과 농지 보유 현황을 나타낸 것이다. <표 2-3>에서 나타나듯이 자신의 전통적 직업을 유지하고 있는 카스트는 꿈하르, 나이, 카픽, 브라만, 뿌자리 등이며, 나머지 오우드Aud, 발라이Balai, 다로가 등은 전통적 직업을 오래 전에 버리고 대부분이 농사와 임금 노동에 종사하고 있다. 농지 보유 현황에 따르면 라즈뿌뜨의 가구당 농지 보유율이 가장 높으며, 다음으로 브라만, 오우드, 말리의 순이다. 가구수에서 말리와 같은 수인 다로가의 평균 농지는 3.05비가로서 말리에 비해 약 2.05비가

정도 낮다. 말리케라의 자즈마니 체계의 현황을 규명하기 위해 우선
카스트에 따른 전통 직업과 현재 이들의 일을 살펴볼 필요가 있다.

<표 2-3> 카스트별 현 직업 및 농지 보유 현황(농지 단위 비가bigha)[24]

카스트	현직업	가구수 (전체 가구수 대비 %)	농지보유
브라만	가내사제	2(2.9)	15(7.5)
뿌자리	사원사제	4(5.9)	13(3.25)
라즈뿌뜨	농부	4(5.9)	31(7.75)
다로가	농부	19(28.3)	58(3.05)
말리	채소농부	19(28.3)	97(5.10)
로하르	농부/노동자	2(2.9)	4(2)
수타르	목공/농부	2(2.9)	6.5(3.25)
꿈하르	도공/농사	2(2.9)	5(2.5)
나이	이발사	1(1.4)	0
오우드	농부	6(8.9)	31.5(5.25)
나약	노동자	1(1.4)	0
발라이	농부	3(4.4)	13(4.33)
카떡	푸주한	2(2.9)	0
합계		67	274

브라만은 전통적으로 촌락민의 가내 의례 및 세시 의례를 담당하
여 왔으며, 촌락의 하누만 사원의 정기 의례를 집전하고 있다. 가내
의례에 대한 대가로 브라만은 현물이나 현금을 받고 있다. 뿌자리는
촌락 사원의 끄리슈나Krishna 신에게 매일 조석으로 봉헌 의례를 행
한다. 그는 이에 대한 대가로 모든 촌락민으로부터 매년 약 5kg의
곡물을 받는다.

마을의 라즈뿌뜨 네 가구 모두는 농사에 종사하고 있으며, 이 가

운데는 삼부 싱과 같은 촌락 비공식적 지도자도 있다. 라즈뿌뜨는 현재도 자신의 여성 가족원(혼기가 된 딸, 부인)의 외부 출입을 철저히 통제하고 들에서 일을 금지시킴으로써 자신들의 위세를 지키려 한다. 따라서 일상 생활에서 물긷는 일까지 라즈뿌뜨 남성들이 하고 있다.

다로가는 라와나 라즈뿌뜨Ravana Raput라 불리기도 하는데, '라와나'는 힌두 서사시 라마야나Ramayana에 나오는 랑까에 사는 마왕으로, 라마Rama신에 의해 응징을 당한 존재이다. 따라서 그 안에는 부정적인 의미가 내포되어 있다. 라와나 라즈뿌뜨와 원래의 라즈뿌뜨를 구분짓기 위해 후자에게 종종 '본래' 또는 '기원'을 뜻하는 '아살리'asali라는 어휘를 추가하여 '아살리 라즈뿌뜨'라고 구분하여 부른다.25) 자기르다리 시대에 라자스탄의 자기르다르의 집에는 다로가와 같은 몸종이 있었는데, 이들은 흔히 자기르다르 집안 여성들이 출가할 때 출가 여성의 몸종으로 신랑집에 신부 지참금의 일환으로 보내졌다.26) 현재 라즈뿌뜨나 다른 카스트의 몸종 일을 하고 있는 다로가는 한 명도 없고 모두 농사나 임금 노동을 하고 있다.

말리는 말리케라 촌락의 명칭이 '말리들의 작은 촌락'이라는 의미를 지니고 있는 것에서 알 수 있듯이 이 촌락에서는 가장 영향력 있는 카스트다. 촌락에 입향한 원조가 말리이며, 그간 촌락의 대소사에 영향력을 끼쳐온 공식적 혹은 비공식적 지도자 가운데 말리가 반드시 존재했다는 사실을 통해 말리들은 자신들의 영향력을 과시하고 있다. 말리의 전통적인 직업은 채소를 재배하는 카스트인데, 지금도 연중 지속적으로 채소를 재배하여 시장에 판매하는 일을 한다.

수타르의 전통적인 일은 목공일이다. 트랙터가 보급되기 전까지만 하여도 농민의 쟁기를 6개월에 1개씩 만들어 주고 이에 대한 대가로 밀 20kg를 받았지만 지금은 현금을 받고 일을 하고 있다. 현재 1개의 새로운 쟁기를 만들면 약 100루삐Rs의 현금을 받고, 이를 수선할 때는 20루삐 정도를 받는다.

꿈하르의 전통적인 일은 질그릇을 만드는 일이다. 그들은 각종 가내 의례, 세시 의례 및 축제에 필요한 다양한 크기와 모양의 질그릇을 만들어 자신의 자즈만에게 제공하였다. 15~20여 년 전에는 일의 대가로 6개월에 약 20kg의 밀을 받았으며, 혼인과 사망처럼 계약 외에 필요로 하는 질그릇 제공에 대해서는 현금으로 받았다. 현재는 모든 일을 현금으로 거래한다. 두 가구의 꿈하르 가운데 한 가구만이 도공으로 일을 하고 다른 사람은 농사에 종사하고 있다.

대장장이인 로하르는 약 15년 전에 전통적 일을 포기하였다. 로하르는 쟁기 당 6개월에 20kg의 밀을 자즈만으로부터 받았지만 촌락에 트랙터가 도입되기 시작하면서 쟁기의 보습 만드는 일이 줄어들기 시작하였고, 시장에 공장에서 대량 생산된 쟁기 보습, 낫 등이 매매되어 자신의 전통적인 일을 포기하였다. 2가구 로하르는 전통적인 일을 포기하고 집 짓는 기술자로 생계를 잇고 있다.

이발사 나이는 현재까지 유일하게 자즈마니 체계를 유지하고 있는 카스트로서 그는 촌락 내의 약 50~60 가구의 자즈만을 갖고 있다. 그는 1개월에 1회의 이발과 2회의 면도를 해주고 자즈만으로부터 15kg 정도의 밀을 받고 있다. 몇 년 전부터 스스로 면도를 하거나 시장의 상설 이발소를 이용하는 젊은이들이 늘어가고 있지만 장년층 이상은 여전히 촌락의 나이로부터 서비스를 받는다. 여전히 곡물로 거래하지만 일부 자즈만은 현금 거래를 하는데 이때 부농은 연중 약 400~500루삐를, 빈농은 200~250루삐를 지불한다.

나이는 농민의 모든 의례에 필수적인 존재이다. 예컨대 이곳의 나

이는 조산원의 역할과 신생아의 탯줄 자르는 일까지[27] 모두 도맡아 하고 있다. 출산, 혼인, 장례 의례의 서비스 제공에 대한 대가로 현재는 현금을 받고 있으나 과거에는 의복, 곡물 등을 받았다. 혼인할 때 손님 초대, 신랑과 신부의 마사지, 신부 보조 등의 대가로 나이와 그의 부인은 자즈만으로부터 현금과 의복을 받는다. 사망 의례에서도 상주들이 오염을 제거하기 위해 하는 삭발 등 다양한 의례적 서비스도 제공한다. 현재 나이는 자신의 전통일과 함께 한 만달 사람의 3비가의 논을 분익 소작하고 있다.

오우드의 전통적인 일은 노새를 이용하여 벽돌, 흙 등을 운반하는 것이다. 그러나 현재는 대부분의 오우드가 이런 전통 일을 포기하고 농사에 종사하고 있으며, 시간적 여유가 있을 때마다 빌와라와 만달에서 노동을 팔고 있다.

나약 카스트는 약 6년 전에 약 30㎞ 떨어진 촌락에서 이주해 온 가구이다. 나약은 자기르다리 시대에 촌락의 경비를 섰을 뿐 아니라 자기르다르의 대문을 지키는 문지기였다. 나약은 봉건 제도를 철폐한 이후 임금 노동을 하거나 분익 소작 일을 하고 있다.

전통적으로 직조 일을 하였던 발라이는 두툼하고 거친 순 면직포인 '라자이'rajai를 만들었으나, 약 60∼70 여년 전부터 공장에서 대량 생산된 면직물에 밀려 직조 일을 포기하고, 농사나 임금 노동에 종사하고 있다.[28]

카띡은 주로 양이나 염소를 잡아 고기를 파는 푸주 일에 종사하였으며, 현재도 일부는 이 일을 계속하고 있다. 하지만 푸주 일이 생명을 살육하는 오염된 일이라는 인식 때문에 드러내 놓고 이 일을 하지 않으려는 경향이 있다. 현재 이 촌락에 있는 카띡은 한 만달 사람의 농지에서 분익 소작에 종사하면서 가끔 푸주한 일도 하고 있다. 특히 채식을 고

집하는 브라만, 뿌자리, 말리 등은 카펙의 일을 매우 천시하고 있다.

앞서 살펴본 바와 같이 말리케라에서 전통적으로 농업에 종사한 지주 또는 농민들은 라즈뿌뜨, 다로가, 말리 등이며, 나머지는 장인 카스트 또는 서비스 제공 카스트였다. 과거 카스트를 토대로 한 경제 관계는 농민과 전문 카스트들 즉 로하르, 꿈하르, 수타르, 발라이, 나이 사이의 곡물을 매개로 한 상호 관계이다.

현재 대부분의 장인 카스트들은 전통적 직업을 수행하지 않고 있는데 일부 수행을 하고 있는 사람들조차 현금을 매개로 하여 농민과 관계를 맺고 있다. 브라만과 뿌자리는 아직까지도 농민, 불가촉민을 제외한 전문 카스트 가구의 가내 의례와 세시 의례를 집전하는 대가로 곡물이나 의복, 가축 등을 받고 있다. 과거 끼산(농민)과 까민(장인)과의 관계는 경제적 성격 외에 의례적 성격이 있었지만, 현재는 나이나 도비(비록 말리케라에는 없지만)를 제외한 다른 전문 카스트의 의례적 서비스는 중단되었다. 도비만이 출산 때 산모의 피 묻은 의복 세탁을 할 수 있으며, 농민이 손수 이를 행하는 경우 해당 농민은 의례적으로 '오염된' 것으로 인식되어, 동일 카스트 집단이나 다른 촌락민들은 그와의 모든 관계를 단절한다. 따라서 농민들은 인근 촌락의 도비와 전통적인 관계를 맺고 있다.[29]

라이가르는 다른 지역의 짜마르 카스트와 같이 죽은 짐승을 치우고 그 가죽을 이용해 신발을 만드는 일을 한다. 현재 라이가르가 없는 말리케라에서는 빌와라의 무슬림과 계약을 맺어 짐승을 치우게 한다. 불가피할 경우는 자신이 손수 치워야 한다.

이상에서 살펴본 바와 같이 말리케라의 대부분 장인들은 전통적인 직업을 버림으로써 더 이상 농민과의 관습적·경제적 관계를 유지하지 않고 있다. 목제품은 공장에서 만든 제품이 대량 판매되고,

트랙터의 보급으로 쟁기나 우마차의 필요성이 매우 크게 감소되고 있다. 또한 만달이나 빌와라의 시장에는 공장에서 생산된 각종 크기의 도기가 판매되며, 물그릇 등의 용도의 질그릇은 놋쇠나 플라스틱 그릇으로 서서히 대체되어 가고 있다. 이러한 변화를 예견하여 포코크(Pocock 1962)는 소위 자즈마니 체계를 농민과 일부 순수한 의례 전문가 사이의 관계로만 파악한 바 있다.

포코크의 주장대로 경제 전문가라기 보다는 오히려 의례 전문가에 가까운 이발사 나이는 비록 면도기가 보급되고 만달과 같은 경제 중심지에 이발소가 있음에도 불구하고, 대부분 농민들과 관습적인 관계를 맺고 있다. 그것은 농민들의 입장에서는 이발과 면도 서비스를 외부에서 받을 수 있지만, 각종 통과 의례 및 세시 의례에 관련하여 나이의 의례적 서비스는 필수적이기 때문에 그 관계를 쉽게 단절할 수 없다. 또 출산시 나이만이 조산원 역할과 탯줄을 자르는 일처럼 오염된 일을 할 수 있고, 브라만의 의례 집전에 보조자 역할도 할 수 있다. 따라서 나이에게는 다른 어떤 새로운 직업을 택하는 것보다는 이발하는 일을 통해 자신의 노동력을 더 안정적으로 유지할 수 있다. 따라서 나이와 농민간의 상호 관계는 향후에도 지속적으로 유지될 전망이다.

나이 외에도 말리케라의 가내 의례 브라만과 뿌자리 역시 사제 일을 여전히 수행하고 있다. 따라서 이들은 인도 촌락의 외부적 환경의 변화로부터 가장 적은 영향을 받고 있는 것으로 이해할 수 있다. 그것은 여전히 상호 관계에서 생산물 교환과 같은 경제적인 면은 많이 퇴조하였지만, 의례와 관련한 관계는 상당히 유효하기 때문이다.

3. 말리케라의 농촌 계급 구조의 성격

라자스탄은 인도 독립 이후 다른 지역에 비해 여전히 라즈뿌뜨가 지배력을 유지하고 있다는 성격을 토대로 한 봉건적인 성격이 강한 곳이다. 자기르다리나 자민다리 제도가 폐지되기 이전까지 주로 라즈뿌뜨를 비롯한 일부 상층 카스트들은 지주이거나 소규모 자영농에 속하였으며, 브라만과 바이샤 등의 상층 카스트와 말리, 구자르, 다로가와 같은 대다수의 슈드라들은 소작농이었다. 또한 불가촉민인 라이가르나 나약 등은, 무토지 임금 농업 노동자로 슈드라 소작농과 함께 봉건적 지주들에게 무거운 소작료와 노동력을 착취당했다. 따라서 전통적인 인도 농촌 사회의 경제적 특성의 규명을 위해서는 카스트를 토대로 한 농민과 전문 카스트 간의 경제적 상호 관계 뿐 아니라, 지주와 소작농 또는 농업 노동자간의 토지를 기반으로 맺게 되는 일련의 농촌 계급 구조의 특성을 함께 파악해야 한다.

말리케라에서는 대부분의 토지 소유자가 소규모 자영농이기 때문에 농촌의 계급 구조면에서 심한 양극화 양상을 보이지 않고 있다. 아래 <표 2-4>는 말리케라의 토지 소유자의 내부적 속성을 드러내는 동일 카스트 구성원 내의 토지 소유 분포에 관한 것이다. 앞에서 본 <표 3-3>에 따르면, 라즈뿌뜨의 가구 당 평균 토지 보유고가 7.75비가로 다른 카스트에 비해 다소 높지만, 개별 가구 단위로 들어가 보면 2가구의 라즈뿌뜨만이 10~15비가를 소유하고, 남은 두 가구는 1~5비가 소유자와 무토지 가구이다. 말리 역시 19 가구 가운데 22비가 소유주 1가구, 10~15비가 3가구, 무토지 소유자인 2가구를 제외한 대다수(63% 이상)는 1~5비가 사이에 속하는 전형적인 소농이다. 다로가 또한 전체 19가구 가운데 약 63%인 12가구가

1~5비가에 속하며 3가구만이 10~15비가에 속하는 영세성을 면치 못한다. 말리케라 전체 가운데 8가구(약 12%)만이 10비가(약 6.25헥타르) 이상을 소유하고 있고 말리와 다로가를 비롯한 대다수는 5비가(약 3에이커) 이하의 소량의 토지로 겨우 생계를 이어갈 수 있는 전형적인 농민의 성격을 보이고 있다. 게다가 약 15%의 가구가 무토지 소유자이며, 이 가운데 반수 정도는 장인 또는 서비스 제공 카스트이다.

말리케라의 농업 생산 관계의 특징은 빌와라 군을 포함한 인근 지역에서 성행되고 있는 토지 조차 제도인 소위 시자리 체계Sijari System에 있다. 이 체계는 토지 소유주(말릭malik)와 토지 임차인(시자르sijar) 사이의 토지를 둘러싼 생산 관계를 말한다. 생산을 위해 토지 소유주가 제공하는 생산 수단은 자신의 토지와 종자, 비료의 1/2이며 토지 임차인은 자신의 노동력 외에 종자와 비료의 1/2, 그리고 전기세 전액과 트랙터 사용료(자신의 쟁기질용 황소가 없을 시), 추수 및 기타 요구되는 노동력에 대한 임금 전액을 책임져야 한다. 토지 소유주와 토지 임차인은 이러한 조건하에서 총 생산량의 1/2씩을 갖게 된다. 이러한 성격에 비추어 보면 토지 임차인은 분익 소작농인 셈이다.

현재 촌락 내부인간에 토지 소유주 - 토지 임차인 관계를 맺고 있는 사람은 거의 없다. 다시 말해 농지를 소유한 거의 모든 농가가 자영을 하고 있는 셈이다. 심지어 촌락에서 가장 농지가 많은 한 가구의 말리뿐 아니라 독립 이전까지 위세를 떨치던 라즈뿌뜨인 삼부 싱까지 본인이 농사에 관여하고 있다. 그러나 일부 촌락민, 예컨대 로하르, 나이, 나약, 카픽, 말리 카스트의 각 한 명씩과 두 명의 다로가는 촌락에 농지를 소유하고 있는 외부인의 토지 임차인 일을 하고 있다. 이들 외부인은 만달에 거주하면서 빤pan을 판매하는 똠볼리 Tomboli 카스트, 만달에 거주하는 라즈뿌뜨 등이다.

대부분의 다로가(78%)와 말리(63%)가 1~5비가(약 0.68~3에이커)라는 극히 소규모 농지를 보유한 영세한 전형적인 농민이기 때문에 농사 이외에 촌락 내부나 수세원 내에서 노동력을 팔아야만 가족의 생계를 이어나갈 수 있다. 다로가에 비해 말리의 생활 수준이 다소 여유 있는 이유는 다로가와는 달리 말리는 채소 재배에 많은 시간과 노동력을 투자하고 있기 때문이다. 모든 말리는 밀 수확 후 일부 농지에 콩이나 옥수수 등을 경작하고 남은 농지에 감자, 고추, 오이 등의 채소를 심는다. 생산된 채소의 시장 판매를 통해 소농인 말리의 대부분은 생계를 이어가는 데 필요한 현금의 일부를 보충할 수 있다. 다로가와 말리 외에도 현재 외부인의 토지 임차인을 하고 있는 사람들에는 자신의 농지가 없는 나이, 카딱, 나약 등이며, 이들은 자신들의 전통적 직업과 농사를 겸하고 있다. 예컨대 한 명의 나이는 전통적 직업인 이발과 의례 보조자의 역할을 하면서 타인의 토지 임차인으로서 농사에도 종사하고 있다.

<표 2-4>에 나타난 바와 같이 말리케라의 최고 농지 소유자는 전체 67가구 가운데 22비가(약 13.7에이커)를 소유한 1가구의 말리이다. 말리케라는 전체 가구의 과반수를 훨씬 상회하는 약 61% 농가가 1~5비가 사이에, 약 12%가 6~9비가에, 그리고 약 8%가 10~15비가 사이의 농지를 지니고 있는 소농들이 지배적인 전형적 농민 촌락이다.[30] 단지 전체 농가의 1.4%가 21비가 이상을 지니고 있는 농가를 제외한다면, 말리케라는 대다수의 농가가 가족의 생계를 근근히 이어가고 이를 위해 소량의 잉여 산물이라도 시장에 내다 파는 동질적인 요소가 강한 농촌이라 간주할 수 있으며, 경제적으로도 영

세성을 벗어나지 못하고 있다.[31]

말리케라에서는 농지가 브라만과 라즈뿌뜨와 같은 상층 카스트에게만 편중되어 있는 것은 아니며, 다로가와 말리 등의 하층 카스트에게도 농지가 분산되어 있다. 무토지 농가는 나이, 로하르, 나약, 카떡 등 장인 카스트이거나 불가촉민이 대부분이다. 그러나 개별 카스트 내에서 그 비율은 미미하지만 소수의 하층 카스트들도 무토지 농가에 속한다. 농지 소유 농민들 내부를 보더라도 소농 계급이 두터운 편이며, 부농조차 다른 지역의 부농들과 비교될 수 없는 영세성을 면치 못하고 있다.

<표 2-4> 말리케라의 카스트 내부의 농지 보유 현황(단위 비가)

토지 카스트	1~5	6~9	10~15	16~20	21 이상	무토지	계
브라만	-	2	-	-	-	-	2
뿌자리	4	-	-	-	-	-	4
라즈뿌뜨	-	1	2	-	-	1	4
다로가	15	1	-	1	-	2	19
말리	12	1	3	-	1	2	19
로하르	1	-	-	-	-	1	2
수타르	2	-	-	-	-	-	2
꿈하르	1	-	-	-	-	-	1
나이	-	-	-	-	-	1	1
오우드	4	1	1	-	-	-	6
나약	-	-	-	-	-	1	1
발라이	2	1	-	-	-	-	3
카떡	-	1	-	-	-	1	2
합계	41	8	6	1	1	9	66

4. 말리케라 촌락에 나타난 카스트의 계급적 성격

인도 농촌 사회는 지난 약 50~60년 전부터 외부의 정치·경제적 환경의 변화로 인해 전통적인 직업에 종사하는 장인 카스트들이 전통적 직업을 포기하였다. 이들 대부분은 주로 무토지 노동자 또는 분익 소작농으로서, 농업 부문에 흡수되었거나, 촌락 외부에서 노동력을 팔아 왔다.

말리케라에는 무토지 임노동자로 전락한 소수의 장인 가구를 제외하고 대부분의 꿈하르, 오우드, 발라이, 수타르 등이 2~4 비가를 소유한 소농으로 전환되어 자영겸 분익 소작을 하고 있다. 포코크의 주장대로 말리케라에서는, 카스트를 토대로 농민과 관습적인 교환 관계를 현재까지 유지하고 있는 카스트는, 용역을 제공하는 이발사, 뿌자리, 가내 브라만 등이며, 전통적 직업에서 탈락된 장인 카스트들은 농민이나 노동자로서, 농촌 계급 구조 내부에 편입되어 가는 양상을 보여주고 있다.

인도 전체의 산업 구조의 변화, 대량 생산 체제, 농업 기술의 근대화, 농업의 상업화 등의 자본주의적 성격을 띤 외부적 요인으로 인해, 경제적 영역에서 카스트에 따른 전통적 직업은 점차 사라지게 되었다.

농지 소유 관계와 생산 관계를 중심으로 한 말리케라의 농촌 계급 구조는 심각한 양극화 양상을 보이지 않고 1~5비가 사이에 놓여 있는 소농이 대부분이다. 일반적으로 인도 농촌의 계급 구조를 논하는 학자들에 따르면 소상품 생산에 종사하는 소농들은 자본 관계가 발전하면서 사라지는 것으로 보고 있다. 즉 기계와 자본 집약적 방법의 도입과 임노동자의 고용을 토대로 한 자본농이 농촌 계급 구조를 양극화시킴에 따라, 농민층 내부에서 계급 분화 양상이 극심할 것으로 주장되었다. 따라서 소상품 생산자인 농민의 일부는 산업농 또는 기업농으로 전환되거나, 일부는 임노동자로 전락되는 과도기적 단계에 있는 것으로 간주하여, 머지 않아 노동과 자본이 분리되는 자본주의적 생산 체계에 도달할 것으로 주장하였다.

그러나 말리케라의 사례에서 보면, 자본농화에 따른 계급의 양극화 현상과 이에 따른 농민층 내부의 분해를 통해 현재의 인도 농촌사회의 계급 구조를 일관적으로 설명하는 데는 문제가 있음을 알 수있다. 한계적 상황에 처해 있는 모든 농민들처럼 말리케라의 대다수 농민들도 노동과 자본의 전격적인 분리 없이 "전통적인 가족농 형식으로 농업에 임하면서, 가족 구성원의 만족을 위해 분익 소작이나 임금 노동과 같은 추가적인 자기 노동 착취적 전략"(Chayanov 1966)으로 자신들의 열악한 경제 환경에 적응하고 있음을 알 수 있다.

말리케라에서 행한 사례 연구는 카스트가 계급으로 그 성격이 전환된다는 점을 검증하는 데 적절치 못하다. 앞서 언급하였듯이 인도 촌락의 경제적 성격의 적합한 규명을 위해서는 여전히 가족과 친족 관계, 카스트와 같은 전통적인 관계에 대한 고려의 필요성이 부각된다. 만일 동일 카스트 내부에 토지 관계 및 소유 관계를 토대로 분화가 심화되지 않았다면, 계급 구조만으로 이들의 경제적 관계를 설명하는 식의 주장에는 문제가 있을 수 있다. 그러나 말리케라의 경제적 영역에서 카스트의 역할과 기능은 크게 약화된 상태다. 그럼에도 불구하고 일부 카스트, 특히 의례적 맥락의 기능이 강조되고 있는 브라만, 뿌자리, 나이 등의 농민과의 교환 관계는 농촌 계급 구조만으로는 설명하기가 어렵다.

말리케라의 무토지 농가와 소작농의 대부분은 여전히 하층 카스

트이며, 대부분의 소농들의 내부 분해 정도는 여전히 미미한 수준에
머물고 있다. 따라서 농촌 계급 구조와 카스트 구조가 상호 완전히
일치되고 있지는 않지만, 여전히 부분적으로는 중복되고 있으며, 농
민의 계급적 이해를 묶어주는 일에 기여하고 있는 요소는 여전히 카
스트이다. 그러므로 인도 농촌 경제에 대한 체계적이고 포괄적인 이
해를 위해서는, 경제적이자 사회·의례적 관계인 카스트에 토대를
둔 상호 관계 뿐 아니라 토지를 둘러싸고 전개되는 농업 계급 구조
에 대한 동시적 고려가 절실히 필요하다.

IV. 경제적 단위로서 카스트의 계급적 성격과 한계

인도 근대 사회는 보편적 근대 사회의 성격에 비추어볼 때 상당
히 특이한 사회 구조를 이루고 있다. 그것은 마르크스가 규정한 대
로 카스트가 '전前자본주의 생산 양식에 의한 잔존물'로서 여전히
사회 구조의 주요 요소로 작용하고 있고, 반면에 계급의 역할이 크
게 증대하지 못하였기 때문이다. 이는 다름 아닌 식민 통치 이후의
자본주의 사회 내에 여전히 봉건적 관계가 상당한 영향력을 행사하
였기 때문이다. 한 개인이 특정의 사회 경제적 상황에서 자신의 주
체성을 계급 의식에서 찾기도 하겠지만, 동시에 카스트의 동질 의식
에서 찾기도 하는 것은 바로 이러한 이유에서이다.

독립 후 인도 정부에서 적극적으로 시행한 토지 개혁과 녹색 혁
명은, 대다수 농민 대중의 희생 위에 토지 소유 계급의 기득권 보호
와 그로 인한 농업에서 자본주의적 관계의 성장을 심화시키는 결과
를 가져왔다. 이로 인해 토지 소유 계급과 농업 노동자 - 소작인 사
이의 적대 관계는 공공연하게 나타나고 있다. 하지만 농촌 사회 경

제의 봉건적 성격으로 인해 상당한 부분에서 '자즈마니' 체계를 기준으로 하는, 전통적 경제 체계가 여전히 유효한 것 또한 사실이다. 이러한 성격은 특히 라자스탄에 잘 나타나고 있다.

독립 전후의 라자스탄의 전형적 지주 및 자영농은 라즈뿌뜨를 비롯한 상층 카스트들 또는 자뜨, 말리, 다로가, 구자르 등의 슈드라 카스트들이며, 소작농과 무토지 임노동자들은 일부 상층 카스트 및 슈드라를 제외하고는 대부분이 불가촉민이다. 지주 또는 소규모 자영농과 무토지 임노동자 또는 소작인의 중간에 위치했던 자들은 장인 카스트와 서비스 제공 카스트들로, 이들은 주로 지주 및 소규모 자영농들과 자즈마니 체계를 유지하여 왔다.

그러나 지난 약 40~50년 전부터 외부 환경의 변화로 인해 전통적인 직업을 가진 전문 카스트들, 특히 장인 카스트들이 전통적 개념의 전문적 일을 포기하는 사례가 지배적이다. 이들은 대부분 농업에 종사하지 않은 카스트이기 때문에 무토지 상태로 전락한다. 이들 중 자신의 지주 자즈만으로부터 2~3비가의 소량의 토지를 하사 받았던 소수가 있을지라도, 그것으로는 생계를 해결하기가 극히 어렵거니와, 관개 시설이 되어 있지 않아 대개 소규모 자영농 겸 소작을 하거나, 완전 무토지 농업 노동자로 전락하고 만다.

오늘날 인도 농촌의 주된 갈등의 축은 부농·중농 대 농업 노동자·빈농 사이에서 형성되고 있다. 그러나 이러한 갈등은 농촌의 구성원들 간의 계급 의식을 바탕으로 하여 발생하는 것이 아니다. 왜냐하면 농촌의 빈곤층 사이에도 여전히 경제적 지위의 차이가 존재하고 있고, 나아가 경제적으로 동질적이라 할지라도 사회적 배경에 따라 그들이 분리되어 있기 때문이다. 특히 지정 카스트 농업 노동자와 카스트-힌두 농업 노동자 사이의 구분은 첨예하게 벌어져 있다. 이러한 틈새를 비집고 상층 토지 소유 계급은 카스트주의에 편 승하여 자신들과 농업 노동자들 사이의 대립과 충돌로부터 이들 노 동자들을 분열시키고 있다.

말리케라의 사례에서 보여주는 바와 같이 경제적 영역에서 카스 트의 역할과 기능은 크게 약화되고 있음에는 크게 이론이 없다. 그 러나 일부 카스트, 특히 의례적 맥락에서 기능이 강조되고 있는 브 라만, 뿌자리, 나이 등의 경제적 영역의 역할은 완전히 무시할 수는 없다. 그래서 카스트의 경제적 측면을 단순히 계급이라는 분석틀로 이해하려는 시각은 여전히 불완전한 것이다. 오늘날 인도 농촌에서 카스트는 토지 소유를 둘러싸고 발생하는 계급으로서의 변화를 보 이기도 하지만, 여전히 사회적이고 의례적인 상호 관계의 토대로 작 용하고 있기도 하다.

위계의 단위에서 생활 양식 차이의 단위로 이행

I. 규제와 위계의 단위로서의 카스트

제3부는 구조주의자들이 흔히 주장하는 카스트의 가장 주요한 특질로 간주하는 '정淨-오염'의 관념과 이를 기반으로 하는 카스트 위계의 구조와 변화에 관한 것이다. 근대 사회에서 발생하는 직업의 자유, 화폐 경제의 확산, 사회의 정치화, 산업화 등을 비롯한 일련의 요소들은 카스트의 구조적 측면의 약화와 카스트의 정체성의 변화라는 궁극적인 문제로 이어진다.

카스트 제도의 가장 큰 특징은 카스트 사이의 상하의 위계 관계를 형성하고, 정淨-오염 관념을 중심으로 다른 카스트 성원에게는 직업, 결혼, 음식, 흡연과 같은 여러 가지 생활 양식을 제한함으로써 배타적인 관계를 형성하는 것이다. 그리고 출생을 통해서만 특정 카스트의 구성원이 될 수 있고, 집단의 특권과 불구성不具性은 세습되는 것이 다르마 규범으로 정해져 있다. 힌두 법전을 통해 공고히 되어 온 카스트 제도는, 브라만의 의례 독점과 슈드라-불가촉민의 의례 배제를 통해 계급적 위계를 형성하였을 뿐 아니라, 생활 양식에 관한 문화에 관한 독점-배척 관계도 형성하였다.

이러한 카스트의 규범은 농업 경제 체제를 기반으로 하여 형성된 것으로 역사상 상업과 수공업이 발달한 도시와 힌두교의 카스트 제도에 적대적인 공동체는 때로는 부분적으로 혹은 전면적으로 카스트 제도에 대한 반대 운동을 전개하였고, 그 영향력이 적지 않았다. 그렇지만 그것이 발생한 기원전 8~7세기부터 근대가 시작되는 19세기까지를 거시적으로 살펴보면, 내부에 상당한 유동성이 존재하였던 것은 사실이지만, 배타성을 기본으로 하는 카스트 제도의 위계 구조의 기본 틀은 크게 변화하지 않았다.

그러나 근대 이후 카스트 제도에는 본격적인 변화가 시작되었다. 그러면 그 변화의 전형은 어떻게 이루어져 왔으며 그것이 갖는 성격은 어떠한가? 결국 그 전형이 사회 구조의 변혁으로 완결되지 않은 이유는 무엇인가? 제 3부에서는 이러한 힌두 사회에서 카스트 위계 구조 변화의 본질과 그 성격을 살펴보고자 한다.

카스트의 기본적 원리를 정淨과 오염의 대립으로 형성된 위계 또는 등급이라 파악하는 견해의 퇴조는 오늘날의 카스트 연구에서 발견되는 공통점 가운데 한 가지이다. 카스트 위계와 등급 개념의 약화 현상은 상이한 카스트 간의 음식물 수수 관계와 카스트 내혼內婚 등의 범주와 지평선이 확대되어 가고 있는 점에서 잘 드러나고 있다. 이러한 규칙이 불완전한 형태로나마 유지된다면 이는 개별 카스트가 지니는 독특한 문화적 차이, 즉 생활 양식상의 차이 때문이라고 해석하는 경향이 있다. 카스트 사이의 구별 및 카스트 성원들간의 위계적 차이를 정淨과 오염의 수준에 따라 정당화하던 규범과 이데올로기는 약화되어 가는 반면, 카스트 사이의 차이를 개별 카스트 성원들의 생활 양식의 차이, 즉 문화적 차이로 설명하는 경향이 차츰 드러나는 것이다.

이러한 변화는 카스트 이동 혹은 위계 질서의 재편 과정에서, 하층 카스트들이 채택한 여러 가지의 문화 개작의 방편들 가운데 상대적으로 가장 보편적인 것으로 자리잡은 산스끄리뜨화Sanskritization와 밀접한 관계를 맺고 있다. 산스끄리뜨화는 인도 사회가 근대 사회로 변화하면서 겪게 되는 독특한 역사적 산물이다. 산스끄리뜨화는 지역적 맥락에 따라 다양하게 진행되어 왔다. 따라서 문화를 개작하기 위한 준거가 브라만 중심의 산스끄리뜨적인 것일 수도 있지만, 상황에 따라서는 해당 지역의 지배적 집단의 생활 양식일 수도 있다. 이러한 맥락에서 이 글의 두 번째 목적은, 현지 조사를 통해 수집된 자료를 힌두의 여러 카스트들이 연구 지역의 지배적 집단인 시크 집단의 문화를 모방의 대상으로 삼고 있는 현상을 소위 산스끄리뜨화 과정에 관련된 일련의 아이디어를 원용하여 분석하는 것이다.

사실 카스트 제도는 근대 이후 전개된 도시화, 산업화, 정치화 및 교육 기회의 확대 등으로 인해 커다란 변화를 경험하고 있다. 따라서 오늘날 카스트 제도의 실제 모습은, 고대와 중세의 법전에 나타난 것이나 근대 초기 동양학자들의 기록물에 나타난 것 뿐 아니라, 독립을 전후로 하여 널리 수행되었던 인도 촌락 연구에 의해 밝혀진 내용과도 매우 다른 양상을 지니고 있다. 비록 정치적 영역에서 카스트의 역할이 강화된 측면도 있지만 경제적, 의례적인 영역에서는 카스트의 전통적 기능이 현저하게 약화되고 있다. 위계적으로 등급화된 카스트들간의 상호 의존이 카스트 간의 상호 경쟁으로 대체되어 가고, 카스트가 위계보다는 동등함을 추구함으로써 위계의 구조가 실재에게 자리를 양보해 주고 있다. 이른바 카스트의 실재화 substantialisation라고 하는 변화의 과정을 우리는 어떻게 표현하고 그 성격을 어떻게 규정해야 하는가? 이러한 물음에 대한 대답을 3장과 4장에서 수행할 것이다.

2장에서는 고대와 중세의 법전을 중심으로 카스트 구조와 관련된 사상과 의례를 분석하고자 한다. 법전을 비롯한 문헌 사료의 텍스트 text와 컨텍스트context 사이에 존재하는 이중적 의미를 사회사적 관점에서 파악하고자 한다.

이 글의 주된 부분은 근대 사회 이후 이루어진 카스트의 실재화와 카스트의 위계에서 생활 양식으로의 전이라는 측면에 분석의 초점을 두고 있다. 이에 대한 구체적 현장성을 파악하기 위해 1998년

12월 중순부터 약 1개월간 인도 북서부에 위치한 하리야나 주와 뻔잡 주의 경계 지역에 위치한 사단와스 촌락에서 현지 조사를 수행하였다. 이는 하층 카스트들의 생활 양식이 지배적인 집단의 생활 양식을 모방하는 양상을 인류학적 현지 조사를 통해 규명하려는 것이다. 사단와스의 대부분의 카스트들이 그곳의 지배적인 시크 집단들 예컨대 자뜨 시크Jat Sikh, 깜보즈Kamboj, 세니Seni의 생활 양식, 즉 식사 문화, 언어 문화, 의복 문화, 주거 문화 등을 모방하거나 채택함으로써 자신들의 지위를 향상하려 하고 있다. 이러한 풍조는 촌락 내 모든 카스트들의 내적 관계와 상이한 카스트들간의 외적 관계에도 변화를 가져온다.

II. 전통 사회의 카스트 규제 및 위계 구조

1. 생활 양식 규제와 카스트 위계의 사회사

카스트 제도는 애초 목축 중심의 이동 사회 말기에 시작하여 농경 중심의 정착 사회를 배경으로 더욱 강화되었다. 따라서 농경 문화에서 생산을 중심으로 하여 형성되는 일 즉 제사, 의례, 농경, 교역 등에는 정淨의 속성이 부여되고, 이와 대조적으로 농경 이외의 부수적인 일 즉 수렵, 어로, 채집, 노동 등에는 부정不淨의 속성이 부여되었다.

따라서 카스트는 기능의 차이에서 출발했지만, 그 형태가 강화될 때에는 혈통의 차이가 부각되면서 위계 구조에 생활 양식의 규제가 연결된 것으로 변모하였다. 가장 상층 집단인 브라만의 생활 양식인 카스트 내혼, 상향혼(혹은 앙혼), 가부장, 남성 중심, 합동 가족 등의 생활 양식이 정淨으로 자리잡았고 그러한 생활 양식을 소유하지 않은 집단의 생활 양식은 부정不淨한 것으로서 규제의 대상이 되었다. 카스트의 네 바르나 가운데 브라만, 끄샤뜨리야, 바이샤는 정淨한 존재로서 종교 및 사회적 생활에 정상적 위치를 부여받고 슈드라는 부정不淨한 존재로서 종교 및 사회적 생활에 정상적으로 참여할 수 없는 불구자의 위치를 부여받았다. 이러한 규제는 카스트 제도가 공고하게 자리잡기 시작한 베다 후 시대부터 시작하였다. 슈드라는 우빠나야나를 비롯한 여러 가지의 의례와 제사 등에 참가하지 못하도록 법전을 통해 규제하고, 나아가 각 바르나가 행할 수 있는 범위를 규정하고 이에 대한 규제가 정해졌다.

법전의 규제는 크게 직업, 결혼, 음식 등에 관련되어 있다. 이 가운데 우선 직업과 관련하여 보면, 가장 정淨한 존재인 브라만이 담당하는 일과 가장 부정不淨한 존재인 슈드라가 담당하는 일은 독점 - 배타의 관계로 철저하게 분리되어 있음을 알 수 있다.

『마누법전』에서는 전자가 취해야 할 정상적인 일을 베다 교육, 베다 학습, 제사, 타인 제사의 집행, 증물贈物을 하는 것, 증물을 받는 것의 여섯 가지로 규정한다(『마누법전』 10. 75.). 특히 그 가운데 브라만이 독점적으로 행사하는 일을 베다 교육, 타인 제사의 집행, 증물 수수로 제한하고 있다(『마누법전』 10. 77~78.). 반면 슈드라는 철저하게 세 신분을 섬기는 일에만 국한되었다(『마누법전』 1. 91.).

따라서 교육은 전적으로 베다 교육이고 이는 우빠나야나 의식을 치름으로써 시작하는 것이며 이 교육의 기회는 브라만, 끄샤뜨리야, 바이샤의 세 바르나에게만 국한되어 있다. 그렇지만 여전히 우빠나야나 의식을 치르는 연령에 차이를 둠으로써 교육에 관해서도 브라만의 절대적 권위를 추구하고 있다. 『마누법전』에서는 브라만은 잉태 후 8년째에, 끄샤뜨리야는 11년째에, 바이샤는 12년째에 행하는 것을 원칙으로 하면서도 브라만의 경우는 16세를, 끄샤뜨리야는 22세를, 바이샤는 24세를 넘기지 않아야 하는 것으로 하고 있다.

이러한 폭넓은 규정은 마누 이전의 다르마수뜨라dharmasutra와 이후의 스므리띠smriti 등이 대부분 따르고 있는데, 이를 통해 인도 고대 사회에서 카스트 규제와 카스트에 따른 규범에는 상당한 지역별 차이가 있었고, 그것을 용인하였음을 알 수 있다. 더불어 우빠나야나 의식이나 이때 착용하는 성사가 마누 이전의 시기에는 필수적인 것이 아니었으나 『마누법전』이 편찬될 무렵부터는 재생 카스트라면 반드시 치르고 착용해야 하는 것으로 정착되었다.

생활 양식 가운데 가장 중요한 것은 혼인이다. 『마누법전』에는 당시에 카스트 간 혼인이 정순(正順anuloma)과 역순(逆順pratiloma)의 두 형태로 널리 통용되었음이 잘 나타나 있다. 이에 따라 브라만은 네 명의 처를 둘 수 있는 등 중혼도 통용되고 있다. 전체적으로 정순에 대해서는 관대한 입장을 취했고, 역순에 대해선 매우 적대적인 입장을 취한 것으로 나타나고 있다(『마누법전』 10. 1.~10. 73.). 정순도 마찬가지지만 특히 역순의 경우에는 브라만과 슈드라와의 결합에 매우 적대적인 태도를 나타낸 것으로(『마누법전』 10. 6.~10. 31.) 보아 당시 일부 슈드라들이 부나 권력을 획득하여 브라만을 배우자로 취한 현상이 빈발하였음을 알 수 있다. 이러한 바르나 체계의 붕괴를 막기 위해 정상적인 혼인 양식으로 자리잡은 것이 카스트 내혼의 원칙이다.

자이스왈Suvira Jaiswal은 고대의 여러 사제 집단이 브라만이라는 하나의 특정 내혼 집단으로 정교화되는 과정의 연구(Jaiswal 1977)를 통해 내혼제는 배타적 인종 차별로부터나 불변의 정 - 오염 관념으로부터 기인한 것이 아니고, 지배자 집단과 피지배자 집단 사이의 간격을 넓히려는 시도로부터 기인한 것이라고 주장하고 있다. 따라서 아무리 외래의 이질적인 집단이라 하더라도 내혼제만 받아들이면 자신들의 고유한 가족과 친족 체계, 관습이나 신앙 체계 등을 자신들이 위치한 사회 경제의 환경 안에서 독자적으로 운영할 수 있게 만들었다. 결국 카스트 내혼은 사회 구조의 붕괴 또는 변화를 보수적 입장에서 막기 위한 방책으로 자리잡은 것이다.

카스트 내혼과 더불어 음식에 대한 규제 또한 매우 중요한 의미를 가지고 있었다. 『마누법전』을 보면 음식 가운데서 채식이 육식보다 정淨한 것으로 나타나는데, 다만 육식의 경우라도 만뜨라를 낭송한다거나 기ghi를 사용한다거나 제사에 사용한다거나 하면 정화가 되기 때문에 정淨한 음식으로 허용이 된다는 규정을 보면 이 역시 당시 브라만들도 상당히 넓게 육식을 하였다는 사실을 알 수 있다(『마누법전』 5. 1.~5. 56.). 그리고 『마누법전』의 편찬자는 아힌사(ahinsa ; 불살생)를 야마(yama)로서의 다르마로 규정하여 금지 사항으로 정하였으나 다만, 제사의 힌사(hinsa ; 살생)만큼은 용납되는 것으로 규정하고 있다(『마누법전』 4. 258.).

이는 브라만의 경제 기반을 공고히 유지하고 더불어 이를 통해 불평등한 사회 질서를 통제하고자 하는 것이었다. 즉 브라만만이 갖는 의례와 제사의 특권을 음식과 같은 생활 양식과 관련하여 강화시킴으로써, 의례 - 제사가 위계 강화의 가장 중요한 수단으로 자리잡기 시작한 것이다. 결국 법전을 편찬하면서부터 제사의 살생은 성스러운 것으로 허용되고 그 외의 살생은 부정한 것으로 규정되었다. 그로부터 살생과 관련된 직업에 종사하는 카스트 및 육식을 일상 생활 양식으로 취하고 사는 카스트들은 사회에서 하층에 처하게 되었다. 그렇다고 해서 음식의 금기에 따라 위계가 정해지는 것은 아니었다. 그것은 브라만 제사의 힌사 허용에서 나타나는 바와 같이, 사회적 맥락에 따라 달리 적용되었으니, 육식을 하는 끄샤뜨리야에게도 동일하게 적용되는 것은 아니었다. 결국 음식 금기는 하층 카스트들에 대한 사회 통제 수단으로서만 유효하였던 것이다.

전체적으로 보면 『마누법전』 편찬을 전후로 하여 직업, 혼인, 음식에 관해 브라만의 절대적 권위와 하층민에 대한 규제가 강화되었는데, 그 하층민은 주로 슈드라였다. 결국 카스트 제도의 규제는 브라만 대 슈드라를 기본 구조로 하는 셈이다. 그러한 구조의 근본적 원인은 중세 이후 슈드라의 경제적 위치의 성장 때문이다. 슈드라는 바이샤와 함께 인도 고대와 중세 사회의 대표적인 생산자 계급이고, 특히 상업과 교역이 상대적으로 활발하지 못한 중세에 가서는 농업과 수공업 생산의 주요 담당자였기 때문에 브라만 계급에 대해 가장 적대적인 관계로 형성될 수밖에 없었다. 따라서 브라만의 입장에서는 슈드라들이 가지고 있는 매우 이질적이고 복합적인 비브라만적 문화를 인정하지 않는 것은 결국 경제력 확보를 위해 문화적으로 슈드라를 통제하는 것이었다.

따라서 브라만은 자신들의 권력 확산을 위해서라면 경우에 따라 얼마든지 직업, 혼인, 음식 등에 있어서 예외를 인정할 수 있었지만 그것이 슈드라에 해당되는 것이라면 적대적으로 차단하였다. 브라만이 권력 연합의 한 축인 끄샤뜨리야의 문화에 대해 탈전형의 예를 크게 문제 삼지 않았던 것은 바로 이런 맥락에서였던 것이다. 그들은 실제 권력을 확보하기 위해서 의례적 전형(특히 혼인)은 얼마든지 무시하였으나, 슈드라가 재생자(특히 브라만)와 성 관계를 갖는 것에 대해서는 징벌을 강화하였다.

브라만 법전이 생활 양식에 관한 법도를 강화하고 그 규정을 심화하는 것 등은 모두 초기 중세 전후에 벌어진 사회적 혼란으로 인한 것이었다. 사회적 혼란은 로마와의 교역의 쇠퇴와 도시의 몰락, 이민족의 침입과 정착의 빈발, 강력한 왕권의 쇠퇴 등과 함께 궤를 같이 하였다. 브라만 법전가들은 안정된 사회 질서를 확립하기 위해 카스트 제도의 혼란을 막는 차원에서 사회의 보수화를 시도하였고, 그 구체적 방법은 주로 생활 양식에 관한 규제와 징벌의 강화였다. 그들은 비베다적인 생활 양식을 부정不淨한 것으로 규정하고 그것을 위계 구조에서 하층 혹은 밖으로 위치시켰다.

하지만 사회의 변화는 계속 진행되었고, 결국 당시의 법전은 깔리바르지야kali varjiya라는 개념을 통해 카스트 간 혼인, 과부 재가, 니요가niyoga,[32] 중혼, 육식 등에 관한 규정을 받아들이지 않을 수 없었다. 따라서 이 시기의 대부분의 법전은 불가피한 상황에서는 하층 카스트의 일정한 직업을 인정하고, 바이샤와 슈드라의 혼인을 비롯한 몇몇 서로 다른 카스트 사이의 혼인을 정순 혹은 역순이라는 개념 속에서 허용하거나 일정한 규제 속에서 니요가나 중혼을 인정하고, 일정한 조건 아래에서일지라도 슈드라의 음식을 받는 것을 허용하고 있다.

이는 기원 전후의 인도 고대 사회에서 발생한 사회 변화와 그것을 억제하려는 브라만 법전가들의 사회의 안정적 유지를 위한 이데올로기 강화가 복합적으로 공존했음을 보여주고 있다. 다시 말하면 당시 사회는 법전에 규정된 것과는 달리 매우 복합적이고 이질적인 관습과 생활 양식으로 구성되었다. 더욱 『마하바라따』Mahabharata, 『라마야나』Ramayana, 『마누법전』 등 고대 인도 사회에 절대적 영향력을 가지고 있는 전거들이 하나 같이 법도가 지켜지지 않는 맛시야

니야아(matsyanyaya ; 약육강식의 道를 언급한 것이나 『마누법전』에 왕
으로 하여금 카스트의 여러 규율을 위반한 자에게 엄중한 단다(danda
; 벌)를 부과하도록 한 사실 등을 통해, 당시 법전 편찬의 배경은 사
회의 변화였음을 알 수 있다. 즉 카스트의 규제 강화는 역으로 고대
브라만들이 설정해 놓은 이상 구조인 짜뚜르와르니야(chaturvarnya ; 四
姓制)가 파괴되어 가고 있음을 보여주는 것이다.

결국 브라만이 정 - 부정의 개념을 통해 직업, 혼인, 음식에 있어
서 비非브라만의 생활 양식을 규제한다는 것은 브라만 문화에도 시
간과 지역에 따른 편차가 항상 존재하였다는 사실을 나타내는 것이
다. 그것은 갠지스 강 중류 유역에서 일어난 브라만 문화가 기원전
3세기경부터 각 지역에 전파 보급되는 과정을 통해 일종의 지배 이
데올로기로 자리잡으면서, 토착의 비브라만 문화를 규제의 대상으로
포용하는 방식의 표현인 것이다. 따라서 같은 시대의 법전일지라도
흡수 대상인 토착의 비브라만 문화가 갖는 다양성만큼이나 그 규제
범위와 방법이 다르게 나타날 수밖에 없었다.

이것은 경제 환경이 유목 사회에서 농업, 교역, 상업이 활발한 고
대 사회를 거쳐 지역 중심의 중세 봉건 사회로 변화하면서 발생하는
위계 구조의 현실적 변화 사이에서 모순과 충돌이 나타났기 때문이
다. 이 가운데 카스트 이데올로기 강화의 입장은 가부장적 체계의
확립과 연계되어 중세 봉건 사회에서 가장 경직된 형태로 되면서 규
제의 원칙이 곧 위계의 기초로 자리잡는다. 이 때 바르나가 아슈라
마(ashrama ; 인생의 단계)와 깊은 관련을 맺게 되고, 베다 시대 말기에
형성된 네 가지 아슈라마 가운데 재가在家 중심의 문화와는 거리가
먼 두 가지 아슈라마 즉 바나쁘라스타(vanaprastha ; 林處期)와 산냐사
(sannyasa ; 棄世期)는 점차 의미를 잃고, 대중으로부터 외면당하면서 급

기야는 깔리 바르지야의 한 수단으로 인식되게 된다.

사회 변화는 고대의 해체 이후 더욱 두드러졌고, 이에 브라만 법전가들에 의한 불가촉민에 대한 생활 양식의 규제가 매우 적대적으로 나타났다. 불가촉민은 전적인 부정不淨의 존재로 규정되고, 오염된 직업만을 취할 수 있으며 촌락 밖에서 거주해야 했다.

카스트 힌두 대 불가촉민의 대립 구조가 형성되고 생활 양식에 대한 차이가 위계 구조와 직결되는 것은 이 때부터였다. 사회 질서의 '회복'을 위해 브라만 사상가들은 짜뚜르와르니야 체계의 이상 구조의 구축을 더욱 강조하고, 나아가 국가가 직업, 혼인, 음식 등에서 자신의 다르마를 위반하는 자에 대한 징벌을 더욱 강화하였다. 그 예로 카쉬미르의 역사서 『라자따랑기니』Rajatarangini에는 국가가 카스트 제도를 직접 통제하는 사례가 있다(Rajatarangini VI. 108~109).

브라만 법전가와 더불어 많은 문필가들은 세속 문학을 통해서 이러한 브라만 문화를 널리 교육시켰다. 이러한 규제를 중심으로 하는 생활 양식이 교육의 주요 내용을 이루고, 교육 대상은 철저히 브라만 중심이었으며, 슈드라나 불가촉민에게는 그 기회를 완전히 봉쇄하였다.

하지만 이러한 것들은 모두 브라만 법전가들의 안정된 사회 구축을 위한 당위성의 표현일 뿐 그것들이 반드시 실제 사회의 위계의 경직성을 나타내는 것이라고 할 수 없을 것이다. 이러한 사실은 최근 신시아 탈보트Synthia Talbot가 12~14세기 중세 안드라Andhra 사회의 카스트 지위를 연구한 논문을 통해 잘 알 수 있다. 탈보트는 이 연구에서 당시 바르나나 자띠만이 개인의 정체성의 근원은 아니었고, 혈통(고뜨라gotra, 꿀라kula, 완사vamsa)이나 직업 등이 중요한 역할을 하였음을 밝히고 있다(Talbot 1992 : 23). 사회 이동 또한 자띠는 물론이고 바르나를 기준으로 하여 이루어지는 것만은 아니었고, 따라서 식민 이전 인도 사회의 유동성은 우리가 보통 생각하는 것보다는 훨씬 쉬웠음을 밝히고 있다(Talbot 1992 : 48).

16~18세기가 되면서 인도 사회는 또 상당한 변화를 겪는다. 카스트 체계의 주변부나 바깥에 흩어져 살던 수많은 유목민이나 부족 집단들이 이 시기에 대거 카스트 사회로 편입, 흡수되는 현상이 널리 일어났다. 이런 맥락에서 브라만들은 브라만화Brahmanization를 통해 그들의 생활 양식을 더욱 엄격하게 규제하였다. 정 - 부정 이데올로기의 강화 위에서 과부 재혼 금지, 음식 금기, 카스트 내혼 원칙의 강조 등 소위 산스끄리뜨적 생활 양식이 강화되는 것은 이런 맥락에서였다.

19세기 사회를 기록한 뒤보아(Dubois 1993)의 기록에 자주 등장하는 브라만들이 자신보다 낮은 카스트와 같이 식사를 하지 않는 것은 물론이고 빠까pakka 음식일지라도 자신보다 낮은 카스트가 만들거나 신체의 일부를 댄 것은 먹지 않는다거나, 대변을 볼 때 오염을 회피하거나 제거하는 등 복잡한 의례들을 수행한다거나, 낮은 카스트와의 성 관계에 대해서 가차없는 추방형을 내린다거나 하는 장면들이 많이 나타나는 것은 이러한 생활 양식 규제의 산물이었다. 하지만 이러한 모습은 동양학자의 눈에 비친 인도 문화의 특수성에 대한 과장일 뿐 그것을 전체 사회의 경직화로 연결할 수는 없다.

이러한 분석은 직업에 관한 사항을 살펴보면 잘 알 수 있다. 직업은 법전에서는 강한 규제를 두었지만, 실제 사회에서는 상당한 예외를 인정하는 전통이 계속되었다. 브라만이 교역(특히 해상 교역)을 한다거나 대금업이나 식리 사업 등을 직업으로 삼는 것 등에 관해서 규제가 이루어졌다지만 실제 사회에서는 많은 예외가 인정되었다.

이는 전적으로 13세기와 18세기의 도시화와 상업이 광범위하게 발달하였기 때문이었다. 도시화로 전통적 범주로 구분이 가능하지 않는 새로운 직업들이 많이 늘어나고, 그로 인한 새로운 생산 관계가 이루어지고, 그에 종사한 도시의 인구가 크게 증대하면서 활발한 사회 이동이 이루어졌다.

이러한 브라만 문화의 보호는 중세 초기와 같이 브라만의 특권과 슈드라의 불구성이 강화되는 차원에서 이루어지기도 하였지만, 끄샤뜨리야, 바이샤가 행하는 다르마에 의거하지 않은 생활에 대해 심한 비판을 가함으로써 그 분위기가 고조되기도 하였다. 이후로 바르나 구조가 실질적으로는 브라만 대 비非브라만의 양분 구조로 나뉘고 브라만만이 유일한 다르마 수호자임이 강조되었다.

이러한 브라만 - 비브라만 양분의 주장이 비록 많은 사람들에게 영향을 끼치지는 못했지만, 이는 당시 브라만들의 배타적 경향이 전대보다 훨씬 경직되어 가고 있음의 결과이기도 하다. 당시 많은 브라만 시인들은 브라만을 신과 같으니 모든 이에게 물질과 심령을 가져다주는 존재로 칭송하고, 끄샤뜨리야는 탐욕으로 가득찬 존재로 그리고 바이샤는 돈에 눈먼 이기주의의 화신이면서 이 사회를 타락시키는 존재로 묘사하는 것을 통해 우리는 이 시대에 들어와서 카스트의 생활 양식은 오로지 브라만 문화에 의한 것이어야만 하는 주장이 강하게 제기되었음을 알 수 있다.

카스트의 경직성에 대해 크게 반발한 시크 구루 가운데 하나인 구루 고빈드 싱Gobind Singh조차도 브라만은 항상 섬김을 받아야 하고 (Dasham Granth : 501), 당시의 끄샤뜨리야는 다르마를 지키지 않기 때문에 진정한 끄샤뜨리야는 존재하지 않는다(Dasham Granth : 572)고 공언한 사실을 보면 브라만 중심의 배타적 이데올로기가 얼마만큼 영

향력을 끼쳤는가를 잘 알 수 있다. 그렇지만 또 하나의 분명한 사실
은 이러한 수구의 전통은 전대로부터 이어져 온 깔리 시대의 개념이
이 시기에도 계속 유효하였고, 그 안에는 슈드라가 브라만의 권위에
도전하면서 베다, 뿌라나 등을 가르치거나 제사를 지내고 그 보수를
받거나 성사를 착용하는(Ramacharitamanasa : Uttarakhanda 483) 등의 현상
이 널리 퍼져 있었다는 사실을 반증하는 것이기도 하다.

짜뚜르와르니아에 의한 이상 사회를 지키기 위해 고대와 중세에
브라만들이 슈드라나 불가촉민의 생활 양식을 규제한 것의 원칙은
명분으로 내세운 베다에 의한 법도가 아니라 봉건 상황의 실재성이
었다. 따라서 교역, 상업, 수공업 등 새로운 경제 환경에서 발생한
새로운 직업은 기존의 짜뚜르와르니아에 대한 변종으로 인식하고,
이를 사회의 하층에 위치시키는 것은 이러한 의미에서 이해할 수 있
다. 그래서 까야스타Kayastha의 경우와 같이 경제력을 확보한 집단은
드위자로서 상층에 위치할 수 있었으니 새로운 직업이라 할지라도
당시 사회 경제 상황에서 강력한 권력자로 등장을 하는 집단 특히
브라만과 권력의 공유를 할 수 있는 집단은 상층에 위치할 수 있었
던 것이다.

상향 이동의 방법은 브라만 문화에 따른 방식이 대부분이었다. 이
방법은 근본적으로 혈통에 의한 지위를 확보하고자 하는 시도였으
니, 주로 뿌라나를 통한 신화 동원의 방법을 통해 이루어졌다. 이에
관해서는 중세 초기에 편찬된 비슈누 뿌라나Vishnu Purana의 왕조 연
대기를 보면 잘 알 수 있다. 태초부터 후나Huna족이 침입할 때까지
의 북부 인도의 왕력을 마누Manu에서부터 시작하여 수리야완사
(Suryavansa ; 태양 가계)와 짠드라완사(Chandravansa ; 태음 가계)로 양분한
다. 이 양 계보 체계가 중세에 새롭게 권력을 잡은 비끄샤뜨리야 출

신의 통치자들이 채택하는 끄샤뜨리야 계보의 원형이 되었다. 이것이 산스끄리뜨화를 통한 상향 이동의 대표적인 전형이다. 새롭게 끄샤뜨리야로 이동한 통치자는 브라만의 산스끄리뜨 문화를 보호하고, 이를 통해 사회의 안정을 추구하니 실제로 카스트의 이동은 이루어지면서도, 브라만 중심 구조는 더욱 강화되는 모순적인 현상이 널리 퍼지게 되었다.

이러한 현상은 중세의 농업 경제의 확산과 토지 하사의 시행 그리고 불안정한 정치 상황에서 사회 안정을 이루기 위한 끄샤뜨리야 - 브라만의 연합 권력이 형성되면서 가능하였다. 브라만에게 입법, 사법 그리고 교육에 관한 권한이 독점적으로 집중되면서 브라만은 제사를 통한 경제력 확보라는 목적 아래에서 우선적으로 제사권을 규제하고 독점하였다. 이는 농업 경제의 확산으로 인해 토지를 기반으로 하여 형성된 귀족들이 대거 등장하고, 주민들은 토지에 예속됨으로써 주거 이동이 어려워진 봉건 사회가 심화되면서 더욱 강화되었다.

그리고 그것은 곧 위계의 강화로 이어졌다. 전체적으로는 군소 국가가 난립하고 그들 간에 잦은 전쟁이 발생함으로써 내혼, 혈통 세습 체계, 지역주의 등의 문화가 고착되었다. 이 때 군주들이 사회의 안정을 추구하는 차원에서 취한 정책이 바로 브라만 문화의 채택이었다. 이 정책은 크게 두 가지 방향에서 시도되었는데 그 첫째는 브라만에게 토지를 하사하고, 그곳에서 규제를 강화하는 이데올로기 교육을 통해 카스트 제도를 더욱 공고히 하는 방법이고, 둘째는 이민족 혹은 비끄샤뜨리야 출신 통치자들을 새로운 카스트 — 대부분 끄샤뜨리야 — 의 일원으로 인정해주는 방법이다.

이로써 군주들은 브라만으로부터 사회 문화적 정당성을 부여받았고 브라만들은 군주로부터 안정적으로 사회를 통제할 수 있는 배경을 지원받았다. 야쇼다르만Yashodharman을 비롯한 수많은 중세의 제후나 군주들이 스스로를 카스트의 보호자임을 주창하고, 그들이 모두 고대와는 달리 끄샤뜨리야로 자리잡은 것은 이런 맥락에서였다.

여기에 12세기 이후로는 만민 평등을 주창하는 무슬림이 통치자로 등장하여 사회적으로 브라만들에게 위기감을 조성하여, 그들로 하여금 카스트 질서를 더욱 군건히 지키도록 하였고, 이는 곧 하층 카스트에 대한 규제와 차별 그리고 브라만에 대한 독점적 위치 부여로 연결되었다.

하지만 전통 사회에서, 특히 도시화가 진행되던 시기에는, 산스끄리뜨화만이 상향 이동의 유일한 방법은 아니었음은 탈보트의 논문에서 잘 드러나 있다. 탈보트는 슈드라 출신의 새로운 통치자가 자신의 카스트를 군이 브라만이라는 바르나를 채택하는 방식의 상향 이동을 하려 하지 않았음을 주장하고 있다. 탈보트는 브라만을 주장하는 방법은, 적어도 이 시기 이 지역에서는, 스스로를 브라만으로 간주하려는 자들에게는 유효하였겠으나, 군이 끄샤뜨리야로 상향 이동하려 하는 통치자들에게는 그럴 필요도 없었고 또 나아가 스스로를 '브라흐마Brahma의 발에서 나온 후손'(슈드라)이라고 하는 것을 주저하지 않았다(Talbot 1992 : 20~22).

그렇지만 중세에는 브라만 중심의 산스끄리뜨 문화가 가장 영향력 있는 전거로 자리잡은 것은 사실이다. 그리고 그렇게 되는 데에는 중세 인도의 정부가 상당한 영향을 끼쳤다. 무갈 정부는 각 촌락의 카스트 빤짜야뜨가 활성화될 수 있도록 충분한 자치권을 부여하였고, 이를 토대로 카스트 빤짜야뜨는 벌금, 참회, 추방 등의 방법을 통해 혼인과 음식에 관한 위반 행위를 강력하게 규제하였다. 카스트

빠짜야뜨의 권한이 막강해 진 것은 무갈 정부가 카스트 규제를 통해 사회를 안정적으로 유지하고자 하는 정책이 널리 시행되는 중세 말기의 상황에서였다.

이러한 태도는 심지어는 아우랑제브Aurangzeb에 의해서도 유지되었다(Fukazawa 1998 : 106). 이는 통치자 개인의 종교 성향에 관계없이 사회의 안정적 유지와 카스트를 기반으로 하는 생산 체계의 효율적 유지를 통해, 세수와 노동력을 확보하고자 하는 정부의 의도 때문에서였다. 이외에도 무갈 정부가 브라만을 관직에 널리 기용한 것도 브라만 중심의 사회 문화 체계 강화에 중요한 역할을 하기도 했다.

18세기 말 정치와 사회의 개혁 분위기에서도 이러한 정책은 유지되었다. 마라타 정부는 개인 카스트 지위의 박탈이나 회복, 카스트의 분화, 카스트 간 규제의 안정 구축, 카스트 규율의 입법 등을 통해 카스트 문제에 적극적으로 개입하였다. 이를 통해 마라타 정부는 카스트를 자치 체계로서 뿐만 아니라 정부 통제하에 있는 사회 체계로서 그 위치를 확고히 하였다.

2. 종교와 사회 재조직의 관계

인도 사회에서 집단간의 위계적 관계는 사회적 범주로 나타나지만, 그것은 종교 이데올로기를 통해 더욱 정당화된다. 따라서 기존의 사회 조직에 대한 근원적인 반발은 종교 운동을 통하는 것만이 현실적으로 가장 가능한 방안이 된다. 전체적으로 볼 때 힌두교는 통합적이고 관용적이지만 그것은 어디까지나 구원의 방법이나 성성 聖性의 표현에 관한 문제일 뿐 사회 조직에 관해서는 전혀 그렇지 않으며, 카스트 제도 자체에 대한 도전에 대해서는 전혀 불관용적인

태도를 보인다. 심지어는 베다에 대한 관점이나 태도가 완전히 '이
단'적인 집단조차도 힌두교의 큰 틀 안에서 존재하는 것이 허용되지
만, 카스트 그 자체를 부인하는 것 혹은 브라만의 최고 위치를 부인
하는 것은 전혀 용납이 되지 않는다.

결국 고대와 중세에 발생한 힌두교의 여러 종교 운동을 통한 변
화의 추구는 애초에는 개인의 구원이나 해탈의 차원에서 시작하여
자리를 잡지만, 결국 새로운 공동체 건설을 지향하고 그 안에서 인
간의 평등 관계를 수립하는 것이 그 공동체의 지상 과제로 자리잡는
것이다.

카리스마를 갖춘 스승과 제자들로 구성되는 초기의 집단이 사회
개혁에 앞장서면서 많은 추종자들이 발생하는데, 그 추종자들의 대
부분은 상업과 부의 축적에 대해 부정적인 인식을 가지고 있는 브라
만적 카스트 이데올로기에 반발하는 바이샤가 중심 세력이 되고, 슈
드라와 불가촉민과 같은 하층 카스트가 그 운동에 동참하는 형국을
이루는 게 일반적이다. 개혁에 동참하는 사람들은 그 정체성의 확보
차원에서 자신들끼리의 혼인과 음식의 자유스러운 관계를 주창하고,
그것을 실천하면서 하나의 공동체를 형성하게 된다. 그렇지만 기존
사회로부터 심한 반발을 받는 데다가 그들이 자신들이 물질적 배경
을 독립적으로 확보하지 못하기 때문에 외부로부터의 반발을 극복
하지 못하게 된다. 결국 그들은 기존의 사회 조직으로부터 격리되고,
격리된 공동체는 또 다른 별개의 카스트로 인식되고, 그 내부에 내
혼과 음식 공유의 범주가 설정되면서 명실상부한 새로운 카스트로
기존의 카스트 사회 내에 자리잡는다.

새로운 카스트는 기존 이데올로기의 새로운 해석을 기반으로 하
여 형성되는 것이기 때문에, 그들이 영위하는 새로운 문화는 그 지

방에서 가장 유력한 지배 카스트의 문화가 된다. 하지만 슈드라나 불가촉민과 같은 하층 카스트들은 그러한 위치에 서지 못한다. 그것은 카스트 구조가 혁명적으로 파괴되지 않는 상황에서, 새로운 카스트의 사회적 지위의 기준은 다시 애초의 바르나 이론이 될 수밖에 없고, 그 틀 안에서 그들은 결코 그 한계를 벗어나지 못하게 된다. 결국 그 사회 안에 새로운 위계 질서가 발생하지만 그 기준은 다시 정 - 부정 인식이 되는 것이다.

그들의 새로운 종교 운동은 주로 중세 이후 박띠 사상을 기초로 하여 전개된다. 그것은 박띠로 인해 사회적 지위나 신분에 관계없이 누구나 궁극적 목표를 달성할 수 있기 때문에 사회적 평등 관계를 주장하기에 적합하기 때문이다. 그러나 박띠는 그 본질이 봉건 사회 질서를 기초로 하는 위에서 영적 구원을 목표로 하는 것이라는 한계를 가지고 있기 때문에, 궁극적인 사회적 평등 관계를 지원하는 이데올로기로서는 한계가 있을 수밖에 없다. 이러한 현상을 대표할 수 있는 것이 중세에 남부에서 일어난 슈리바이슈나와Shrivaishnava파와 링가야뜨Lingayat파의 박띠 운동이다. 그들은 조금씩의 차이는 있지만, 전체적으로는 모두 카스트 배타주의와 의례주의를 부인하면서 공동체를 조직하고, 누구든지 사원 의례에 참여하게 하기도 하고 또 재가 의례를 주관하기도 하였다. 그렇지만 애초의 사회 개혁 정신은 희미해지고, 그 이상과 현실 사이의 괴리를 극복하지 못하면서 실패하게 되는데 그들 사회가 정淨한 집단과 부정不淨한 집단으로 나뉘고 그 기준도 베다로부터 차용하였는데, 결국 그들은 외부로부터 애초의 카스트(대부분 슈드라)로 인정받게 되었다.

이러한 실패의 주된 요인은 무엇보다도 평등 공동체의 물적 토대를 갖추지 못한 데에 있다. 그들은 여전히 이데올로기 중심적이었을 뿐 공동체의 이상을 현실적으로 이룰 수 있는 새로운 경제 체계를 이루지 못했다. 게다가 여전히 힌두 고유의 카스트 분화 구조에서 경제 생활을 했기 때문에 독립적 공동체의 물적 토대를 완성할 수 없었다.

그렇지만 그 가운데 일부는 산냐시sannyasi로 전환하여 의례에 참여하는 권한을 합법적으로 부여받는 방법을 택하기도 했다. 그들은 산냐시라는 새로운 위치에 적합한 의례적 지위를 부여받을 수 있었지만, 외부가 인정하는 카스트는 여전히 슈드라였다. 결국 그들은 브라만 문화에 대한 반발을 포기하고 새로운 적응 방법을 통해 일부의 위치 상승을 이루었던 것이다.

어느 사회에서건 전근대 사회에서는 의례가 사회 집단의 결합과 통제 수단으로 작용하였기 때문에 힌두 전통 사회의 의례에 슈드라가 참여할 수 있었다는 것의 의미는 브라만 중심의 문화에 정상적인 존재로 인정을 받았다는 것이다. 따라서 그들의 카스트의 배타성 철폐 운동은 결국 카스트 제도 내부에서 의례적 지위를 확보하는 상층 카스트로 위치 상승하는 정도로 자리잡을 수밖에 없게 된다. 더군다나 인도의 전통 사회에서는 의례 지위 확보 차원에서만 보더라도 각 카스트를 구성하는 가족들간에 정치 체제가 결여되어 있고, 여론 수렴을 위한 전체 의사 전달 체계가 존재하지 않았기 때문에 집단 운동으로 발전할 수가 없었다. 따라서 이러한 운동은 항구적이지 못한 것으로 사회 전체에 영향력을 주지 못하고, 다만 개인이나 가족 수준에서 직업, 혼인, 음식에 관한 새로운 문화 개작을 이루는 것이었을 뿐이다.

공동체의 물적 토대 구축 실패와 집단적 운동의 결여로 인해 카스트에 대한 반발 운동은 결국 카스트 구조의 해체로 이어지지 못하고 대신 위치 상승 이동 운동으로 자리잡게 된다. 그리고 그 중앙에는 항상 브라만 중심의 산스끄리뜨 문화가 자리잡고 있었다. 이것이 토착 종교 운동을 통한 카스트의 배타성 철폐 운동과 그를 통한 카스트 상향 이동의 전형이다.

이러한 전형은 외래 종교인 이슬람의 경우에도 마찬가지로 나타난다. 기본적으로 이슬람은 순수한 종교적 차원의 개종이 없진 않지만, 주로 통치자의 입장에서 사회 재조직의 수단으로 활용되었다. 그렇지만 인도에서는 사회를 재조직하기에는 그들의 숫자가 너무 적고 또 힌두 종교 공동체와 서로 격리되어 있는 등의 이유로 인해 힌두 카스트 사회가 무슬림 사회로 탈바꿈하는 데 성공하지 못했다. 그렇지만 이는 무슬림으로 개종한 자들이 기존의 물적 토대를 벗어나 새로운 사회 생활을 영위할 수 있게 하는 물적 토대를 구축하지 못하고, 여전히 기존의 카스트 사회의 기반 위에서 사회 생활을 하기 때문이었다.

결국 그들은 내혼과 세습 직업을 소유하고, 그 위에서 브라만을 중심으로 하는 자즈마니 체계에 참여하고 불가촉민이 존재하는 위계 조직 속에 자리잡게 된다. 몇몇 경우에는 카스트 이름을 소유하고 그 내부에 심한 분파가 형성되기까지 하는 등 힌두 카스트 사회의 일부를 이루게 된다. 더욱 중요한 것은, 그들도 힌두들이 하는 산스끄리뜨화처럼 이슬람화를 통해 위치 상승을 꾀한다는 사실이다.

빠르다purda를 실시하고, 그 때까지 행해 온 힌두 관습과 오염된 직업을 포기하고, 모스크 출입과 예배를 더욱 자주 하고, 육식을 시작하며, 메카로의 성지 순례를 강화하고, 성직자를 초빙하여 대접하고, 가문의 전통과 명예를 세우고, 카스트(혹은 집단) 이름을 이슬람식으로 바꾸고, 자녀를 높은 집단과 혼인시키는 등 생활 양식을 변화시킴으로써 무슬림 사회 내부에서 지위 상승을 도모하였다. 결국 이슬람화 또한 힌두 사회의 산스끄리뜨화와 마찬가지로 인도 사회의 변화의 성격을 더욱 더 보수적으로 만드는 계기가 되었다.

이러한 현상은 무슬림의 문화가 힌두의 그것과 구조적으로 많은 차이점을 가지고 있음에도 불구하고, 근본적인 사회 조직 이데올로기로서는 동일한 기능을 하고 있기 때문에 가능하였다. 즉 이슬람 문화 가운데 카스트 사회의 공고화를 유지하는 데 기여를 할 수 있는 부분이 힌두 브라만들에게 적극적으로 수용되었던 것이다. 빠르다는 이슬람 문화에서 여성들의 사회 참여를 제한하기 위해 사용한 제도로 브라만들은 이를 수용하여 강화시킨 반면 라즈뿌뜨들은 이를 적극적으로 받아들이지 않았고, 남부 인도에서나 바이샤, 슈드라들도 마찬가지의 태도를 견지하였다. 이를 통해 우리는 힌두 브라만이 적극적으로 채택한 외래 문화는 그들 중심의 카스트 사회를 안정적으로 구축하고자 하는 것으로 정당성 부여와는 관계가 없으나 사회 유지의 차원에서 정책적으로 큰 호응을 받았다는 것을 알 수 있다.

카스트의 배타성 철폐 운동이 결국 카스트 상향 이동 운동으로 자리잡는 전형은 근대 종교 사회 개혁 운동으로 이어지게 된다. 근대 종교 사회 개혁 운동은 기독교 선교사의 반反힌두 태도에 대해 힌두 사회를 보호하려는 입장과 유럽인들의 '인도의 발견'을 통해 힌두 사회를 개혁하려는 입장이 종합하여 일어난 것이다. 따라서 그 운동이 브라흐모 사마즈Brahmo Samaj로 나타나든 아리야 사마즈Arya Samaj로 나타나든 모두 기존의 카스트 제도를 비판하고 나선 사실은 공통이다.

브라흐모 사마즈는 주로 교육받은 중간 계급에 한정되었고, 브라만이 『베다』와 『우빠니샤드』*Upanishad*를 반드시 낭송해야 하는 정도의 영향이 중요한 결과였을 뿐 대중에게는 큰 영향을 끼치지 못하였다. 반면 아리야 사마즈는 힌두 사회의 내부 통합과 외래 인자의 동화를 통해 힌두 카스트 사회를 재조직하는 데 중요한 역할을 하였다. 아리야 사마즈는 자띠와 혈통을 기준으로 하여 구분된 카스트와 위계 구조를 이루어서는 안되며, 오로지 믿음을 통하여 재개종하되 바르나를 기준으로 사회가 재조직되어야 함을 주장함으로써, 전체 대중 특히 하층 카스트에 큰 영향을 끼쳤지만, 사회적 평등과 하층 카스트의 확보를 토대로 한 자신들만의 정체성을 가지는 집단을 창출하는 데는 실패하였다(Jaiswal 1998 : 235).

결국 이 또한 중세의 여러 경우와 마찬가지로 자띠를 기준으로 물적 토대를 대체하는 체계를 창출하지 못하였다. 다시 말하면, 근대화와 더불어 도시에서는 상당한 수준의 산업화가 이루어져 새로운 사회 체계의 수립이 가능할 수 있었지만, 대부분의 인민이 거주하는 농촌에서는 전통적 의미의 카스트 제도 안의 경제 체계를 대체할 수 있는 경제 구조가 전혀 이루어지지 않았다는 것이다. 도덕적 이데올로기만으로는 사회 조직을 변혁시킬 수 없었던 것은 중세의 여러 종교 운동에 나타난 결과와 같다. 게다가 주로 힌두의 '민족성'만 부각시키는 정치적인 것에만 열심이었기 때문에 실패하고 말았다.

그들 집단은 내혼과 가부장제를 중심축으로 하고 슈드라 차별과 상층 카스트 특권을 중심으로 하는 또 다른 형태의 카스트로 자리잡게 된다. 더불어 그들에 의해 산스끄리뜨 문화는 모든 대중들에게 보편화된 가치 체계로 쉽게 다가서게 되었고, 그 보편화된 산스끄리뜨 문화를 통해 하층민의 상향 이동 운동이 일어나게 되었다. 결국 브라만을 중심으로 하는 또 다른 형태의 보수적 사회 재조직이 발생하게 된 것이다. 하지만 아리야 사마즈 운동은 오염 관념, 위계 구조, 음식에 대한 규제 등을 상당히 약화시키는 기여를 하였다. 물론 여기에는 근대 사회와 더불어 도입된 산업화라는 배경이 중요한 역할을 하였다.

3. 카스트 배타성 철폐 운동과 사회 재조직의 의미

카스트는 애초에 목축 경제를 주로 하는 아리야인들의 생태 환경으로부터 기원하고 농경 사회의 정착과 함께 그 구조가 확립된 후 오늘날까지 이르고 있다. 카스트가 그렇게 오랜 시간 동안 존재해 왔다고 해서 그것이 곧 인도 사회의 정체성이나 폐쇄성을 의미하는 것으로 해석할 수는 없다. 이렇게 오랜 동안 존재해 왔다는 것은 역설적으로 카스트가 각각의 역사적 상황에 잘 적응하면서 변화하여 왔음을 의미하는 것으로 보아야 한다. 이는 카스트를 기반으로 하는 인도 사회에서 지배자의 이상이 현실 사회 속에서 결코 실현되지 못하였음을 의미하는 것이다. 이것은 의례적 지위와 실제적 지위 사이에 분명하게 존재하는 괴리가 하층 카스트로 하여금 상층 카스트로 이동하게 만들고, 또한 그것이 가장 대표적인 변화의 양태였음을 뜻하는 것이다.

카스트 사회가 변화하는 데 나타나는 전형적 형태 가운데 가장 중요한 것은 그 변화가 항상 사회의 위계 구조 안에서 이루어져 왔다는 사실이다. 그 위계는 권력과 정 - 부정을 양 축으로 하면서 지탱되는데, 지배 계급은 이 두 요소를 통해 이 체계로부터 독립해 나가고자 하는 세력을 억압한다. 따라서 그들은 카스트의 위계 사회로부터 이탈하려는 세력을 모두 부정의 속성을 지닌 존재로 만들고자 한다. 부정은 항상 음식과 혼인을 중심으로 하는 생활 양식과 관계를 갖기 때문에 그들은 의식주 생활에서 정상 범주로부터 배제되고 위계 구조에서 하층에 자리잡는다.

이런 점에서 또 하나의 중요한 사실은, 사회 종교적 변화가 항상 브라만 이데올로기를 중심으로 하는 바르나 체계 안으로의 통합이라는 원칙 속에서 이루어져 왔다는 것이다. 카스트 체계 안에서 권력이 이동하고 그러면서 새로운 위계 구조가 발생하게 되면 그에 합당한 혼인의 범주가 새롭게 설정되고 그것을 중심으로 생활 양식의 규제와 배타가 형성되는 것이다. 따라서 카스트 체계 안에서 내혼은 상향혼과 함께 지배 집단이 피지배 집단을 사회적으로 통제하면서 그들의 권력을 독점적으로 공고히 하기 위한 역할을 하였다. 결국 권력을 둘러싸고 집단간에 의례적 지위와 실제적 지위 사이에 괴리가 일어나게 되지만 그것은 내부 변화로만 나타날 뿐 구조의 변화로 발전하지 않았다.

이러한 브라만 문화의 법제화와 그로 인한 위계 구조의 구축이라는 현상은 중세의 봉건적 농경 사회에서 공고히 되었다. 따라서 그러한 농경 중심의 봉건적 생산 관계가 해체되고 그 위에 새로운 생산 관계가 대체되면, 생활 양식을 토대로 하는 위계 구조는 자연스럽게 쇠퇴할 수밖에 없다. 이는 근대 산업 사회의 등장으로 생긴 정 - 부정 관념의 쇠퇴와 활발한 사회 이동을 통해 잘 드러난다.

III. 근대 사회의 변동과 위계 구조의 약화

1. 일상 생활과 의례적 영역의 카스트 성격의 변화

정淨과 부정不淨의 관념은 카스트 관계의 여러 면에서 표출된다. 높은 카스트는 낮은 카스트로부터 음식이나 식수를 취하는 것이 금지되었고 낮은 카스트는 높은 카스트와 밀접한 신체적 접촉을 하거나 상층 카스트의 부엌이나 사적 공간 깊숙이 들어가는 것이 금지되었다. 불가촉민의 경우 공공 우물의 이용과 높은 카스트의 사원이나 식사 장소에 들어가는 것이 금지되었다.

그러나 이러한 분야에 있어서 중요한 변화가 일어나고 있다. 오늘날 인도 농촌에서 상층 카스트 구성원의 일부는 하층 카스트가 요리하여 제공하는 음식이 일정한 위생상의 기준을 충족시키기만 하면 기꺼이 받아먹으려는 태도를 보인다는 심층적 연구들이 많이 있다 (예컨대 Karanth 1981). 이러한 태도의 변화는 젊은이들 사이에서 보다 분명하다. 남자들이 여자들보다 낮은 카스트의 집에서 식사하는 것을 별로 꺼리지 않거나, 도시 생활에 노출된 사람들이 그렇지 않은 사람들보다 정과 오염의 관념에 상대적으로 무관심하다는 것을 충분히 예상할 수 있는 바이다.

전통적으로 채식을 하는 카스트들의 많은 사람들이 육식을 하고 술을 먹기 시작했다. 육식하는 식당과 술을 파는 상점33) 수가 큰 규모의 시골이나 소도시에서 증가하고 있다. 최근까지는 채식을 하는 카스트 구성원들이 육식하는 식당에 들어가는 것을 주저했으나 이제 더 이상 그렇지는 않다. 차라리 이와는 반대로 이들은 전통적인 금기를 깨는 데 있어서 일종의 성취감을 경험하는 것 같다. 근년에

와서 육류 가격이 급격히 상승한 것이 채식주의자들이 육류 섭취를 시작하기 때문이라고 분석하기도 한다.

물론 일부 지배 카스트와 상층 카스트 일부의 육식과 음주 습관이 정 - 부정의 관념을 약화시키는 결과를 가져 왔지만, 이들의 많은 수가 아직도 채식 고수와 금주 등이 카스트 체계 내에서 자신들의 높은 의례적 지위를 유지하는 것으로 생각하고 있는 것 또한 사실이다. 따라서 일부 음주를 즐기는 상층 카스트들은 드러내놓고 술을 마시지 않고 나아가 그들이 직접 병술을 파는 가게를 들락거리는 것을 보이고 싶어하지 않으며 병술을 사오는 일을 대체로 자신의 이전의 불가촉민 피후원자들에게 시킨다.

도시와의 접촉 증가, 교육 그리고 카스트의 그 구성원에 대한 전통적 권위의 상실 등의 결과로 정과 오염의 카스트 규범에 관한 소위 이중 문화[34]적 현상이 나타난다. 따라서 농촌 상층 카스트 출신의 사람이 도시의 식당에서 누가 음식을 제공하는지 누가 그것을 언제 요리했는지에 대해 별 관심 없이 식사를 하는 것을 보는 것은 희귀한 일이 아니다. 그는 심지어 불가촉민을 식당에 데리고 갈 수도 있고 같은 좌석에서 식사를 할 수도 있다.

그러나 시골로 돌아오면 둘 다 전통적인 격리의 규범을 따른다. 하층 또는 이전의 불가촉민이 상층 카스트 사람의 도시 집에서는 접대를 받을 수는 있으나 그의 시골 집에서는 그럴 수가 없다. 이러한 이중 문화는 정과 오염의 관념이 점차 침식되어가고 있는 농촌 사회의 전환기적 과정을 반영하고 있는 것으로 볼 수 있다(Karanth 1981 ; Karanth & Sivaprasad 1987).

한편 정과 부정의 관념이 일반적으로 약화되고 있음에도 불구하고 일정한 상황에서 그것이 여전히 표출되고 있음은 인도 농촌의 하층 카스트들 사례에 잘 드러난다. 예컨대 출생, 사망, 달거리, 송아지 출산, 암소의 사망 등 일정한 날을 오염된 시기로 보는 것은 상층 카스트뿐만 아니라 하층 카스트도 마찬가지다. 불가촉민을 포함해서 하층 카스트들도 집에서 송아지가 출산한 날 상층 카스트 사제를 모셔 정화 의례를 행한다. 여성 노동자들은 달거리 기간 동안 2~3일 간 일하지 않는다. 촌락 이발사와 세탁부들이 점차 불가촉민들에게도 봉사하는 사례가 늘어가고 있다. 또한 필요하다면 그들은 인근 수세원으로부터 동일한 서비스 전문가들을 초빙하여 서비스를 받을 수 있다.

불가촉민 카스트들에 대해서 차별이 계속 행해지고 있는 것 또한 사실이다. 예컨대 상당히 변화가 활발하게 일어난 촌락에서도 음식물이 불가촉민에게 별개의 용기에 의해 제공되고 있는 것이 현실이다. 또한 불가촉민이 사원 출입이나 공공 우물을 이용하도록 법적으로 보호를 받고 있으나, 상층 카스트들이 이것들을 개인 재산으로 만들어 버림으로써 법의 단속을 교묘히 빠져나가기도 한다.

헌법 제15조 제2항은 우물, 물탱크, 상점 및 음식점과 같은 공공에 개방된 시설과 장소의 사용에서 사인들에 의한 차별을 금지하고 있다. 그리고 헌법 제17조의 불가촉성 철폐와 불가촉성에 근거한 차별 행위의 처벌 규정에 의거하여 제정된 1955년의 불가촉성 위반 행위법the Untouchability Offence Act은 불가촉성에 근거한 사회적 차별, 특히 힌두 사원 출입 및 경배, 상점이나 음식점 접근, 직업과 상거래 관행, 우물, 공공 시설 및 장소, 화장실, 병원, 교육 기관의 이용, 주거 지역의 건축 및 점거, 종교 의식 및 행렬의 집행 및 보석 세공품의 사용에 있어서의 차별을 불법화한다. 그리고 이러한 불공평한 행위의 강제는 벌금 또는 구류에 처할 수 있는 범죄 행위이고 어떤 불공평한 행위의 강제로 귀결되는 관습, 관행 또는 권리를 인정하는 민사 법원의 권한은 철회된다고 규정하고 있다. 그럼에도 불구하고 불가촉민의 결혼 행렬이 상층 카스트 거주 지역을 통과하는 것을 둘러싸고 불가촉민과 상층 카스트 간에서 야기되는 첨예한 충돌 등이 끊이지 않고 신문지상에 보도되고 있는 것 또한 현실의 모습이다.

혼인 의례의 변화와 카스트 내혼 범위의 확장 등이 일어나게 된 데에는 카스트 빤짜야뜨가 그 기능을 상실하였기 때문이기도 하다. 카스트 구성원들에게 준사법 기관으로 기능했던 카스트 빤짜야뜨는 영국 제국주의 정부의 성문법 체계의 도입으로 그 기능을 크게 상실하였다. 각 카스트에는 그 집단의 공식 지도자로서의 역할을 담당했던 지도자들로 구성된 지방이나 지역의 위원회가 있었고, 그 위원회는 그 집단의 전통적인 권리와 의무에 관한 카스트 구성원의 적절한 행위를 보장하는 것과 같은 문제들을 관장했다. 카스트 빤짜야뜨에서는 다음과 같은 카스트 구성원의 위반 행위를 다루었다.

금지된 카스트나 하층 카스트 상호간에 음식물의 공유 관계 및 그와 유사한 관계의 위반 행위, 다른 카스트 출신의 여자를 첩으로 삼는 행위, 어려서 정혼을 한 후 다른 집안과 혼인 관계를 갖는 행위, 이유 없이 부인을 내 쫓는 행위, 부채의 미납 행위, 크고 작은 폭행, 카스트에 고유한 거래 관습의 위반 행위, 다른 카스트의 피후원자의 잠식 행위, 암소나 기타 다른 금지된 동물의 살해 행위, 브라만에 대한 모욕 행위 및 결혼 또는 기타 의례에서 카스트 관습을 위반하는 행위 등이 전통적으로 다루어졌던 주요 의제이다(Ghurye 1969).

그러나 인도 독립 후 헌법의 제정으로 카스트 빤짜야뜨는 적어도 법적으로는 무용지물이 되었다. 영국 식민 지배하에 서양식 법 체제와 법원의 도입 및 전문직으로서의 법률가의 등장으로 인해 농촌 사람들도 지방 빤짜야뜨 대신에 도시의 법원에 그들의 분쟁을 가져가 기 시작했다. 교육의 보급, 도시화의 진전 및 도시의 다른 취업 기회 의 확산으로 빤짜야뜨의 제재는 점차 약화되었다. 카스트가 더 이상 해당 카스트 구성원의 일상적, 의례적 행위를 규제할 수 없게 된 것 이다. 예컨대 과거에는 다른 카스트 구성원에 의한 특정 직업의 잠 식은 카스트 빤짜야뜨와 촌락 빤짜야뜨를 통해서 그러한 행위가 저 지되었지만 이제 헌법이 빤짜야뜨의 이러한 권한을 박탈해버렸다.

카스트 사이의 혼인을 규정한 카스트 내혼 규범은 정과 부정의 관념과 밀접하게 관련된다. 결혼은 자신의 카스트 내에서, 흔히 가 장 작은 단위의 자띠 내에서 이루어졌다. 인도 농촌의 거의 모든 카 스트에서 몇몇 결혼 관습과 의례는 눈에 띨 만한 변화가 있기는 하 지만, 카스트 내혼 규범은 쉽게 변화되지 않는 영역의 하나였던 게 사실이다(Kolenda 1978). 내혼 단위는 상당히 제한된 지역에 사는 일련 의 인척 집단으로 구성된다.

과거에는 카스트 사이 결혼은 카스트 지위의 상실을 가져왔다. 그 리고 관련 가정의 처녀와 총각의 결혼 전망에 손상을 입히는 일이 흔히 있었다. 내혼 규범을 어긴 부부에게는 때때로 공개적으로 린치 가 가해지기도 했다. 그러나 오늘날 농촌 사회는 그러한 결혼을 보 다 관용적으로 받아들이고 있다. 관련 부부가 촌락을 떠나는 선에서 해결하거나, 혼인 당사자에게는 문제를 삼지 않고 단지 그들 사이에 서 태어난 자녀들의 카스트 귀속 문제가 불거질 때 문제로 삼는다거 나 나아가 그 자녀들의 혼인 대상을 결정할 때 그들을 카스트 성원 으로 배제하는 방법을 통해 카스트 간 혼인을 규제하고 있다(박정석 2000 참조).

또한 내혼의 새로운 경향으로 유효한 내혼 단위로 불릴 수 있는 지역의 확장을 들 수 있다. 이전에는 결혼이 가장 작은 단위의 자띠 내에서 행해졌으나 오늘날 자띠 장벽은 무너지고 있으며, 특히 이러한 현상은 동일 카스트 가운데에서도 도시화되고 교육받은 엘리트에 의해서 크게 일어나고 있다. 이것은 교육, 도시화, 정신 지평의 팽창 및 '계급 의식'의 등장에 그 원인이 있다. 후진 계급에 대한 '보상적 차별' 정책과 부족한 자원과 정치 권력에 대한 투쟁 역시 자띠 장벽을 붕괴시키고, 거대한 카스트 연합을 형성시키는 결과를 낳았으며 이 또한 내혼 단위의 지역적 확장을 가져온 이유의 하나일 것이다.

카스트와 관련하여 오늘날 농촌의 결혼에서 약간의 변화가 또한 일어나고 있다. 오늘날 대부분 카스트들의 결혼식은 촌락 내 또는 인근 소도시에 있는 사원이나 공동체 회관에서 거행한다. 이러한 새로운 경향으로 인해 이발사, 세탁부 및 촌락 악기 연주자들과 같은 서비스 카스트의 역할이 감소되고 보통 촌락 바깥으로부터 이러한 서비스 전문가들을 고용하는 것이 흔하게 되었다. 보통 도시에서 결혼 연회를 준비하는 데 고용된 요리사 팀은 대다수 손님들이 음식을 받아먹을 수 있도록 고려하는 차원에서 상층 카스트에 속하는 사람들로 구성한다. 그러나 이와는 관계없이 전문적인 요리사를 고용하여 음식을 하객들에게 접대하는 경우도 많다. 이러한 자리는 일반적으로 다양한 카스트 출신의 손님들이 모두 한 자리에서 식사를 하기 때문에 자연스레 카스트 구분은 무시되고 상층 카스트 출신 손님들은 카스트에 개의치 않고, 신랑측 및 신부측 친척과 친구들이 접대하는 음식을 받아먹는다. 이처럼 현대적인 결혼식에서 정과 부정의 규칙은 많이 완화되어 있다.

2. 산스끄리뜨화와 카스트의 상향 이동

수 세대에 걸쳐 몇몇 낮은 카스트들은 그들의 위계상의 등급을 향상시키기 위해서 그들의 관습과 생활 양식을 특정 상층 카스트의 것에 일치시키려 노력하여 왔다. 스리니와스(Srinivas 1952)는 그의 초기 연구인 마이소르의 꾸르그Coorg족에 대한 연구에서 브라만의 식사, 의복, 의례 형식의 일부 관습을 채택함으로써 자신들의 의례적 지위를 상향 이동하려하는 과정을 소위 브라만화Brahmanization라 명명하였다. 후일 그는 브라만화란 하층 카스트들이 상층 카스트들의 문화적 방식을 모방하려는 커다란 과정의 특수한 사례임을 고려하여 이를 산스끄리뜨화sanskritization로 개칭하였다. 하층 카스트들이 모방하려는 대상이 반드시 브라만이기 보다는 라즈뿌뜨, 자뜨 등 소위 특정 지역의 힘있는 카스트의 생활 양식이었기 때문이다(Srinivas 1972 : 6).

근대 이후 인도 사회의 변화를 설명하는 개념인 산스끄리뜨화는 두 가지 차원에서 설명 가능할 수 있다. 먼저 역사적 특수성이란 차원에서 보면 산스끄리뜨화 과정은 인도 역사 가운데에서 특정 시기마다 문화적 유형을 이끌었던 카스트가 다양함을 의미한다. 다음은 특수한 맥락의 차원으로 인도의 다양한 지역에 따라 모방되는 카스트의 문화적 유형이 다양함을 의미한다. 산스끄리뜨화를 두 차원 내에서 이해한다면 그것의 본질이 결코 특정 유형을 취하고 있지 않음을 의미한다. 즉 다른 카스트들이 모방하고 있는 문화적 규범이나 관습의 내용은 시대적 또는 지역적 차원에 따라 다양하다는 것을 의미하고 있다.

많은 지역에서 낮은 카스트들이 브라만적 삶의 유형이 아니라 끄샤뜨리야적 생활 유형을 모방하고, 심지어 지역에 따라서는 힌두가 아닌 무슬림적 삶의 유형을 모방하고 있다는 사실이 보고되고 있다(Chanana 1961 ; 409~410). 이에 대해 스리니와스는 산스끄리뜨화 현상에서 흔히 정치적·경제적 지배력을 갖추고 있는 소위 지배 카스트가 다른 하층 집단의 모방의 대상이 될 수 있음을 지적하고 있다. 즉 그는 산스끄리뜨화의 개념과 권력과 지배성을 통합시키고 있다. 그는 지역의 지배 카스트가 산스끄리뜨화의 다양한 모델이 되고 있음을 지적하면서 이들이 문화적 전승 과정에 있어서 중요한 역할을 하고 있음을 강조한다.

산스끄리뜨화는 농촌에서 문화적·사회적으로 다방면에 걸쳐 중요한 변화의 과정이 되어왔다. 어린아이의 이름을 지을 때 산스끄리뜨식 이름이 선호되고 있다. 또한 지방 신의 숭배에 힌두교의 보편화된 최고의 신과 여신의 이름이 첨부된다. 이러한 과정에서 라디오와 텔레비전, 특히 『마하바라따』나 『라마야나』와 같은 인기 있는 텔레비전 연속물의 영향이 대단히 크게 작용하는데, 소위 산스끄리뜨식 가치를 강화하는 것이었다.

근대 인도 전역에 나타나는 종교의 정치화는 종교 근본주의의 강화로 이어지고 힌두들 사이의 산스끄리뜨식 가치의 강화로 나타났다. 세계 힌두 회의Vishva Hindu Parishad와 같은 조직은 여러 다른 카스트들의 지지를 확보하려고 시도하였고 낮은 카스트들은 이를 그들의 산스끄리뜨화의 목적을 신장시킬 수 있는 기회로 이용하였다. 농촌 힌두 카스트 간에서 일어난 산스끄리뜨화 운동은 각지에서 일어난 종교 공동체적 긴장과 소요 사태에 대한 언론 보도를 통하여 확산되었다.

그러나 앞서 언급된 바와 같이 산스끄리뜨화의 모델은 더 이상 브라만에 의해서만 제공되는 것은 아니다. 비非브라만 지배 카스트들이 모델로 되는 경향 또한 증가하고 있는데 이는 그들의 의례상의 지위보다는 그들의 경제적 사회적 지위가 막강하기 때문이다.[35] 이러한 과정을 반드시 산스끄리뜨화로 볼 필요는 없다. 왜냐하면 모방되는 것은 산스끄리뜨가 아니라 단지 상층 카스트들의 문화일 뿐이기 때문이다. 그런데 이 또한 사실이긴 하지만, 지배 카스트들이 그들의 생활 양식을 산스끄리뜨화하고 그에 의존적인 하층 카스트가 이 지배 카스트들을 모방한다면, 이것은 결국 하층 카스트의 산스끄리뜨화가 된다.

예컨대 농촌에서 최근까지 하층 카스트 구성원은 그들의 집안에 독립 신당神堂을 갖는 것은 금지되었으니 상층 카스트 부유층만이 이를 가질 수 있었다. 그런데 근년에 들어 지배 카스트들도 증가된 농업 소득 등으로 블록과 시멘트로 신축한 집 안에 독립 신당을 갖는 경향이 늘어났고, 최근에는 하층 카스트 심지어 이전의 불가촉민 출신의 소수도 이를 갖고 있다. 이 방에는 라마, 벤카테슈와라 Venkateshwara 또는 스리 사이 바바Sri Sai Baba와 같은 신 혹은 신인神人의 사진이나 상像이 안치되어 있고 의례 용품들이 힌두 사원이나 상층 카스트 가정에서와 다름없이 진열되어 있다. 마찬가지로 거의 모든 카스트들이 집 앞마당에 뚤라시tulasi 나무를 심어놓고 있는데 이것도 이전에는 상층 카스트에 국한된 관습이었다(Karanth 1996 : 93~94).

그런데 산스끄리뜨화로 보이는 것, 즉 보다 상층의 카스트들의 관습과 의식을 모방하는 것은 오늘날 또 다른 의미를 가질 수 있다. 모방이 도전으로 간주되기 때문이다. 이전에는 하층 카스트들이 상층 카스트들에 대해 그러한 모방을 하는 것이 금지되었고 지배 카스트들의 지도자들은 그것을 막을 권한을 가지고 있었다. 그러나 앞에서 언급한 바와 같이 오늘날에는 법원이 하층 카스트들이 상층 카스트들의 관습과 의식을 모방할 권리를 지지하고 있고 경찰은 법원의 결정을 강제한다. 여기서 산스끄리뜨화는 상층의 지위에 대한 주장일 뿐만 아니라[36] 하층 카스트의 새로운 경제적 위상의 시위가 되기도 하는 것이다. 자동차나 오토바이를 타고 오는 친척들과 부유한 친구들을 초대하는 것은 그들이 확보한 새로운 경제적 위상을 시위하는 것이기도 하다.

산스끄리뜨화와 일부 카스트의 세속적 목적을 위한 하층 지위 지향적인 과정을 포함하여 현대 인도에서 전개되고 있는 카스트 사이의 변화 양상을 포괄적으로 이해하기 위해서는 다음의 두 가지 중요한 사실이 언급되어야 한다. 먼저 현대 인도 사회에서는 카스트 지위를 평가하는 데 있어서 세속적 요인이 점점 더 중요해지고 있다는 점이다. 그러나 이러한 사실이 카스트 위계에 대한 전통적인 범주가 무용지물이 되었다는 것을 의미하는 것은 아니다. 예컨대 남부 인도에서 전통적으로 하층 카스트로 간주되었던 양치기, 야자 채취자, 어부 카스트등이 오늘날 정치 권력이나 부에 접근할 수 있게 되었지만 이러한 상향 이동은 전통적으로 상층 카스트들의 불만의 대상이 될 수 있다.

다음으로 독립 후 보상적 차별 정책, 토지 개혁 및 기타 복지 정책은 대다수의 최하층 카스트들의 상대적 지위를 크게 변화시키기보다는 이들 중에서도 보다 영향력이 있는 개인들에게 혜택이 돌아갔을 뿐이라는 것이다. 예컨대 인도 농촌의 지정 카스트의 경우에 그들 사이의 개별적인 사회 이동으로 인한 이득은 상향 이동한 개인과 그를 따라 도시로 이주한 소수의 가족을 제외하고 그 카스트 내의 다른 구성원들에게는 혜택이 미치지 않는다는 것이다. 시골에 남아 있는 이들의 경우에는 대체로 사회적 조건에 변화가 없다.

　카스트 상향 이동으로 인해 야기된 갈등은 농촌 지역에서 카스트 간의 충돌의 모습으로 흔히 나타난다. 따라서 후자에 관련지어 볼 때 상대적으로 낮은 카스트들이 도시에서 누리던 그들의 지위를 시골에서 계속해서 누리고자 하는 시도는 카스트 간의 폭력 사태를 유발하기도 한다. 매년 많은 그러한 카스트 간 폭력 사건이 신문에 보도되고 주 의회에서 논의되는 것은 이러한 맥락에서이다. 그러한 폭력 사태는 일반적으로 지배 카스트들이 상향 이동을 시도하는 낮은 카스트들에 대해 자행하는 대량 학살, 폭행 및 강간 그리고 경제적 사회적 보이코트로 나타난다. 지정 카스트들이 흔히 이러한 폭력의 대상이 되는데, 비하르나 안드라 쁘라데쉬Andhra Pradesh에서 이러한 폭력 사태가 빈발한다.

　지배 카스트 및 다른 상층 카스트들은 그들의 권력과 권위의 침식 그리고 교육과 고용의 유보 정책을 통해 지정 카스트들에게 부여된 혜택에 심한 불만을 터뜨리고 있다. 물론 상층 카스트와 하층 카스트 간의 소위 카스트 전쟁으로 불릴 수 있는 상호간의 가혹 행위는 정치 경제적 요인들이 작용한 계급 갈등인 것 또한 무시할 수는 없다.

3. 생활 양식 단위로서의 카스트 성격 변화의 의미

　인도에서 카스트는 통상 출생에 의해 귀속이 결정되고 구성원 사이의 내혼이 이루어지는 단위이며, 지역 집단으로서 지역적 카스트 위계에서 특별한 위치를 갖는다. 카스트 간 관계는 무엇보다도 정과 부정의 개념에 의해 지배되며 일반적으로 최대한의 공식共食 관계는 카스트 내에서 일어난다(Srinivas 1966 : 3). 이러한 특성을 가지는 카스트 제도는 영국 식민 통치와 독립 이후 시기의 갖가지 사회 변화와 국가의 발전 프로그램의 영향으로 많은 변화를 보이고 있다.

낮은 카스트들이 그들의 지역적 위계상의 지위를 향상시키기 위해서 그들의 관습과 생활 양식을 산스끄리뜨화 하려는 노력은 인도 농촌에서 문화적·사회적으로 다방면에 걸쳐 중요한 변화의 과정이 되어왔다. 산스끄리뜨화의 모델은 주로 브라만이었지만 오늘날에는 비브라만 지배 카스트들이 모델로 되는 경향이 증가되고 있는데, 이는 그들의 의례상의 지위보다는 그들의 경제적·사회적 지위에 연유한다.

카스트 관계의 여러 면에서 표출되는 정 - 부정의 관념에도 오늘날 중요한 변화가 일어나고 있다. 카스트의 구성원에 대한 전통적 권위의 상실의 결과 정과 오염의 카스트 규범에 관한 이중 문화, 즉 어떤 맥락에서는 전통적 가치에 그리고 다른 맥락에서는 현대적이고 평등한 가치를 보여주는 현상이 나타나고 있다. 이런 현상은 정과 오염의 관념이 점차 침식되고 있는 농촌 사회의 전환기의 동적 과정을 반영한다. 그러나 정과 부정의 관념이 일반적으로 약화되고 있음에도 불구하고 이전의 불가촉민 카스트들에 대해서는 차별이 계속 행해지고 있다.

정 - 부정의 관념과 밀접한 관련을 가지는 일부 결혼 관습과 의례는 눈에 띨 만한 변화가 있지만, 카스트 내혼 규범은 크게 변하지 않고 있다. 그러나 예전에는 카스트 사이 결혼은 파문으로 인한 카스트 지위의 상실을 가져왔으나 오늘날 농촌 사회는 그러한 결혼에 대해 보다 관용적으로 되었다. 카스트 내혼의 새로운 경향은 내혼 단위와 범위가 넓어진 것이다. 예전에는 결혼이 가장 작은 단위의 자띠 안에서 행해졌으나, 오늘날 자띠 장벽은 특히 각 카스트의 도시화된 교육받은 엘리트에 의해서 무너지고 있다. 이것은 교육, 도시화 '계급 의식'등의 등장에 그 원인이 있다.

오늘날 인도 농촌에서 카스트는 각 구성원들의 생활 양식의 전반을 지배하는 위계 질서로 보기는 어렵다. 카스트는 개별적인 집단으로 존재하나 더 이상 그들의 이해 관계를 조직적으로 관철시키는 하나의 위계 질서로서 통합되어 있지는 않다. 카스트 지위를 평가하는 데 있어서 전통적인 범주보다는 세속적 요인이 점점 더 중요해지고 있으며, 오늘날 각 카스트는 물질적 자원, 교육 및 정치 권력의 몫을 획득하기 위해 서로 경쟁하고 있다.

다음 장에서는 인도 북서부에 위치한 하리야나 주의 히사르Hisar 군의 현지 조사를 통하여 수집된 자료를 중심으로 인도 농촌 지역의 일상 생활과 의례적 영역의 카스트 성격의 변화와 새로운 생활 양식에 대하여 분석하고자 한다.

IV. 하리야나 주 히사르 군에 나타난 카스트의 위계에서 생활 양식 차이로의 전환

1. 히사르 군, 시단와스 촌락의 개관

히사르 군은 하리야나 주의 북서쪽에 위치하고 있으며 북과 북서로는 뻰잡의 바힌다Barhinda 군, 동으로는 하리야나의 진드Jind 군, 남동으로는 로탁Rothak 군, 남으로는 비와니Bhiwani 군, 남서로는 라자스탄의 준즈나Jhunjhna 군, 서로는 하리야나의 시르사Sirsa 군과 경계를 마주하고 있다. 히사르 군은 1970년대 히사르의 일부 지역이 인근의 다른 군으로 배속되었음에도 불구하고, 1981년 현재 하리야나 주에서 가장 면적이 넓고 인구가 많다. 1981년의 센서스에 따르면 히사르 군의 면적은 6,315 평방 킬로미터로서 하리야나주 전체의 약 14.3%를 차지하고 있으며, 전체 인구는 149만 6,534명으로서 주 전체 인구의 약 9%를 차지하고 있다. 히사르 군의 소재지는 히사르이며 히사르 군의 행정 조직은 3개의 구역과 5개의 수세원으로 구성되어 있다. 3개의 구역은 히사르, 한시Hansi, 파떼하바드Fatehabad이며 5개의 수세원은 히사르, 아담뿌르Adampur, 또하나Tohana, 파떼하바드, 라띠아Ratia에 있다.

하리야나에서 주요하게 사용하는 언어는 사용 인구를 기준으로 보면 힌디, 뻰자비, 우르드의 순이며, 우르드어는 독립 이전에 하리야나주에 살던 많은 수의 무슬림들이 주로 사용하였으나 이들이 파키스탄으로 이주한 지금은 소수의 노년층들만이 사용하고 있다. 하리야나 주에서 가장 널리 사용되고 있는 방언은 반구르Bangru, 메와띠Mewati, 아히르와띠Ahirwati이며 이 가운데 히사르 군에서 가장 많이 사용되는 것은 반구르이다.

분리 독립으로 파키스탄에서 하리야나로 이주한 사람들의 대부분은 시르사 군, 암발라Ambala 군, 까르날Karnal 군 등 지리적으로 뻰잡주에 인접하고 있는 군들에 거주하고 있으며, 히사르 군에도 상당수가 거주하고 있다. 현재 히사르 군의 시크들의 대부분은 파키스탄의 물딴Multan 출신이며 이밖에도 리알뿌르Lyallpur, 바하왈뿌르Bahawalpur 등에서도 이주해 왔다. 하리야나 전체 인구의 종교별 분포를 보면 약 89%의 힌두, 6%의 시크, 나머지는 자이나교, 무슬림, 기독교 등으로 구성되어 있다. 히사르 군만을 보면 힌두 92%, 시크 6.5%이며 다음으로 무슬림과 자이나 교도 순으로 많다.

촌락 사단와스는 행정 구역상 히사르 군의 파떼하바드 구역의 또
하나 수세원에 속하며 면 소재지 자칼Jakhal과 인근 면 소재지 라띠
아를 이어주는 비포장 도로를 따라 촌락이 형성되어 있다. 자칼에는
체신국 지청, 전신 전화국 지청, 은행, 정기 시장 등이 있다. 자칼 기
차역은 뻰잡 방향에서 오는 기차들을 히사르 군 소재지의 역으로 이
어주는 역할을 하는데 뻰잡의 루디아나Ludhiana와 자칼을 이어주는
기차 선로는 일찍이 1901년에 놓였으며, 이후 1913년에 자칼과 군
소재지 히사르를 잇는 선로가 가설되었다. 철도를 제외하고는 자칼
을 외부 세계와 이어주는 국도國道와 주도州道가 없기 때문에 육로를
이용하기 위해서는 자칼부터 인근 면 소재지인 부나Bhuna까지의 좁
은 지방 도로를 이용하여 그곳으로부터 다른 지역으로 나가야 한다.

촌락 사단와스가 형성된 시기는 정확치 않으며 1947년까지는 많
은 수의 무슬림과 힌두들이 함께 거주하였지만 인도 - 파키스탄 분
리로 인해 대부분의 무슬림이 파키스탄으로 이주하고 그곳으로부터
시크들이 이 곳으로 이주하였다. 당시 촌락에는 무슬림 외에도 힌두
바니야, 따르칸Tarkhan, 람다스Ramdas, 나익, 방기 그리고 소수의 힌두
오우드, 말리 등이 있었다. 당시까지는 관개 시설이 낙후되고 빈곤
이 심했으며 모든 가옥도 소위 깟차kachccha인 흙집이었다.

파키스탄과의 분리로 인해 약 8만여 명의 이주민이 파키스탄으로
부터 히사르 군으로 이주해 오게 되었다. 이들에게는 무슬림이 버리
고 떠난 가옥이 임시 배정되었으며 파키스탄에서 경작했다는 자신
들의 농지 규모에 대한 각 개인의 주장에 따라 농지가 임시 할당되
었다. 요구된 농지가 과도하여 농지 부족 현상이 있자 파키스탄의
도움을 받아 그곳에 버리고 떠나온 농지 규모 등의 확인 작업을 거

처 1955년에야 비로소 영구 농지 소유권이 이주민에게 주어졌다.

현 촌락으로 이주해 온 집단들은 자뜨 시크Jat Sikh, 아로라Arora, 깜보즈Kamboj, 세니, 라이 시크Rai Sikh, 바지가르Bazigar 및 일부 오우드 등이다. 이들이 이주할 당시에는 전력 공급과 관개 시설이 거의 없었지만 1958년경부터 전력 공급 상태와 관개 시설의 상황이 호전되었다. 이에 따라 작황도 좋아지게 되었다. 특히 이주해 온 자뜨 시크를 비롯한 깜보즈와 세니 등은 농사를 주업으로 하는 전형적으로 근면한 집단이었기 때문에 이들을 중심으로 한 농업 활동은 활기를 보였다. 토착민이면서 가장 다수 집단인 불가촉민 람다스 등은 그들의 무토지 농업 노동자였다. 이주 집단 가운데 라이 시크와 오우드 등이 배당 받은 대부분의 농지는 후일 자뜨 시크, 깜보즈, 세니가 사들여버렸다.

아래 <표 3-1>은 촌락 사단와스의 카스트에 따른 가구 수 및 그들의 직업을 보여주고 있다.

<표 3-1>이 보여주듯이 사단와스는 힌두와 시크의 14개의 카스트에 전체 474가구로 구성된 큰 규모의 촌락이다. 촌락 안에는 브라만과 라즈뿌뜨가 없으며 소위 재생再生 카스트로는 바니야 뿐이며 6개의 여타 후진 계급과 3개의 지정 카스트와 이들 범주에 속하지 않는 자뜨 시크, 깜보즈, 세니 등과 같은 파키스탄으로부터 이주한 집단이 있다. 가장 수가 많은 가구 집단은 전체 가구 수의 약 28.3%를 차지하고 있는 힌두 람다스이며 다음은 23.6%를 차지하고 있는 자뜨 시크이다. 촌락에서 가장 많은 농지를 확보하고 있는 집단은 자뜨 시크이며 다음은 세니와 깜보즈이다. 최다수 집단에 속하는 힌두 람다스와 오우드에게는 거의 농지가 없다.

<표 3-1> 사단와스 촌락의 카스트별 가구수, 직업, 종교 현황

카스트 이름	직 업	가구수 (전체 대비)	종교	비 고
바니야	상업(상점운영)	3(0.6%)	힌두교	
아로라	상업(상점운영)	7(1.4%)	힌두교	
자뜨 시크	농업	112(23.6%)	시크교	
깜보즈	농업	40(8.4%)	시크교	
세니	농업	46(9.7%)	시크교	
따르칸	대장장이	7(1.4%)	힌두교	여타후진계급
오우드	가축장사	65(13.7%)	힌두교	여타후진계급
꿈하르	토기공	5(1%)	힌두교	여타후진계급
침바	재단사	10(2.1%)	힌두교	여타후진계급
라이 시크	임금 노동	8(1.6%)	시크교	여타후진계급
나익	임금 노동	7(1.4%)	힌두교	여타후진계급
바지가르	농업	11(2.3%)	힌두교	지정 카스트
람다스	임금노동/제화업	134(28.3%)	힌두교	지정 카스트
마자비 시크	청소부	19(4%)	시크교	지정 카스트
총계		474(100%)		

  1999년 1월 현재 촌장은 자뜨 시크의 처[37])이며 부촌장은 바지가르 남자이고 촌락 의회원 10명은 자뜨 시크 3명, 깜보즈 3명, 람다스 3명과 1명의 따르칸으로 구성되어 있다. 촌락 내에는 촌장과 촌락 의회원의 공식적 지도자가 있으며 소위 람바르다르lambardar라는 비공식적 지도자도 있다. 사실 후자는 공식적 직책은 아니지만 촌락의 법과 질서의 유지를 돕고 촌락 내에서 발생하는 범법 행위 등을 경찰서나 구역장에게 보고한다. 현재 사단와스의 람바르다르는 자뜨 시크, 세니, 깜보즈, 람다스 각 1명이다. 이들은 촌장과 함께 촌락 내에서 야기되는 각종 갈등의 해소와 촌락과 특정 집단의 규범을 위반

한 자의 징계를 위한 집회에 참여한다.

촌락 내에는 2개의 시크 사원인 구르드와르gurdwar와 1개의 작은 힌두 사원이 있다. <표 3-1>에 제시되어 있듯이 시크 교도는 자뜨 시크를 비롯해 5개의 카스트에 불과하지만 명목상 힌두에 속해 있으나 실제적으로 시크교를 추종하여 구르드와르를 다니는 일부 따르칸, 침바, 람다스 등도 있다. 촌락의 경제력을 장악하고 있는 집단들의 대부분이 시크에 속하기 때문에 비非시크 집단에 대한 시크의 영향력이 강하다. 촌락 내에는 브라만이 없기 때문에 통과 의례 등 각종 의례에서 힌두식을 고집하고 있는 바니야, 아로라, 오우드, 람다스의 노년층은 자칼에 거주하는 힌두 빤디뜨를 초빙한다.

촌락 전체적으로 주로 시크가 사용하는 뻰자비의 영향이 매우 강하다. 하리야나의 방언인 반구르의 사용보다는 뻰자비의 사용을 고급스럽게 생각하여 이의 사용을 선호하는 경향이 있다. 또한 복식에 있어서도 많은 수의 힌두들이 시크식의 터번인 빠그리pagri의 착용을 대체로 선호할 뿐 아니라 꾸르따 - 빠자마kurta-pajama를 착용한다. 또한 일부 힌두 카스트들조차 자신들의 통과 의례를 구르드와르에서 행하는 경우가 적지 않다.

사단와스에서 가장 순수한 시크 교도라 자부하는 자뜨 시크를 비롯해 깜보즈, 세니의 많은 수가 약 15~20여 년 전까지 육식을 하였으며 힌두 가운데에서도 람다스, 오우드 등은 육식을 매우 선호하였다. 그러나 약 20여 년 전에 사단와스를 비롯한 인근 촌락들에 육식 금지, 금주 등을 강조하며 모든 사람들에게 종교적 신앙을 전파한 시크 구루의 영향으로 자뜨 시크를 비롯하여 기타 다른 집단들이 육식을 포기하기 시작하였다. 그러나 힌두 오우드와 바지가르 등은 여전히 육식을 선호하고 있다.

2. 지배 집단의 생활 양식으로의 전환

인도와 파키스탄의 분리 독립 이전의 사단와스에는 무슬림과 소수의 힌두들이 농업에 종사하였다. 가장 다수 세력이었던 람다스 가운데 소수는 전통적인 일인 죽은 가축을 치우고 있으며 이들 가운데 대다수는 무토지 농업 노동자이다. 오우드는 염소 등의 가축을 사육하여 라자스탄 등 타지에 판매하는 일에 종사했기 때문에 농업과는 크게 무관하다.

파키스탄으로부터 이주한 자뜨 시크와 깜보즈 및 세니 집단들은 전통적으로 자영으로 농사를 짓는 근면한 집단이었다. 이들은 이주 후 인도 정부로부터 할당받은 농지를 효율적으로 경영하여 점차 토착민의 토지와 이주 집단 가운데 농사와 무관하지만 토지를 할당받았던 오우드의 토지를 구입하여 1950년대 후반부터 사단와스의 경제적 지배 세력이 되었다. 또한 이들의 일부 가족 구성원은 유럽, 미국, 동남 아시아 등지로 이주하여 해외 근로를 통한 이들의 일부 수입을 촌락에 잔류한 가족의 가옥 신축과 토지 구입 등에 투자하였다. 자뜨 시크를 비롯한 이주 집단 가운데 힌두 오우드를 제외하더라도 시크교를 신봉하는 인구는 전체 촌락 인구의 약 43% 이상을 차지하고 있어 수적으로도 다수 집단이며 경제적으로도 지배 집단이 되었다. 그간 사단와스의 모든 촌장은 시크 출신이었으며 조사 당시의 촌락 의회를 구성하고 있는 10명의 의회 구성원 가운데 1명의 따르칸과 3명의 람다스를 제외한 6명이 시크였다. 그리고 4명의 촌락 비공식 지도자인 람바르다르의 3명 역시 시크이다.

1) 유사 시크 교도화

시크 교도는 일련의 음식과 토바코와 같은 기호품 등에 대한 엄한 금기 외에 외형적으로 정통적 시크 교도임을 나타내는 다섯 물품의 착용을 준수해야 한다. 시크 교도는 머리를 자르지 않는 대신 머리에 터번을 힌두 교도와는 다른 방식으로 착용한다. 성년이 되면 시크교의 성전인 구루 그란트 사힙Guru Granth Sahib의 내용을 최고의 명령으로 삼고 살겠다는 시크교식 입문식을 거쳐야 한다. 입문식을 수행하지 않은 사람은 완전한 시크 교도의 일원으로 인정받을 수 없기 때문에 이 사람이 만든 음식은 일반적인 시크 교도는 먹지 않는다. 한편 입문식을 수행치 않은 사람은 시크 교도가 준수해야 할 규범의 일부를 위반하여도 비난의 정도가 약하기 때문에 입문식을 수행치 않은 일부 청년들은 음주나 흡연을 은밀히 하기도 한다. 정상적인 시크 교도는 다섯 물품의 준수 뿐 아니라 자신들의 모든 통과의례를 구르드와르에서 수행하며 그곳의 구루에게 공양38)을 게을리하지 않는다.

마자비 시크는 힌두 집단의 방기와 동일한 집단으로서, 후자와의 차이점은, 이들이 시크교를 신봉한다는 점이다. 사단와스의 토착 집단인 마자비 시크에 따르면 '독립 이전까지'39)는 방기라 칭해졌으나 독립 이후 스스로 마자비 시크로 칭하고서 시크교를 신봉하기 시작했으며 머리에 빠그리를 착용하였다. 물론 평소에 이들이 착용하는 빠그리는 자신들에게 일거리를 주는 정통 시크와 '감히' 동일하게 할 수 없어 머리에 빠그리를 단순히 몇 번 휘감은 약식을 취하지만 사돈집의 방문처럼 중요한 바깥출입 때에는 정상적인 빠그리를 착용한다.

그 동안 대부분의 마자비 시크는 자뜨 시크, 깜보즈, 세니 등 사르다르지sardarji의 농지에서 분익 소작농으로 농사에 종사하였으나 농업의 기계화가 확산되면서 무토지 임노동자로 전락하였다. 현재 이들은 노동을 파는 것 외에도 자뜨 시크 등의 부유 농가의 집에서 청소부로서 소똥 수거와 마당 청소 등을 하고 이에 대한 대가로 가구당 월 20kg의 밀을 받고 있다.

마자비 시크는 자신들의 방기 집단과 음식 및 혼인의 관계 등을 맺는 등 상호 교류를 하며 방기와 생활 양식에서 거의 차이가 없다. 그러나 독립 이후 그들은 자신들이 섬기는 모든 고용주가 시크였기 때문에 시크로 개종하였다. 그러나 이들의 명칭은 시크로 되어 있지만 실제로는 힌두 방기와 거의 다름이 없다. 단지 다른 촌락의 힌두 방기와 차이가 있다면 마자비 시크가 돼지 사육을 하지 않는다는 점과 이들의 의례를 구르드와르에서 수행하고 있다는 점이다. 전자의 사실은 인도 - 파키스탄 분리 이전에 이 촌락의 지배적 농민들이 무슬림들이었기 때문에 당시 방기들이 돼지 사육을 못했던 현실에서 연유되었다. 비록 젊은층의 시크가 구르드와르에서 의례를 수행하더라도 일부 노년층 마자비 시크가 명칭만 시크일 뿐 스스로가 힌두 방기에 지나지 않는다고 진술하는 것은, 이들 스스로의 시크로서의 정체성이 아직까지도 확고하지 못함을 보여주고 있다.

일부 따르칸, 람다스, 침바는 마자비 시크와는 달리 힌두 범주에 속하지만, 시크와 같은 외형을 부분적으로 채택하여 스스로를 시크 교도로 정체화시키려 하고 있다. 바느질을 전통적 직업으로 하는 침바는 힌두에 속하지만 사단와스의 침바는 스스로를 시크라 주장한다. 이들은 사단와스의 토착민으로서 시크처럼 머리와 수염을 기르면서 시크 구루드와르에서 혼인하고 의례시 구루드와르를 찾아가기 때문에 자신들을 시크 교도라고 생각하는 것이다. 특히 이들은 사단

와스나 하리야나를 벗어날 때 시크식의 빠그리를 착용하고 외부인
에게 자신을 시크 교도라 소개한다. 목수 겸 대장장이 일을 전통적
직업으로 수행하고 있는 따르칸은 머리와 수염을 기르고 시크식 빠
그리를 착용할 뿐 아니라 복식에 있어서도 힌두 남성이 착용하는 차
다르chadar보다는 꾸르따 - 빠자마만을 착용한다. 따르칸은 의례 등
의 목적으로 힌두 브라만을 초대하기도 하지만 구루드와르를 찾는
다. 람다스는 북부 인도에서 짜마르Chamar라 통칭되는 카스트로서
전통적으로 힌두 집단에 속한다. 사단와스의 소수의 람다스는 죽은
가축을 처리하는 전통적인 일에 종사하지만 주로 농업 노동자로서
농업에 종사한다. 이들 가운데 젊은 층의 일부는 촌락 내외에서 시
크식 빠그리를 착용하며, 혼인 의례에서 브라만 빤디뜨 대신 구르드
와르에서 혼인을 거행하기도 한다.[40] 이들이 이러한 태도를 보이는
것은 시크 교도는 부유하고 교육열이 강하고 근면하다는 일반적인
평판에 근거하여 스스로를 시크에 가깝게 동일시하려 하기 때문이
다.

2) 시크 지향적 생활 양식으로의 변화

사단와스의 정통 시크는 자뜨 시크, 깜보즈, 세니이며 라이 시크
와 마자비 시크는 시크라는 명칭이 붙어 있지만 전자의 세 집단과는
달리 수염, 머리 등을 자르거나 또는 사안과 형편에 따라서는 힌두
빤디뜨에게 일을 부탁하는 등 힌두적 속성을 여전히 가지고 있다.
사단와스에서 철저히 힌두의 생활 양식을 유지하고 있는 바니야, 아
로라, 오우드, 나익, 바지가르일지라도 이들이 하리야나가 아닌 외지
에서는 자신을 하리야나인이 아니 뻔잡인으로 행세하려 한다. 실제
사단와스가 뻔잡과의 경계에 있는 촌락이기 때문에 행정 구역상은

하리야나에 속했으나 문화적으로는 뻔잡의 영향이 강하다.

일반적으로 시크들은 시크 교도가 집단으로 거주하고 자신들의 성지가 있는 뻔잡과 깊은 관련성을 갖고 있다. 시크 교도와 유사 시크 교도 그리고 사단와스에 거주하는 힌두들조차 하리야나가 아닌 타지에서 자신을 뻔잡인으로 드러내고자 하는 사람이 많은데 이러한 노력은 일반적으로 '뻔잡 = 부유하고 발달된 지역'과 '뻔자비 사용하는 자 = 뻔잡 사람 = 시크 교도'의 등식이 통용되기 때문이다. 이것의 대표적인 사례는 아래의 오우드의 경우에서 파악될 수 있다.

오우드는 지정 카스트인 람다스를 제외하고는 힌두 가운데 수가 가장 많은 집단이며, 이들은 염소와 양을 사육하여 타지로 판매하는 것을 전통 직업으로 삼고 있기 때문에 현재 농사에 종사하는 오우드는 거의 없다. 이들은 시크식의 빠그리 착용을 하지는 않지만 일부 노년층을 제외하고 대부분이 꾸르따 - 빠자마를 착용한다.

촌락이나 하리야나에 거주할 때는 지역 방언인 반구르를 사용하지만, 염소 판매를 위해 라자스탄 등 다른 지역에 나가 있을 때는 뻔자비를 사용하여 자신이 뻔잡 출신으로 보이도록 한다. 이러한 위장을 하게 된 동기는 뻔잡인 행색을 하게 되면 발달된 지역에서 왔다고 객지인들이 자신을 보다 우호적으로 대해주기 때문이다. 그러나 하리야나 주나 촌락 내에서 오우드는 뻔자비를 사용하지 않고 지방 방언을 사용하며, 특히 여성들은 남성에 비해 학력이 낮고 외부 출입 기회가 거의 없어 하리야나 방언만을 사용한다. 일반적으로 하리야나 안에서조차 시크 지배적인 지역에서는 뻔자비를 사용하는 자는 교육받은 자로, 지방 방언을 사용하는 자는 교육받지 못한 자로 인식되는 경향이 있다. 따라서 오우드 자녀들은 지방 방언을 사용하는 부모를 부끄러워 여기면서 뻔자비 사용을 종용하기도 한다.

뻔자비의 사용은 사단와스의 힌두와 시크 모두가 자신의 집단과 다른 집단을 구분짓는 중요한 기준으로 작용하고 있다. 예컨대 세니는 시크지만 보통 힌두 말리Mali들과 카스트의 기원과 직업이 동일하다. 사단와스에도 독립 이전에 10여 가구의 힌두 말리들이 있었으며 현재도 인근 촌락에는 힌두 말리들이 다수 있다. 파키스탄에서 이주해 온 시크 세니들의 영향으로 사단와스의 토착 말리 가구들도 시크로 개종하여 세니로 행세하고 있으며, 사단와스의 전체 세니들은 자신들과 인근의 말리들 간의 구분을 뻔자비의 사용을 통해 하고 있다. 즉 세니들은 뻔자비를 주로 사용하지만 인근 지역의 말리들은 지방 방언인 반구루를 사용하기 때문이다. 그리고 깜보즈 시크와 힌두 무니 쪼우드리Muni Chaudri는 카스트의 기원과 직업이 동일하다. 그러나 깜보즈는 파키스탄에서 이주해 온 뻔자비를 사용하는 사람이고 후자는 하리야나 토착민이면서 지방 방언을 사용하는 사람이다. 마자비 시크와 힌두 방기의 구분과 바늘질업을 하는 침바와 치삐Chipi간의 구분도 세니나 깜보즈와 같이 뻔자비의 사용 여부를 통해 이루어지고 있다.

언어와 함께 시크 영향력이 사단와스에서 발견되는 것이 의복 착용 영역이다. 깜보즈/무니 쪼우드리, 세니/말리, 마자비 시크/방기, 침바/치삐의 구분이 의복 착용을 통해 이루어지는 것은 남녀의 성별에 따라 다소 다른 내용을 보여준다. 즉 남성 의복 착용은 시크와 비시크간의 차이가 발견되지 않고 모든 남성들이 꾸르따 - 빠자마를 착용하고 있어 구분이 쉽지 않지만, 남성 의복에 비해 보수성이 강한 여성 의복은 힌두와 사단와스의 시크 사이에 차이가 발견된다. 대부분의 남성들이 꾸르따 - 빠자마를 착용하지만 정통 시크 즉 자뜨 시크, 깜보즈, 세니를 제외한 모든 힌두와 마자비 시크나 라이 시크와 같은 유사 시크 교도의 노년층들은 상의에 꾸르따 또는 서양식이 섞인 까미즈에 차다르를 착용한다. 그러나 후자 집단의 젊은 세대들은 차다르를 착용치 않고 거의 빠자마 또는 서양식 신사용 바지를 착용한다.

한편 사단와스 카스트들의 여성 구성원들은 거의 모두 꾸르따 - 빠자마를 착용하고 있지만 사단와스에 거주하지 않는 힌두 여성들은 꾸르띠 - 렝가kurti-lengha 또는 꾸르띠 - 가그라kurti-ghagra를 착용하고 있다. 꾸르티는 허리까지 내려오는 블라우스 상의로서 농촌 지역의 여성들이 주로 착용하며 허리와 배꼽이 감추어진다. 렝가 또는 가그라는 인도의 힌두 여성들이 전통적으로 농촌 지역에서 착용하는 의복으로 가그라는 무릎 바로 아래까지 내려오는 주름 치마이고 렝가는 가그라보다 주름 수가 작으면서 길이가 발목까지 내려오는 치마이다. 사단와스 사람들에게는 꾸르따 - 빠자마 착용에 비해 꾸르띠와 렝가 또는 가그라를 착용하는 것은 '농촌 출신', '낙후된', '세련되지 못함' 등을 의미하는 것으로 인식되고 있다.[41]

사단와스가 시크 지향적인 생활 방식으로 전환되고 있음은 촌락민들의 식습관의 점진적 변화에서도 알 수 있다. 촌락에 무슬림이 있던 시기에는 전체적으로 촌락민들의 식습관은 형편이 허락하는 한 육식을 선호하는 분위기였다. 소고기를 비롯해 다른 육식을 즐겼던 무슬림과 염소나 양고기를 즐겨먹는 힌두 오우드 뿐 아니라 일부 람다스는 소고기를 먹었으며 다른 종류의 육식도 선호하였다. 한마디로 소수의 바니야를 제외하고는 대부분의 사단와스 촌락민들은 형편이 허락한다면 육식을 하였다.

육식 인구보다는 채식 인구가 더 많았던 파키스탄에서 이주해 온 자뜨 시크, 깜보즈, 세니 등이 촌락에 정착한 이후 육식은 채식에 비해 더 바람직하지 못한 식습관이라는 인식이 확산되기 시작하였다. 더구나 약 15년 전에 사단와스를 비롯해 인근 지역에서 한 저명한 시크 구루가 육식 습관 포기와 금주 등의 생활 방식을 요구하는 포교 활동을 하여 시크를 비롯한 많은 육식가들의 식습관을 변화시킨 것이 큰 영향을 끼쳤다.

채식을 강조하는 사람들은 육식이 사람들의 몸을 병들게 한다고 생각하는 경향이 있다. 예컨대 시크들은 촌락의 힌두 오우드에게 결핵 환자가 많은 주요 이유를 다른 카스트에 비해 육식을 선호하여 지속적으로 육식을 하고 있는 힌두 오우드의 식생활 유형에서 찾고 있다. 오우드들의 염소와 양의 사육으로 인해 주거 환경이 청결치 못하여 질병이 많다는 점은 부차적인 이유로 여겨진다. 자뜨 시크를 비롯한 대부분의 시크들은 오우드들이 촌락 내에서 육식을 여전히 자주하고 특히 혼인 등의 연회에서 고기를 대접하기 때문에 오우드의 연회에는 참여하지 않는다고 주장한다.

3. 위계의 약화 : 카스트의 내부 관계

카스트 내부에는 여러 종류의 하층 카스트들이 있고 그것들은 일련의 위계 아래에서 상호 작용을 한다. 위계가 구체적으로 드러나는 영역은 혼인 등의 의례적 영역과 음식 관계와 같은 일상적인 영역에서이다. 서로 다른 카스트 간의 위계 질서 외에도 동일 카스트 내부에서도 여러 종류의 하층 카스트 간에 위계가 발견되며 이 경우에도 상대에 대한 위계적 지배는 일반적으로 음식 관계와 혼인 관계를 통해 주장된다(Mayer 1960 ; Kim 1994).

사단와스의 경우, 세니는 토착 말리를 자신들보다 모든 점에서 열등하게 생각한다. 언어와 복장상의 차이점 외에도 말리에 비해 세니가 경제적으로 안정되어 있고 다른 카스트에 대한 영향력이 크다고 생각하기 때문에 그들은 약 15년 전까지는 말리와 혼인과 식사의 관계를 맺지 않았다. 그렇지만 말리의 경제적 형편이 좋아지고 이들의 뻔자비 사용 빈도가 높아지며 특히 일부 말리들이 시크교를 따르기 시작하면서 세니와 말리간에 혼인 및 음식의 관계가 성립되기 시작했다. 깜보즈는 힌두 무니 쪼우드리와 거의 일상적, 의례적 접촉을 하지 않았다. 깜보즈의 입장에서는 경제적 형편이 좋은 자신들과는 달리 무니 쪼우드리는 경제적으로 어려워 여러 가지의 채소를 섭취하지 못하고, 소위 '짜트니 로띠를 먹는 자'이다. 그들은 청결치 못한 의복을 착용하고, 뻔자비를 사용치 않고 지역 방언을 사용하기 때문에 깜보즈 입장에서는 그들과 혼인 관계 등을 맺지 않았다고 한다. 그렇지만 인근의 무니 쪼우드리 집단이 뻔자비를 사용하기 시작하고 시크처럼 머리와 수염을 자르지 않는 등 외형적으로나마 시크에 근접하면서, 깜보즈들은 5~6년 전부터 불완전하나마 ― 무니 쪼우드리의 여성을 받기만 하지 자신의 여성을 주지 않는 형식의 ― 혼인 관계를 맺기 시작했다. 침바와 치삐는 모두 힌두지만 침바는 스스로를 시크라고 주장하며 외형적·종교적으로 시크교를 받아들인다. 침바는 시크교를 신봉하면서 채식을 주로 하기 때문에 스스로를 힌두 치삐보다 정하다고 생각할 뿐 아니라, 많은 수의 힌두 치삐가 여전히 바느질업에 종사하여 경제적 형편이 어려운 반면 자신들은 거의 모든 가구가 자영농으로서 경제력이 있다고 한다. 최근 3~4년 이래 점차로 치삐 집단의 여성을 수용하는 식의 혼인 관계가 침바와 치비간에 이루어지고 있다.

이상의 깜보즈, 세니, 침바 카스트의 사례들은 최근 10여 년 이래 카스트 내부에서 의례적 정淨함의 차이로 인해 혼인 관계와 음식 관계를 맺지 않음으로써 위계를 강조했지만 하층 집단들이 점차 두 집단간의 생활 양식, 즉 위생상의 청결함, 정淨한 언어와 복식의 사용, 종교 등의 동질화로 혼인 및 음식의 관계가 이루어지고 있음을 보여주고 있다.

이러한 관계의 개선에도 불구하고 여전히 위계적으로 우월함을 내세우는 집단이 일방적으로 여성을 받는 집단이 되고 자신의 여성을 상대 집단에게 주지 않으려 하며, 혼인 사례도 아직 많지 않을 뿐 아니라 이런 종류의 혼인 관계를 '잘된' 혼인으로 여기지 않고 있다. 이처럼 공적으로는 카스트의 위계 문제가 아닌 생활 방식의 차이가 강조되지만 개인적인 사안에서는 위계가 사라진 것이 아니고, 이로 인해 인도 농촌 사회의 소위 이중 문화의 단면을 보여주고 있다.

위의 세 카스트들과는 달리 마자비 시크는 비록 시크로 개종하였지만 자신들과 유사한 힌두 집단과는 과거부터 지속적으로 혼인 관계를 맺고 있어 특정 종교로의 개종이 그들의 혼인 관계에 걸림돌이 되지 않고 있다. 예컨대 마자비 시크는 힌두 방기와 오래 전부터 혼인과 음식 관계를 맺고 있다. 이들의 전통적 일은 오물 치우는 일로 동일하다. 단지 두 집단간의 차이점이 있다면 힌두 방기는 오염 관념이 강한 힌두 지배적 촌락에서는 여전히 매우 천한 대접을 받지만, 시크 지배적인 사단와스의 마자비 시크는 의례적 오염으로 전자만큼의 어려움을 당하진 않는다는 것이다. 따라서 마자비 시크는 촌락의 구르드와르를 자유롭게 출입할 수 있다.

가장 수가 많은 힌두 집단인 람다스는 보통 짜마르라 알려진 지정 카스트이지만 사단와스 람다스들은 쇠가죽으로 재래식 구두인 주따juta를 만드는 2~3 가구를 제외하고는 자신의 카스트가 죽은 가축 치우는 일을 하지 않는다고 말한다. 현재 사단와스에서도 죽은 가축을 치우는 일이 깨끗하지 못한 일이라 여겨지지만, 시크 지배적인 촌락이기 때문에 람다스가 다른 카스트들에 대해 지켜야 할 행위나 금기 등이 그다지 복잡하거나 엄격하지 않다. 카스트를 불문하고 소가 죽어 집밖으로 실려 나갈 때 죽은 소를 트랙터나 마차에 올리는 일은 2~3명의 람다스 외에도 죽은 소 주인의 손을 반드시 필요로 한다. 따라서 죽은 소의 주인은 자신의 손에 죽은 소가 닿을 수밖에 없게 되며 이러한 행위를 특별히 오염으로 여기지 않고 있다. 지금도 대부분의 람다스가 죽은 소를 치우는 일을 계속 수행하거나 쇠가죽 신발을 만드는 일을 하는 가구와, 내심으로 꺼리는 경향은 있지만, 혼인이나 음식 관계를 단절하는 일은 없다.

자뜨 시크는 힌두와 원칙적으로 모든 관계를 맺고 있지 않다. 20~30여 년까지는 비非시크 또는 다른 카스트와 혼인하면 그 가정과 혼인 관계와 음식 관계를 단절하는 등 카스트 집단에서 징계를 하였다. 그러나 이제는 이러한 징계의 강도도 낮으며 일정 기간이 지나면 금기를 위반한 가정과의 관계가 개선된다. 힌두 오우드, 바니야, 따르칸 등은 여전히 상이한 하층 카스트 사이의 혼인 관계를 허용하지 않음을 다른 집단에 비해 상대적으로 엄격하게 지키고 있으며, 상이한 카스트와의 결합이 이루어지면 이들의 자녀는 몇 세대 걸쳐서까지 '정상적'인 배우자와 혼인하기 어려워진다.

이처럼 혼인의 규칙을 여전히 엄격히 하고 있는 카스트 가운데에서 힌두 오우드는 다른 카스트와는 달리 인근 30~40여 개의 촌락에 걸쳐 힌두 오우드 카스트 위원회Aud Caste Council를 가지고 있다. 이 위원회는 각 촌락의 대표들로 구성되는데, 여기서 오우드 카스트의 지위 향상을 위한 행동 강령이 결정된다. 오우드는 흔히 오우드

라즈뿌뜨Aud Rajput라 불리는데, 이들이 파키스탄에서 이주하여 새로운 환경에 정착한 후 자신의 카스트 위원회에서 스스로를 라즈뿌뜨라 칭할 것이 결정되었기 때문이라고 한다.

그러나 여타 후진 계급에 대한 의석 지정 정책이 시행되자 다시 위원회가 일상적 삶 속에서는 오우드 라즈뿌뜨라 부르지만 공식적 서류 기재에는 라즈뿌뜨를 삭제할 것을 요구하고 있다. 이처럼 카스트 위원회의 행동 지침[42]을 통해 오우드 집단은 지위 상승을 추구하고 있으며 오우드 집단의 혼인이나 음식 관계의 지평은 여전히 좁은 편이다. 또한 사단와스에서는 유일하게 카스트 위원회가 운영되고 있다. 이것은 이들 카스트의 전통적 가치를 유지하는 통제 기제가 지속되고 있다는 것을 의미한다.

4. 서로 다른 카스트 간의 상호 관계

1) 불가촉성과 오염 개념의 약화

사단와스에서는 시크 집단의 영향력이 증대되면서 힌두 지배적인 촌락에서 찾아볼 수 없는 소위 불가촉민에게 가해지는 금기들이 점차로 사라지게 되었다. 그러나 불가촉민과 상층 카스트의 진술들을 종합하여 보면 일반적으로 오늘날과 같은 상이한 카스트 간의 상호 관계가 이루어진 것은 불과 약 15~25년 전부터일 것으로 추정된다. 이것은 시크 교도들이 오염과 불가촉성의 개념을 완전히 불식하고 있다는 것을 의미한다는 것은 아니다. 그러나 이것은 힌두 카스트의 위계 질서를 부정하고 구르드와르에 부설되어 있는 공동 식당에서 모든 사람이 함께 식사를 할 수 있어야 한다는 시크교의 이념을 따르는 집단들이 사단와스에서 세력을 안정되게 잡은 이후 힌두 집단들에 비해 불가촉민들에 대한 행위 통제를 크게 완화시켰음을 의미한다.

사실 20~30여 년 전에는 람다스와 마자비 시크, 바지가르에 대한 비非불가촉민들의 행위는 힌두 지배적 촌락의 모습과 유사하였다. 모든 연회에서 빵끄띠pankti가 운용되어 불가촉민은 문밖이나 가축 우리 근처에 앉아서 식사하고 식사를 위해 자신의 식기를 가져와 음식을 먹어야 했으며, 특히 그들에게는 비불가촉민의 암소 등의 가축 우리와 부엌 출입이 금지되었다. 식수를 위해 람다스 우물과 마자비 시크의 우물이 별도로 있어서 그들은 그것만을 이용하였다. 불가촉민이 비불가촉민의 집을 출입할 때 신발을 벗어야 하며 어떤 형태로든 신체적 접촉은 허용되지 않았다.

현재는 빵끄띠 체제가 엄격하게 운용되지 않고 있으며 람다스에게 '하리잔'이란 호칭을 사용한다. 비불가촉민 집에서 마자비 시크나 람다스에게 음식을 제공할 일이 있으면 전자는 이들 용으로 별도로 준비해 둔 식기를 사용하며 후자는 식사 후 식기를 직접 세척하고 전자는 이를 별도의 위치에 보관한다. 식수는 이제 더 이상 불가촉민용 별도의 우물에서 제공되지 않으며 약 30여 년 전부터 손 펌프와 모터가 장착된 수도가 보급되기 시작하여 현재 약 전체 인구의 25% 이상의 가구가 개별 손 펌프를 소유하고 있다.

불가촉성과 오염의 개념이 과거에 비해 크게 약화되고 이에 따라 상이한 카스트 사이에 공식적 범주의 폭이 넓어지고 있는 것은 사실이지만, 특정한 카스트 사이의 음식물 수수 관계의 금기는 여전히 존재하고 있다. 힌두 바니야와 아로라는 음식 관계에서 가장 보수적인 집단들로서 자뜨 시크와만 음식 공유 관계를 지니고 있다. 자뜨 시크 역시 시크 이념상으로는 구르드와르에 나오는 모든 카스트 집단과 음식 공유가 가능해야 하지만 음식과 용기의 불결함을 핑계삼아 바니야, 아로라 외에 깜보즈, 세니 시크 집단과만 음식 관계를 공유하고 있다.

세니와 깜보즈의 음식 관계의 범주는 비슷하다. 이들은 바니야, 아로라, 자뜨 시크의 음식은 먹을 수 있으나 마자비 시크, 람다스, 바지가르 등의 지정 카스트 외에 오우드, 침바, 나익 등의 음식도 먹지 않는다. 그러나 최근 들어 이들은 라이 시크의 음식은 깨끗하다면 먹을 수도 있다고 생각한다.

바니야와 아로라를 제외한 힌두 가운데 가장 의례적으로 정(淨)한 집단으로 인정받는 것은 따르칸이다. 나무를 이용하여 노동을 하는 것은 그렇게 의례적으로 낮은 일이 아니라 여겨지기 때문에 오우드, 꿈하르, 침바 등이 따르칸의 음식을 받아먹는다. 침바는 스스로를 시크라 생각하는 집단이며 이들은 따르칸 보다는 못하지만 오우드나 꿈하르보다는 의례적으로 깨끗하다고 생각한다. 최근 들어 따르칸은 꿈하르와 음식 관계를 공유하기 시작했지만 오우드, 라이 시크, 하리잔의 음식은 여전히 거부한다. 꿈하르 역시 자신들이 오우드나 침바보다는 의례적으로 상층에 있다고 생각하지만 최근 들어 오우드와 음식 관계를 개선하였다. 이들은 침바, 라이 시크, 하리잔의 음식을 거부한다.

오우드가 육식을 즐긴다는 사실은 다른 비불가촉민이 오우드의 음식을 거절하거나 오우드를 의례적으로 낮게 보는 이유가 되고 있다. 오우드는 하리잔, 라이 시크의 음식을 거절하고 있으며 최근 들어 꿈하르와는 음식물 수수의 관계를 갖고 있다. 라이 시크는 오우드, 침바, 따르칸으로부터 음식 관계를 거절당지만 세니, 깜보즈와는 음식을 공유하고 있으며, 자뜨 시크 역시 라이 시크의 음식 수용 가능성으로 추정할 때 오우드, 꿈하르, 침바 등과 비슷한 의례적 지위에 있는 것으로 생각할 수 있다.

하리잔들 가운데에서 람다스와 마자비 시크는 서로 음식을 함께 나누지 않았지만 5~6년 전부터 음식 공유를 시작하였으며, 바지가르는 이들의 음식을 거절하고 있다. 그러나 람다스는 바지가르의 음식을 수용하고 있는 것으로 보아 바지가르의 의례적 지위가 다소 높은 것으로 보인다.

이상의 음식 공유 관계에서 나타난 바와 같이 바니야, 아로라, 자뜨 시크처럼 다른 카스트에 의해 우월한 것으로 인정받는 경우가 아니고 비슷한 지위를 누리고 있는 따르칸, 침바, 꿈하르, 오우드, 라이 시크의 경우가 음식물 수수의 관계를 토대로 지위 경쟁이 심함을 알 수 있다. 그러나 앞서 언급된 일부 카스트에서 발견되듯이 최근 들어 음식 관계를 갖게 된 사례들을 보면 오염 등의 개념을 토대로 형성된 경직된 의례적 위계가 약화되고, 해당 집단의 경제적 형편과 이로 인해 나타나는 음식 등의 일상 생활의 깨끗함[43]에 따라 새로운 관계가 설정될 수 있음을 알 수 있다.

오염과 불가촉성의 개념이 유발되는 가장 중요한 것은 탄생과 죽음의 맥락에 관련되어 있다. 현재 탄생과 죽음에서 중요한 역할을 수행해야 하는 이발사 나이Nai와 도비Dhobi는 사단와스에는 없다. 예컨대 출산 때에는 조산원과 출산모의 피묻은 옷을 세탁해야 할 세탁부가 필요하다. 물론 불가촉민의 경우는 출산과 죽음 의례시 당사자들이 처리하는 경우가 일반적이지만 비불가촉민에게는 전문 카스트가 필요 불가결하다. 현재 자뜨 시크 등은 출산시에 자칼에 있는 도비와 나이를 불러 고용하기도 하지만 조산원인 다이Dhai는 촌락의 하리잔인 마자비 시크 등을 고용할 수 있다. 시크의 장례식의 경우는 구르드와르의 구루가 주도하지만 힌두 가운데는 바니야와 아로라만이 자칼에서 나이를 불러 고용하고 있다.

출산과 장례에는 여전히 오염이라는 개념이 작용하고 있어 비불가촉민들은 조산원을 고용하며 장례식은 힌두 빤디뜨 또는 구르드와르의 구루가 장례식을 주도한다. 장례식에서 떼르미termi라는 오염을 제거하는 의례를 수행하고 있지만 오우드와 같은 일부 카스트 위원회에서는 떼르미가 야기하는 경제적 손실을 우려해 수행하지 말 것을 권고하기도 한다. 이처럼 소수의 상층 힌두 카스트를 제외하고 대부분이 스스로 의례적 직무에 있어서 오염이라는 개념을 크게 개의치 않고 있는 점은 사단와스에 오염과 불가촉성의 개념이 다른 촌락에 비해 강하지 않기 때문으로 해석된다.

이와 관련하여 의례 외적 맥락의 카스트의 성격도 관찰할 수 있다. 1980년대 이후 카스트가 정치적 맥락, 특히 선거에 깊숙이 관여하면서 람다스와 같이 다수 집단의 정치적 영향력을 의식하기 시작하면서 불가촉민에 대한 노골적인 차별화가 약화되기 시작했다. 전체 촌락 인구의 28.3%를 차지하고 있는 람다스는 촌장 선거를 비롯해 주 의원 선거 등에서 중요한 유권자 집단으로 그 중요성이 부각되기 시작했다. 촌락의 공식적 지도자인 촌장을 비롯해 빤짜야띠 라즈 구성원 10명 가운데 3명이 람다스 출신이며, 4명의 비공식적 지도자인 람바르다르 가운데 1명의 람다스가 유일한 힌두 집단 출신인 점은 람다스의 수적 지배성 때문인 것으로 여겨진다.

힌두 지배적인 촌락의 짜마르가 지배 집단 가옥 출입이 자유롭지 못하고 사원의 출입이 여전히 자유롭지 못한 것과는 달리 사단와스에서는 람다스가 자뜨 시크[44]의 집을 비롯한 다른 상층 카스트의 집 출입이 자유롭고 신체적 접촉도 상대적으로 개방되어 있는 편이다. 특히 람다스 등의 일부 젊은 세대들이 시크식의 빠그리 착용을

모방하는 일과 람다스의 거의 모든 구성원들이 싱Singh이나 람Ram이
라는 이름을 자유롭게 사용할 수 있는 것은 람다스의 수적 우월함을
의식하여 시크 집단들이 람다스와 불편한 관계를 원치 않기 때문인
것으로 해석될 수 있다. 시크들은 자신들의 종교적 신념 때문에 불
가촉민에 대한 차별 대우를 하지 않으며 오히려 촌락 안의 힌두 집
단들이[45] 불가촉민을 차별한다고 주장한다.

2) 재생 카스트 문화의 부재와 생활 양식의 동질성

힌두 카스트 제도에서 정당성을 확보하고 있는 재생 카스트 문화
는 산스끄리뜨 문화 전통을 공유하고 있다고 전제된다. 따라서 이들
은 채식을 선호하고, 형제 연혼levirate이나 로가이 까리logai kari같은
혼인 행위를 하지 않는 것으로 알려져 있다. 또한 카스트의 금기를
위반했을 경우 위반자에게 가해지는 벌칙이 엄격하여 정상적인 카
스트의 일원으로 인정받기 위해서는 복잡한 오염 제거 행위 등이 요
구된다. 하지만 사단와스에서는 그렇지만은 않다. 그것은 이 촌락에
나타나는 지배 카스트의 성격 때문이다. 사단와스에는 힌두 브라만
이 없으며 소위 재생 카스트에 해당되는 바니야와 아로라가 있으나
이들은 수적으로 극히 소수일 뿐 아니라 경제적 상황이 자뜨 시크
등의 시크 집단보다 열등하기 때문에 이들의 생활 양식이 여타 다른
카스트들의 생활 양식의 모방 대상이 될 수 없다.

형제 연혼은, 현재 사단와스에서 바니야와 아로라를 제외한 전체
카스트가 이를 허용하고 있다. 원래 형제 연혼의 대상은 사망한 남
편의 손아래 형제 범주에 속하는 자가 유일하다. 즉 여성은 자신이
얼굴을 가리는 궁거트ghunghut의 착용을 할 필요가 없는 상대에게만
시집을 가는 것이 허용된다. 그렇지만 일부 람다스의 경우는 사망한

남편의 손위 남자 형제와의 연혼도 허용하는 상당한 파격이 나타나고 있다.

로가이 까리의 경우도 크게 다르지 않다. 로가이 까리란 정상적인 형식의 혼인을 통해 여성을 맞는 것이 아니라 혼인식을 치르지 않고 외지에서 여성을 데려와 부부로 사는 것을 말한다. 따라서 외부 즉 남성의 문화권 밖에서 여성을 데려올 경우 그 여성의 카스트의 신분을 확인할 수 없기 때문에 해당 남성 카스트 집단 구성원들은 해당 부부를 인정하지 않으려 한다. 따라서 이러한 정체 불명의 혼인에 대한 의구심을 제거하기 위해서는 해당 남성이 일련의 오염 제거를 위한 의례나 연회를 제공함으로써 자신이 속한 카스트의 집단으로 합류할 수 있는 길을 반드시 모색해야 한다. 보통 힌두 재생 카스트 지배 분위기 아래에서는 이러한 결합을 통해 얻은 자녀들은 몇 세대 이내에는 정상적인 배우자를 만나기가 어렵고, 결국 그와 유사한 내력을 지닌 집안끼리 혼인한다(Kim 1994 ; 박정석 2000). 사단와스에서도 대부분이 로가이 까리를 선호하지는 않는다. 하지만 불가피하게 일어난 경우 해당 카스트 집단이 까다로운 오염 제거를 위한 일련의 의례를 치르도록 요구한다거나 당사자들을 집단에서 추방시킨다든지 하는 행위는 하지 않을 뿐이다. 그들은 얼마간 그 부부와 거리를 두고 지내지만 시간이 흐르면서 결국 자신들의 집단 일원으로 인정해 주는 것이 보통이다. 로가이 까리를 통한 결합처럼 비공식적 결합으로 인한 자녀들의 혼사가 전혀 문제되지 않는 것은 아니지만 힌두의 재생 카스트가 지배 카스트의 위치에 있고 그들이 오염을 엄격히 적용하고 있는 촌락에 비해 그 제재가 심하지는 않다.

5. 히사르 군, 사단와스 촌락에 나타난 의례적 위계 약화의 의미

사단와스처럼 힌두적인 규범과 관습이 지배적이지 않고 시크적인 것이 지배적인 촌락에서는, 흔히 힌두 사회의 근간으로 여겨져 왔던 카스트의 성격에 변화가 상당할 수밖에 없다. 따라서 자연스럽게 사단와스에서는 카스트의 위계라는 구조적 원리에 어긋나는 많은 실재적인 사례가 정치, 경제적인 영역 뿐 아니라 의례적 영역에서도 발견되고 있다.

사단와스의 세니 - 말리, 깜보즈 - 무니 쪼우드리, 침바 - 치삐 등의 대립적 구도 내에서 과거에는 전자 집단과 후자 집단간의 음식 관계와 혼인 관계가 의례적 정결함의 차이로 인해 폐쇄되었다. 그러나 최근 10~15여 년 전부터 두 집단 사이의 생활 양식의 동질화 정도가 커지면서 동일 카스트 내부에서 상호 관계의 지평이 넓어지고 있다. 즉 과거의 하층 카스트 간의 위계적 등급은 이제는 상이한 하층 카스트 간의 경제적 형편의 차이로 인한 식사 습관과 의복 상태의 차이, 착용하는 의복의 종류의 차이, 사용하는 언어의 차이 등으로 설명되고 있으며, 이러한 생활 양식의 동질화에 따라 두 집단 간의 혼인과 음식 관계의 교류 빈도도 높아져 가고 있다.

카스트 위계의 약화 현상은 상이한 카스트 간의 관계에서도 목격된다. 시크들이 촌락에의 지배력이 안정되기 시작하면서 힌두 지배적 촌락과는 달리 오염 등의 개념들이 일상 생활과 의례적 상황의 적용 정도가 약화되고 있다. 비록 대부분의 집단들이 이중 문화적 기준을 토대로 공적 혹은 사적 영역의 행위 규범이 여전히 달리 적용되고 있지만 사단와스의 상당 부분의 힌두들이 지배적인 시크적 기준을 채택함으로써 오염과 불가촉성의 개념의 적용 정도가 약화되어가고 있다. 즉 최근 들어서는 음식 관계만 고려하더라도 오염 등의 개념을 토대로 형성된 경직된 의례적 위계가 약화되고, 해당 집단의 경제적 형편과 이로 인해 나타나는 음식 등의 일상 생활의 위생적인 청결도에 따라 새로운 관계가 설정될 수 있음을 알 수 있다.

사단와스에서 시크가 지배 집단일 뿐 아니라 브라만과 끄샤뜨리야와 같은 소위 힌두 상층 카스트의 부재는 힌두들의 시크적 생활 양식의 채택과 생활 양식의 동질화를 촉진시킨 원인이 된 것으로 이해된다. 지배 집단인 자뜨 시크를 비롯한 모든 집단이 소위 힌두 상층 카스트가 금기시하는 관습들을 허용하거나 관대하게 처리하고 있는 것은 사단와스에서 카스트의 의례적 위계가 더 이상 전체 사회를 구조화시키는 역할을 할 수 없음을 보여주고 있다.

V. 카스트의 생활 양식으로서의 성격 전환과 위계 구조의 약화

근대 이전 시기의 카스트 제도는 변화를 거듭한 것이 사실이지만 그것은 항상 위계 구조 안에서만 이루어져 왔다. 그리고 그 변화는 항상 브라만 이데올로기를 중심으로 하여 사회의 안정적 통합이라는 원칙 속에서 이루어져 왔다. 상향 이동을 하는 가운데 새롭게 형성된 위계 구조는 그에 합당한 혼인의 범주를 새롭게 설정하고 그것을 중심으로 또 다른 모습의 생활 양식의 규제와 배타가 형성되는 것이다. 이는 브라만 문화라는 큰 구조 안에서 일어나는 내부 변화일 뿐 사회 구조의 변화로 발전하지는 않았다. 특히 중세의 봉건적 농경 사회에서 브라만 문화의 법제화와 그를 토대로 한 위계 구조의 구축이 공고히 되었다.

근대 산업 사회의 등장 등 변화된 정치·경제적 환경과 구조로 일부 하층 카스트들의 소위 산스끄리뜨화라는 과정을 통하여 사회적 지위 향상의 시도와 서구화 과정은 정 - 부정의 관념에 변화를 가져온다. 더구나 개인이 부나 권력의 중심이 되는 산업 사회에서는 집단간의 문화의 동질성을 이루기가 어려울 뿐더러 그 위에서 명확한 서열을 매기기는 더욱 어려워진다. 그 결과 카스트 사이에는 위계보다는 생활 양식의 차이가 상대적으로 강조된다. 음식과 혼인의 관계를 보더라도 상대적인 깨끗함의 정도가 카스트의 의례적 지위를 나타내는 등급의 지표로 작용하는 것이 아니라 점차 단순히 상이한 카스트 간의 분리의 징표로써 상이한 카스트들의 삶의 방식상의 차이로 설명되고 있다.

최근 20~30여 년 동안 규제와 위계의 관계와 관련하여 상당한 변화가 일어나고 있다. 이러한 변화는 음식에 관한 측면에서 가장 활발히 일어나고 있다. 인도의 다양한 지역에 대한 현지 조사 보고서에 따르면 적어도 의례적 맥락에서 제공되는 빡까 음식에 관해서는 연회 석상의 빵끄띠가 거의 지켜지지 않아 카스트별로 일정한 간격을 두고 식사를 하는 모습이 사라지고 있는 경향이 있다. 이제 의례적인 정淨 - 오염을 토대로 위계를 주장하는 일이 각 카스트의 '먹고 - 마시는'(칸 - 빤khan-pan) 생활 양식의 관계 혹은 '살아가는' (라한 - 사한rahan-sahan) 생활 양식으로 전환되고 있다. 카스트가 이제 서로 다른 위계보다는 서로 다른 독특성과 이에 따른 문화적인 차이에 대한 표현으로 점차 전환되고 있는 것이다.

음식과 더불어 혼인에 관해서도 마찬가지의 현상이 일어나고 있다. 여전히 카스트 내혼이 널리 시행되고 있지만, 내혼의 지평이 훨씬 넓어진 것이 엄연한 사실이다. 유사한 직업이나 관습 등을 가지고 있는 다른 지역의 카스트와 혼인하는 경우 또한 점차 증가되고 있다. 서로 다른 두 집단이 청결한 주변 환경이나 언어와 의복 등의 생활 양식의 동질화를 통해 양자간의 위계의 차이가 희박해지고, 이에 혼인 및 음식의 관계를 공유하는 것으로 발전한다. 또한 다르마를 위반한 구성원에 대한 제재 역시 그 강도가 현저히 약해지고 있는 것 또한 같은 맥락의 현상이다. 이러한 경우에 두 집단이 시크교와 같은 카스트 제도를 부정하는 특정 종교를 공유하는 경우에는 더 큰 상승 효과를 내기도 한다. 이에 관한 좋은 예를 시크교와 뻔잡의 문화가 주도적 위치를 차지하고 있는 하리야나의 히사르 군의 사단와스에서 찾아 볼 수 있다.

그렇지만 한 쪽에서 이러한 상황의 변화가 있음에도 불구하고 여전히 위계적으로 우월함을 내세우는 집단이 엄존하고 있다. 그들은 일방적으로 여성을 제공받는 집단이 되고자 하지만 자신의 여성을 상대 집단에게 주려고 하지는 않는다. 또한 그런 종류의 혼인 관계를 '잘 된' 혼인으로 여기지 않는 경우가 많다. 이러한 경향은 힌두교가 지배적인 많은 촌락에서는 여전히 상당한 영향력을 유지하고 있다. 이것은 결국 공적인 측면에서 카스트의 위계가 약화되고 그 자리에 생활 양식의 차이가 강조되지만, 사적인 측면 — 특히 혼인 관계 — 에서는 여전히 위계가 사라지지 않고 있는 현상이다. 이것이 인도 농촌 사회의 소위 이중 문화의 단면이다.

미 주

1) '불가촉민'은 1901년 센서스 조사시, 힌두 전통 사회에서 바르나 체계에 속하지 않는 자들을 가리키는 용어 가운데 하나인 '아스쁘리샤'(asprishya ; 접촉할 수 없는 자)를 영어로 'untouchable'이라고 옮기면서 사용되었다. 힌두 위계 구조에서 최하위에 속하는 이들을 가리키는 용어로는 '불가촉민' 외에도 하리잔(Harijan), 달리뜨(Dalit), 지정 카스트 등이 있다. 불가촉민에 대해 보다 자세한 사항은 박정석(1999)를 참조하기 바람.

2) 인도 헌법은 연방을 구성하는 각 주(州)를 마을, 블록(block 혹은 收稅院tehsil), 군(district)의 세 층(주에 따라서는 두 층)으로 나눈다. 또 각각에 village panchayat (gram panchayat), intermediate panchayat(panchayat samithi), district panchayat(zilla parishad)를 설치하도록 규정하고 있다. 각 단위에서 구성되는 panchayat의 성원들은 선거를 통해 선출되며, 이를 기반으로 하는 자치제를 '빤짜야띠 라즈'(panchayati raj)라 한다. 이 제도는 1950년대 초에 중앙 정부가 주도하여 추진했던 공동체 개발 계획(Community Development Program)의 단점을 보완하여 농촌 주민들의 자발적인 참여를 유도하고 민주적인 권력 분산을 이루기 위해 도입한 것이었으나, 실제로는 주민들의 자치권을 확대하는 것보다는 주 정부 차원에서 결정되는 정책이 마을 수준에까지 효과적으로 전달되도록 하는 기능을 하고 있다. 따라서 이에 대하여 '자치'라는 용어를 사용하는 것은 다소 무리가 있다. 더군다나 우리 나라에서 시행되고 있는 '지방 자치제'와 개념적으로 혼동을 초래할 수도 있기 때문에, 굳이 우리말로 번역하지 않고 그냥 '빤짜야띠 라즈'라 부르기로 한다.

3) 만달 위원회(Mandal Commission)는 인도 헌법 제 340조에 의거하여 역사적으로

불평등한 차별 대우를 받아 온 하층 집단의 상황을 개선하는 방책을 마련하기
위해 1978년 당시 민중당(Janata Party) 정부의 수상이었던 모라르지 데사이
(Morarji Desai)가 추천하여 대통령이 구성한 5인 위원회인데, 원래의 이름은 제2
차 후진 계급 위원회(the Second Backward Classes Commission)이나 위원장인 만달
(B. P. Mandal)의 이름을 따라 보통 만달 위원회라 부른다.

4) 여타 후진 계급의 정의, 역사적 배경, 성격 그리고 만달 정책에 관한 상세한 설
   명은 정채성(2000)을 참고 바람.

5) 카스트의 성격을 둘러싼 구조주의적 입장과 실재론적 입장의 차이와 그 배경에
   대해서는 김경학(2001)을 참고바람.

6) 학계에서 민족성에 대한 정의와 그 특성에 대한 의견은 분분하다. 민족성이 언
   어, 종교, 친족과 같은 원초적인 속성을 갖기 때문에 변할 수 없는 것이며, 설사
   변한다 하더라도 본질적인 변화는 불가능하다는 원초적인 성격을 강조하는 견
   해가 있고, 이와는 달리 민족성을 원초적인 본질에서 찾기보다는 개인이나 집
   단이 선택하거나 변화시킬 수 있는 것으로 보는 상황적인 (혹은 도구적인) 견해
   가 있다. 이 가운데 후자의 견해에 따르면 '민족 집단'은 특히 정치적·경제적
   목적에 따라 형성될 수 있다. 우리는 후자의 견해에 따름으로서 정치적 맥락에
   서 비록 개별적인 자띠나 고뜨라(gotra ; 씨족)가 서로 달라 실제 혈통을 공유하
   고 있진 않지만, 상호 유사한 관습과 역사적인 경험을 공유하고 있는 상황 위
   에서 주관적인 신념을 토대로 하는 동일한 '민족 집단'(ethnic group)이 형성되는
   것으로 파악하고자 한다. 보다 자세한 논의는 김경학(2000 : 126~128)을 참조
   하기 바람.

7) 사유지의 지주이자 국유지의 세금 징수원. 보다 자세한 사항은 제2부 2장을 참
   조하기 바람.

8) 이는 정채성의 조언에 힘입은 것임.

9) 1950년대에 회의당 당대회는 때때로 카스트 제도를 철폐하기 위한 결의안을 채
   택하기도 했다. 특히 1955년 아와디(Avadi) 회의에서는 회의당 당원은 어떤 카
   스트 조직의 구성원이 되는 것을 금지하고 카스트 활동과 절연할 것을 결의하
   였다.

10) 헌법 제15조 제2항은 우물, 물탱크, 상점 및 음식점과 같은 공공에 개방된 시
    설과 장소의 사용에서 사인들에 의한 차별을 금지하고 있다. 헌법 제28조 제3

항 및 제29조 제2항은 사교육 기관의 차별도 금지하고 있다.

11) 1955년의 불가촉성 위반 행위법(the Untouchability Offence Act)은 '불가촉성에 근거한' 사회적 차별, 특히 힌두 사원 출입 및 경배, 상점이나 음식점 접근, 직업과 상거래 관행, 우물, 공공 시설 및 장소, 화장실, 병원, 교육 기관의 이용, 주거 지역의 건축 및 점거, 종교 의식 및 행렬의 집행 및 보석 세공품의 사용에 있어서의 차별의 부과를 불법화한다. 그리고 이러한 불공평한 행위의 강제는 벌금 또는 구류에 처할 수 있는 범죄 행위이고 어떤 불공평한 행위의 강제로 귀결되는 관습, 관행 또는 권리를 인정하는 민사 법원의 권한은 철회된다고 규정하고 있다.

12) 마크 갈란터(Marc Galanter)가 사용하고 있는 이 보상적 차별이란 용어 외에 '보호적 차별'(protective discrimination)이라는 용어가 쓰이기도 하나 최근에는 서구 학자들 뿐만 아니라 빠르마난드 싱(Parmanand Singh) 등 인도 학자들에 의해서도 '보상적 차별'(compensatory discrimination)이라는 용어가 널리 사용되고 있다. 이 용어에 대한 자세한 논의는 Galanter (1984 : 2) 참조하기 바람.

13) 보상적 차별 이익을 향수하는 후진 계급은 여러 집단으로 구성되나 세 계급이 그 주요 대상이다. 첫째, '불가촉민'으로 불리는 지정 카스트로 지명된 카스트들이 있다. 이들은 1991년 통계에 의하면 1억 3,890만(전체 인구의 16.3%) 명이다. 오늘날 불가촉민들의 극소수만이 예전의 '낙인찍힌 오명의' 직업들에 종사하고 있을 뿐 그 대부분은 도농의 임노동자 계급이다. 둘째, 지정 부족이 있다. 이들은 원시 부족적 문화와 물리적인 고립으로 특징지어지며 그들 중 많은 이들이 특별 보호 지정 지역에 거주한다. 이들의 숫자는 1991년에 약 6,800만(전체 인구의 8%) 명이다. 셋째, 여타 후진 계급이 있다. 이들은 전통적인 사회 위계에서 낮은 그러나 지정 카스트와 같이 낮지는 않은 대부분 슈드라에 속하는 카스트들 및 일부 비힌두 공동체들로 구성되나 주마다 크게 다른 이질적인 범주이다. 이 외에도 소수의 부족 유민 집단과 지정 카스트에서 다른 종교로 개종한 사람들도 포함된다. 이들의 숫자는 지정 카스트보다 훨씬 많다. 만달 위원회는 이들이 전체 인구의 52%에 이른다고 추산하고 있으나, 정말로 후진적인 사람들은 그 절반도 되지 않을 것이다(Radhakrishnan 1996 : 210). 위의 세 계급 외에 영국계 인도인(Anglo-Indians)에 대한 일시적인 우대 조치가 헌법 제336조 제1항 및 제337조에 의해 규정되었으나, 이들에 대한 우대는 후진적 지위

에 기초하기보다는 이전에 누렸던 특권적 지위 상실을 완충시키기 위한 것이었다. 이들에 대한 우대는 예정대로 1960년 1월 26일에 종료했다.

14) 연방이나 주의 상원에는 어떤 의석 보장도 없었으며 여타 후진 계급이나 다른 소수 집단에 대해서도 아무런 의석 보장이 없었다.

15) 만달 위원회의 여타 후진 계급 발전을 위한 권고의 내용은 다음과 같다. 먼저 중앙 정부 공무원, 중앙 정부 및 주 정부의 공공 부문 기업, 국영 은행, 대학교 및 산하 대학, 사적 부문의 정부 지원 회사 및 주 정부의 고용과 모든 진급의 27%를 여타 후진 계급에 할당한다. 둘째로 중앙 정부 및 주 정부가 운영하는 모든 과학, 기술 및 전문 교육 기관의 27%의 자리를 여타 후진 계급에 배정한다. 이는 실로 엄청난 특혜를 여타 후진 계급에 부여하는 것이었다(Government of India 1980, 1st Part : 57~60 참조). 이 위원회는 여타 후진 계급을 전체 인구의 52%로 확인하고 이들에게 인구에 비례한 특별 보장을 실시하기 원했다. 그러나 전체 특별 보장을 50% 이하로 한다는 대법원의 판례에 제약되고 나아가 지정 카스트와 지정 부족을 위한 22.5%를 고려하여 27%의 몫을 결정하였다. 만달 위원회가 행한 여타 후진 계급의 확인 과정과 이에 기초하여 만든 특혜율의 결정은 헌법이나 인도 정부가 정립한 어떤 명확한 확인 범주가 결여되어 있는 가운데 주마다 다른 기준과 정치적 고려, 심지어는 서벵갈이나 오릿사와 같이 목록을 제출하지 않은 주가 있었음에도 불구하고 주별 통계 목록을 전국에 확장하여 사용함으로써 정확성을 결여하고 있었다.(만달 위원회 보고서에 대한 자세한 분석은 Mishra 1991, Radhakrishnan 1996 등 참조)

16) 이것은 흔히 만달 사건으로 언급되는 Indra Sawhey vs. Union of India 라는 제목의 사건에 대한 9명의 대법관이 심리한 대법원 합의부 판결(All India Reporter 1993, Supreme Court 477)이다. 이 판결에 대한 자세한 분석은 Mishra 1991, Sivaramayya 1996 등 참조.

17) 제11차 인도 총선 결과와 의미에 대한 개관에 대해서는 백좌흠 외 1997 : 208 ~221 참조.

18) 왕의 직할 영지가 아닌 토지 가운데 왕(즉 국가)에게 세금을 납부하도록 되어 있는 토지(자기르jagir)로부터 세금을 징수하는 자. 보다 자세한 사항은 제2부 II를 참조하기 바람.

19) 마르크스를 비롯한 정통 마르크스주의자와 많은 제국주의자들은 중세 인도에

서 토지의 사적 소유권을 인정하지 않는다. 반면에 과학적 유물사관에 입각하면서도 교조주의에서 벗어난 마르크스주의자들과 많은 인도인 학자들은 토지의 사적 소유권을 인정하는 논쟁이 100년 넘게 지속되고 있다. 이 문제는 소유라는 개념의 범주가 인도와 유럽에서 서로 다르기 때문에 생긴 것으로 볼 수 있는데, 인도에서 소유는 토지의 경작, 상속, 저당 등에 대한 권한은 지주에게 있지만 매도와 그로 인한 농민의 퇴출의 권한이 전적으로 지주에게 있지 않아 유럽에서와 같은 의미의 전적인 소유와 구별된다. 하지만 정작 중요한 것은 그것이 사유이든 아니든 간에 '소유'주가 경작자를 자의적으로 퇴출시킬 수 없다는 사실이다.

20) 구자라뜨에서 할리는 가족과 함께 지주에 영구적으로 고용된 농장 하인을 가리키는 용어인데 이들은 불가촉민이나 부족에 속하는 예속 농업 노동자들이다. 이들은 대부분 두블라(Dubla) 카스트였는데 대토지를 소유한 아나빌 브라만(Anavil Brahman)에 고용되어 무기한, 무제한으로 전가족이 주인에게 봉사하며 반대 급부로 지주로부터 전적인 보살핌을 받았다. 즉 그들은 자신들의 업적에 기초하기보다 그들의 필요에 기초한 필요한 최소한의 것을 현물로 받았다. 아나빌 브라만은 가능한 한 농업 노동을 하려고 하지 않았기 때문에 항상 그들을 필요로 했고 한편으로는 이러한 행동이 그들의 번성과 자존심의 증거라고 인식하였다. 한편 두블라는 할리가 됨으로써 예속과 함께 지주에 의존한 안전을 보장받았다. 이처럼 아나빌과 두블라는 예속과 후원의 불평등한 관계의 파트너였다(Breman 1974 참조).

21) 이것은 비하르의 자르칸다 해방 전선(Jharkhand Mukti Morcha)이나 마하라슈뜨라의 달리뜨 팬더(Dalit Panther) 등과 같이 단순한 '계급 투쟁'으로 보기 어려운 형태로 진행되는 경우 더욱 그러하다.

22) 중세 봉건 인도의 왕의 직할 영지. 국가의 재산으로 간주되며 따라서 국가에서 파견하는 관리의 직접 감독에 놓여 있다. 그곳의 세금을 징수하도록 임명된 관리 또한 칼사라고 부른다. 델리 술탄조에 의해 처음 도입되었다.

23) 이른바 자즈마니 체계라 명명된 농민과 보충용 물자 및 용역 제공자들간의 경제적 교환 관계에 대해서는 와이저의 발표 이후 체계의 성격에 관련된 논쟁이 계속되고 있다. 자즈마니 체계의 보편성 및 그 성격에 대한 논쟁에 대해서는 김경학(1992), 박정석(1998), Fukazawa(1972), Fuller(1989), Lerche(1993), Mayer(1993)

를 참고하기 바람.

24) 북부 인도에서 주로 사용하는 토지 면적의 단위. 표준 비가는 1비가가 0.33에
이커이지만, 지방에 따라 달리 나타나는 경우가 많다.

25) 1921년의 센서스에 따르면 라자스탄과 중앙 인도에만 약 160,735의 몸종이 있
다고 기록되어 있는데 라자스탄에는 주로 짜까르(Chakar)와 다로가(Daroga) 카
스트가 있었다고 한다.

26) 심지어 오늘날까지도 일부 지역에서는 지주의 딸이 출가하였으나 일을 원만
히 수행하지 못하면 자신의 신부 지참금의 일부로 자신의 몸종을 데리고 가는
경우도 있다. 물론 현재 이 여성이 반드시 다로가 카스트인 것은 아니다
(Sharma, 1988).

27) 대부분 신생아의 탯줄 자르는 일은 커다란 오염을 야기시키는 것으로 여겨지
기 때문에 최하층 불가촉민이 이 일을 수행한다. 그러나 말리케라에서는 이발
사가 이 일을 손수 하고 있는데 그럼에도 불구하고 말리케라에서는 나이의 신
분을 불가촉민의 범주에 포함하지 않고 있다.

28) 현재 빌와라를 비롯하여 인근 촌락들을 잇는 국도변에는 많은 수의 크고 작은
방직, 직조 공장들이 들어서 있다. 예컨대 1938년에 공장을 가동한 슈리 메와
르 텍스타일(Shri Mewar Textile), 1962년에 시작된 라자스탄 방직 공장(Rajasthan
Spinning & Weaving Mills) 등 크고 작은 방직 공장들이 말리케라 주변만도 10여
개 이상이 있기 때문에 수작업을 하는 발라이의 직조품은 가격 및 물량면에서
경쟁할 수 없었다.

29) 보편적인 인도 촌락에는 촌락민들의 삶에 필요한 모든 종류의 서비스 카스트
가 있는 경우가 드물다. 따라서 필요한 서비스 카스트인 경우 인근 촌락에서
초청되고 있는데 이러한 현상을 오플러(Opler 1956)는 '작업 공동 연합체'(work
pool)라 명명하였다. 본 촌락의 뿌자리가 인근 짜만뿌라의 촌락 사원일을 맡고
있는 경우도 이러한 작업 공동 연합체의 사례에 속한다.

30) 라자스탄의 쉐까와띠 지역에 속한 자이뿌르 근처의 쿠루(Khoor) 촌락의 생산
관계 및 경작 규모를 비교해 보면(Sharma 1998), 말리케라의 경제적 열악함이
대비되어 부각된다. 쿠루 전체 235농가 가운데 관개 농지 소유자만을 볼 때 약
8.5%가 41비가(약 25.6헥타르) 이상을 소유하고 있고 21~40비가(약 13~25에
이커)를 보유하고 있는 농가도 9.3%이다. 반면 1~20비가(0.68~12.5에이커)의

농가는 약 2%에 불과하다. 관개 시설의 유무를 떠나 토지 없는 가구는 전체 농가의 34.4%나 되고 반면 대규모의 관개 농지 소유자(21~40비가+41비가 이상의 소유자)가 17,8%라는 높은 비율을 볼 때 쿠루 촌락은 농지의 소유 정도에 따른 농촌 계급 구조가 크게 양극화되어 있음을 알 수 있다. 카스트별 농지 소유 현황을 보면 브라만과 자뜨처럼 카스트 위계상 상층 또는 중상층 카스트 대부분이 토지 보유고가 높으며 무토지 농가의 대부분에는 장인 카스트와 서비스 제공 카스트가 포함된다. 농지 보유로 볼 때 중간 정도에 있는 관개 농지 1~20비가를 소유한 단 2%의 가구(5가구) 가운데 4가구는 카띡, 라이가르, 발라이, 꿈하르와 같은 하층 카스트에 속하고, 나머지 1가구는 자뜨에 속한다.

31) 말리케라에서 최고 농지 보유자인 말리의 1년 농사 내용을 살펴보면 본 촌락의 영세성이 반영되어 있음을 알 수 있다. 1997년 관개 농지 22비가 가운데 약 20비가에 밀을 심었다. 거기에 투입된 경비는 다음과 같다. 트랙터 사용료 : 20비가×4회×80루삐=6,400루삐, 종자 밀 : 20비가×40kg=(800kg)=6,400루삐, 비료 : 20비가×1포대×500루삐=10,000루삐, 농약 : 20비가×1포대×200루삐=4,000루삐, 추수 노임(여성 노임 일당 40루삐)=5,000루삐, 트래셔 사용료 : 20비가×300루삐 =6,000루삐, 전기 사용료 6개월분이 1,300루삐으로 총 지출된 경비는 39,100루삐이다. 평균 1비가에서 약 6가마(1가마=100kg)가 소출되기 때문에 전체 약 120가마가 소출된다. 추수철 밀 1가마의 가격이 500루삐인 점을 고려하면 대략 6개월의 밀 농사로부터 수입은 60,000루삐이기 때문에 여기서 투입된 경비 39,000루삐를 공제하면 순수익은 20,900루삐이다. 그러나 여유 있는 농가는 곡물 값이 가장 낮은 추수철을 피해 가격이 상승하는 시점에 판매하는 점을 고려한다면 말리가 1비가의 농지로부터 얻은 수입은 약 1,045루삐 이상이 된다. 촌락 내에서 소위 부농이라는 그의 수입이 밀 농사로 미화 약 550달러 정도라는 점을 고려한다면 1~5비 사이의 농지를 보유하고 있는 전체 농가의 약 62%의 소농들의 수입은 극한 영세성을 면치 못하고 있다고 할 수 있다(미화 1달러=38루삐, 1999년 1월 현재).

32) 자손을 잇지 못하는 경우, 과부 여자가 자식을 원하면 남편의 형제 혹은 일가 사람으로부터 자식을 얻기 위해 맺는 임시 부부의 관계. 『마누법전』 9.57~70 참조.

33) 인도에서 고아(Goa), 서벵갈주 등 일부 주를 제외하고는 대부분의 주들에서 공

개된 장소에서 술을 마시는 것을 법으로 금지하고 있다. 따라서 음주 행위는 대부분 병술을 파는 가게에서 술을 사다가 집에서 마신다. 그러나 최근에는 뉴델리 등 대도시의 음식점에서는 대부분 술을 마실 수 있다. 예전에는 외국인이 드나드는 최고급 호텔의 바(bar)만을 허용된 장소로 지정하여 거기서만 술을 마시는 것이 용인되었다.

34) 이러한 행동 양식은 이중 문화, 즉 어떤 맥락에서는 전통적 가치에 그리고 다른 맥락에서는 현대적이고 평등한 가치에 집착하는 것의 표현으로 기술될 수 있다(Srinivas 1977).

35) 지배 카스트 개념은 스리니와스가 정식화한 것이다. 그는 처음에는 "어떤 카스트가 의례상 높은 지위를 가지고 경제적으로 부유하며 정치적으로 힘이 있고 수적으로 강하면 지배적으로 간주할 수 있다"는 지배 카스트 개념을 주장하였고(1959), 이후의 저작에서는 "의례상으로 낮은 카스트일지라도 경제적·정치적 및 수적으로 막강하면 지배적일 수 있다"고 반복해서 주장했다(Srinivas 1966, 1987, 1989 등). 스리니와스의 이 지배 카스트 개념은 인도 농촌에서 현존하는 상이한 카스트의 행동 양식을 설명하는 데 매우 유용하다. 먼저 각 정당은 지역 선거와 상급 선거에서 입후보자 명부를 최종 결정하기 전에 각 선거구의 카스트 구성을 가장 중요한 고려 사항으로 생각한다. 그리고 촌락이나 지방에서 군림하는 특정 카스트의 지위가 위협을 받을 때, 이들이 취약한 하층 카스트 구성원에 대한 사회적 보이코트와 나아가 집단적인 폭력 행위를 자행하는 사태는 지배 카스트가 존재한다는 명백한 증거이다.

36) 산스끄리뜨화를 통해 보다 높은 지위를 주장하는 것은 인도 농촌에서 활발히 진행되고 있는 유일한 과정은 아니다. 카스트들 사이에는 또한 '후진적' 지위에 대한 날카로운 경쟁이 있기도 한데 이것은 후진적 지위에 의해서 보상적 차별의 이득이 가능하기 때문이다(Srinivas 1989 : 20).

37) 사단와스가 속한 토하나 수세원에는 62개의 촌락 의회가 있으며 1997년부터 이들 가운데 33%의 빤짜야띠 라즈의 의장(촌장)직은 여성에게 의석 지정이 되었다. 사단와스 역시 33%의 범주에 속하게 되어 자뜨 시크 여성이 촌장으로 되어 있다. 하지만 지난 촌장이었던 그녀의 남편이 실제적인 촌장직을 수행하고 있으며 촌락민들도 그를 촌장으로 인식하고 있는 것 같다.

38) 구루는 매일 새벽 4시경부터 시간대별로 구루드와르에 설치된 스피커를 통해

구루 그란트 사힙을 낭송한다. 힌두가 지배적인 지역에서 만디르의 확성기를 통해 힌두 경전이 소란스럽게 낭송되는 것과는 극히 대조적으로 사단와스에서는 구루드와르에서 흘러나오는 경전 낭송 소리가 온 촌락을 덮고 있다. 구루드와르에서 의례를 집전하는 대가로 시크들은 매일 아침에 우유와 음식물을 받기 위해 오는 구루에게 우유와 음식물을 공양한다.

39) 독립 이전까지라는 것은 인도 - 파키스탄 분리 이전까지, 구체적으로는 시크 교도가 촌락으로 이주하기 이전까지를 의미한다.

40) 사단와스와는 달리 시크 교도의 영향력이 미미하여 구루드와르가 없으며, 힌두 브라만 사제도 없는 인근 촌락에서는 기왕 의례를 수행하기 위해 시크가 아닌 힌두 브라만 사제를 초빙한다.

41) 인도 사회에서 의복과 카스트, 성별, 지역별 정체성에 대한 논의는 김경학 (1999)을 참조하기 바람.

42) 카스트 위원회에서는 신부 지참금의 과다 요구 금지, 조혼 금지, 금주, 장례식의 과대 소비 금지 등의 행동 강령을 지시하고 있으며 이를 지키지 않으면 집단에서 추방시키는 일까지 있을 수 있다.

43) 실제적으로 마자비 시크나 람다스 오우드 등은 경제적 상황이 열악하기 때문에 그들의 거주 지역은 가옥이 밀집되어 있고 하수도 시설이 뒤떨어져 비위생적인 경우가 대부분이다.

44) 실제로 사단와스의 지배 집단은 자뜨 시크로 평가된다. 그들은 경제적 상황이 가장 안정되어 있으며 전체 인구의 약 23.6%를 차지하고 있을 뿐 아니라 고등교육을 받아 외국이나 촌락 외부에서 생활하고 있는 자녀들도 자뜨 시크 출신이 가장 많기 때문이다.

45) 예컨대 힌두 집단 가운데 전체 인구의 13.7%를 차지하고 있어 람다스 다음으로 수가 많은 오우드 집단은 자뜨 시크 지배적인 촌락의 정치적·경제적 구도에 내면적으로 불만을 지니고 있다. 오우드는 상당히 큰 규모의 지역 카스트 위원회를 토대로 자신들을 라즈뿌뜨의 후손으로 주장하고, 다른 힌두 집단들과는 달리 육식을 지속하고 있으며 빠그리를 착용하는 일이 거의 없다. 이들은 불가촉민을 여전히 타부시하는 경향을 보이고 있다.

참고 문헌

1. 한국어 자료

김경학, 「힌두 자즈마니체계에 관한 소고」, 『한국문화인류학』 24집,
    1992, 265～300쪽.

-----, 「의복과 정체성 : 인도 의복의 사회사」, 『사회와 역사』 제55집,
    한국사회사학회, 1999, 243～275쪽.

-----, 『인도문화와 카스트 구조』, 전남대학교 출판부, 2001.

김경학・이광수, 「소복합(cow complex)을 통한 인도 사회・문화의 이
    해」 『지역연구』 제5권 3호, 1996, 145～196.

박정석, 「남인도 텔란가나 지역의 와탄다리 체계 : 또 하나의 자즈마
    니(Jajmani) 체계」, 『인도연구』 3권, 1998, 239～260쪽.

-----, 「남인도의 불가촉천민에 관하여」, 『인도연구』 제4권, 1999,
    81-114쪽.

-----, 「카스트 내혼 규범으로부터의 일탈 : 남인도 텔란가나(Telangana)
    지역의 사례」, 『경북대학교 고고인류학과 20주년 기념논총』,
    2000, 239～260쪽.

박종수·김용환·백좌흠·이상진, 「인도의 식민지화와 독립 후 사회 경제 구조변화」, 『지역연구』 제2권 제4호(겨울), 서울대학교 지역 종합연구소, 1993, 197~267쪽.

박종수·백좌흠·장상환, 「인도의 토지개혁과 농민운동」, 『지역연구』 제4권 제4호(겨울), 서울대학교 지역종합연구소, 1995, 43~90쪽.

백좌흠, 「인도의 농업개혁법과 자본주의 발전」, 민주주의법학연구회 편 『민주법학』 제11권, 관악사, 1996, 317~394쪽.

백좌흠·이광수·김경학, 『내가 알고 싶은 인도 : 사람·역사·문화 바로 읽기』, 한길사, 1997.

이광수, 「고대 인도에서의 신화와 권력의 정당화」, 『부산사학』 제30 집, 1996, 205~226쪽.

-----, 「힌두교와 카스트 사회 구조간의 역사적 상호성 — 올바른 힌 두교 연구를 위하여」, 『종교연구』 13집, 1997, 155~173쪽.

이재숙·이광수, 『마누법전』, 한길사, 1999.

정채성, "인도 농촌의 계급 구조 : 최근 자료를 중심으로," 학생회 글 모음, 창간호, Delhi : 재인도한국유학생회, 1995, 166~185쪽.

-----, 「인도의 '기타 후진 계급'(Other Backward Classes)의 사회적 성격」, 『인도연구』 5집, 2000, 153~198쪽.

2. 외국어 자료

Ahmad, Imtiaz, *Caste and Social Stratification among Muslims in India*, New Delhi : Manohar 1978.

Ahuja, Ram, *Indian Social System*, Jaipur : Rawat, 1993.

All India Congress Committee *Report of the Congress Agrarian Reforms Committee*, New Delhi : Government of India 1949.

Appadurai, Arjun, "Right and Left Hand Castes in South India," *Indian*

Economic and Social Histories Review 2, 1974, pp. 216~259.

Athreya, V. B., Djurfeldt, G. and Lindberg, S., *Barriers Broken : Production Relations and Agrarian Change in Tamil Nadu*. New Delhi : Sage Publications, 1990.

Bardhan, P. K., *Land, Labor and Rural Poverty,* Delhi : Oxford University Press, 1984.

Barnett, Stephen H., "Approaches to Changes in Caste Ideology in South India," in B. Stein(편), *Essays on South India*, Hawaii : Univ. Press of Hawaii, 1975.

Berreman, Gerald D., 1981, *Social Inequality : Comparative and Development Approach*, New York : Academic Press.

Baxi, U., *Towards a Sociology of the Indian Law,* New Delhi : Satvahan, 1986.

Beidelman, T. O., *A Comparative Analysis of Jajmani System*, New York : J. J. Augastin, 1959.

Berberoglu, B.(편), *Class, State and Development in India,* New Delhi : Sage Publications, 1992.

Béteille, Andre, *Caste, Class and Power : Changing Patterns of Stratification in Tanjore Village*, Delhi : Oxford University Press, 1965.

-----, *Studies in Agrarian Social Structure*, Delhi : Oxford University Press, 1974.

-----(편), *Equality and Inequality : Theory and Practice,* Delhi : Oxford University Press,1983.

-----, *Society and Politics in India*, London : Athlone Press, 1991.

Bougle, C., "The Essence and Reality of the Caste System," *Contributions to Indian Sociology* 1958, pp. 27~30.

-----, *Essays on the Caste System*, London : Cambridge University Press, 1971.

Breman, J., *Patronage and Exploitation : Changing Agrarian Relations in South Gujarat, India*, New Delhi : Manohar Publications, 1974.

-----, *Beyond Patronage and Exploitation : Changing Agrarian Relations in South Gujarat*, Delhi : Oxford University Press, 1993.

Caplan, Lionel, "Castes and Castelessness among South Indian Christians," *Contributions to Indian Sociology* 14(2), 1980, pp. 213~238.

Carter, Anthony T., "Caste 'Boundaries' and the Principle of Kinship Amity : a Maratha Caste Purana," *Contributions to Indian Sociology* 9, 1975, pp. 123~137.

Chanana, Dev Raj, "Sansktitization and Westernization and India's North-west," *Economoc Weekly,* Vol. 8. No. 9, 1961, pp. 409~414.

Chandra, B., *Modern India*, New Delhi : NCERT, 1971.

Chandra, N. K., *Agricultural Workers in Burdwan*. R. Guha(편), 1983, pp. 228~258에 수록.

Chandra, S., *Medieval India : Society, the Jagirdari Crisis and the Village*, Madras : Macmillan, 1971.

Chayanov, A. V., *The Theory of Peasant Economy,* Homewood : Irwin, 1966(초판 1925).

Cohn, B. S., *An Anthropologist among the Historians and Other Essays*, Delhi : Oxford University Press, 1987.

Das, A. N. and Nilakant, V.(편), *Agrarian Relations in India*, Delhi : Manohar, 1979.

Das, Veena, *Structure and Cognition : Aspects of Hindu Castes and Ritual*,

Delhi : Oxford University Press, 1977.

Dasham Granth

Datta, Kalikinkar, *Survey of India's Social Life and Economic Condition in the Eighteenth Century 1707-1813*, Delhi : Munshiram Manoharlal, 1978.

Desai, A. R.(편), *Rural Sociology in India*, Bombay : Popular Prakashan, 1969.

-----(편), *Peasant Struggles in India*, Bombay : Oxford University Press, 1979.

-----, *India's Path of Development*, Bombay : Popular Prakashan, 1984.

-----(편), *Agrarian Struggles in India After Independence*, Delhi : Oxford University Press, 1986.

Dhanagare, D. N., *Peasant Movements in India 1920~1950*, Delhi : Oxford University Press, 1983.

Djurfeldt, G. and Lindberg, S., *Behind Poverty : The Social Formation in a Tamil Village*, Lund : Studentlitteratur ; London : Curzon Press, 1976.

Dube, S. C., *Indian Society*, New Delhi : National Book Trust, 1990.

Dubois, Abbe J. A., *Hindu Manners, Customs and Ceremonies*, 2 vols., New Delhi : Rupa, 1993(초판 1897).

Dumont, Louis, *Homo Hierarchicus*, Delhi : Oxford University Press, 1988 (초판 1970).

-----, *Affinity as a Value*, Delhi : Oxford University Press, 1983.

Economic & Political Weekly, Vol. XXII, No. 13, A21~A28.

Fox, R. G.(편), *Realm and Region in Traditional India*, New Delhi : Vikas, 1977.

Frankel, F. R., *Agricultural Modernization and Social Change*, New Delhi :

Mainstream, 1970.

-----, *India's Green Revolution : Economic Gains and Political Costs*, Bombay : Oxford University Press, 1971.

Frankel, F. R., Rao, M. S. A., *Dominance and State Power in Modern India : Decline of a Social Order*, Delhi : Oxford University Press, 1989.

Freeed, Stanley A., "An Objective Method for Determining the Collective Caste Hierarchy of an Indian Village," *American Anthropologists* 65, 1963, pp. 879~891.

Fukazawa, Hiroshi, "Rural Servants in the 18th Century Maharashtrian Village — Demiurgic or Jajmani System?," *Hitotsubashi Journal of Economics*, XII(2), 1972, pp. 14~40.

-----, *The Medieval Deccan, Peasants, Social Systems and States Sixteenth to Eighteenth Centuries*, Delhi : Oxford University Press, 1998.

Fuller, C. J., "Misconceiving the Grain Heap : A Critique of the Concept of the Indian Jajmani System," J. Parry & M. Bloch(편), *Money and Morality of Exchange*, Cambridge : Cambridge University Press, 1989, pp. 33~63에 수록.

Fuller, C. J., "Introduction : Caste Today," C. J. Fuller(편), *Caste Today*, Delhi : Oxford University Press에 수록, 1996.

Fuller, C. J.(편), *Caste Today*, Delhi : Oxford University Press, 1996.

Galanter, Marc, *Competing Equalities*, Delhi : Oxford University Press, 1984.

Gough, E. Kathleen, "Nayar : Central Kerala," D. M. Schneider(편), *Matrilineal Kinship*, Univ. of California Press에 수록, 1961.

-----, *Agricultural Labour in Thanjavur*, J. P. Mencher(편), 1983, pp. 276~290에 수록.

Ghouse, M., "Conscience Keepers of the Status Quo," *Journal of Bar Council of India,* Vol. 9(1), 1982, pp. 1~28.

Ghurye, G. S., *Caste and Race in India,* Bombay : Popular Prakashan.

Government of India, 1931, *Census of India,* 1969.

-----, *Economic Survey 1994~95,* Delhi : Government of India Press, 1995.

-----, *Report of the Backward Classes Commission,* 3 Vols, Delhi : Government of India Press, 1955.

-----, 1959, *Reports of the Committee of the Panel on Land Reforms,* New Delhi : Planning Commission.

-----, 1961, *NSS, 8th Round,* No. 36.

-----, 1962, *Conference of State Ministers in Charge of Welfare of Backward Classes*(Agenda and Notes), 26~27 July 1962, mimeographed.

-----, 1968, *NSS, 17th Round,* No. 36.

-----, 1973, *Report of the Task Force on Agrarian Relations,* New Delhi : Planning Commission, mimeographed.

-----, 1976, *NSS, 26th Round,* No. 144.

-----, 1976, *Report of the Planning Commission on Agriculture*(Part XV), New Delhi : Planning Commission.

-----, 1980, *Imperial Gazetteer of Indian* : Rajputna

-----, *Report of the Backward Classes Commission,* 2 Parts. 7 Vols. Delhi : Government of India Press.

-----, 1981, *Census of India.*

-----, 1981, *Mainpuri District Handbook,* Lucknow.

-----, 1994, *Directorate of Census Operations* : Rajasthan.

Gould, H. A., 1958, "The Hindu Jajmani System : A Case of Economic

Particularism," *Southwestern Journal of Anthropology* 14, 428～472.

Guha, R.(편), 1983, *Subaltern Studies II,* Delhi : Oxford University Press.

Habib, Irfan, 1963, *The Agrarian System of Mughal India*, London : Asia Publishing House.

-----(편), 1992, *Medieval India 1 : Researches in the History of India 1200～1750*, Delhi : Oxford University Press.

-----, 1995, *Essays in Indian History, Towards a Marxist Perception*, Delhi : Tulika.

Harper, Edward B., 1968, "A Comparative Analysis of Caste : The United States and India," M. Singer & B. S. Cohn(편), *Structure and Change in Indian Society*, Chicago : Aldine Publisher에 수록.

Hasan, S. N., 1969, "Zamindars under the Moguls," R. E. Frykenberg (편), 17～31에 수록.

Hasan, Zoya, 1989, "Power and Mobilization : Patterns of Resilience and Change in Uttar Pradesh Politics," Frankel, F. R., Rao, M. S. A.(편), 1989, *Dominance and State Power in Modern India. Decline of a Social Order*. vol. I., Delhi : Oxford University Press, 133～203에 수록.

Hutton, J. H., 1946, *Caste in India*, Bombay : Oxford University Press.

Inden, Ronald B., 1986, "Orientalist Constructions of India," *Modern Asian Studies,* vol. 20, no. 3, pp. 401～446.

Indian Express, 1993, *India 1993-94,* Bombay : Popular Prakashan.

India Today, May 31 1996.

Jaiswal, Suvira, 1977, "Caste in the Socio-Economic Framework of Early India," *Presidential Address, Section I, Proceedings of Indian History Congress, 38th Session*, Bhubaneswar.

-----, 1998, *Caste. Origin, Function and Dimensions of Change*, Delhi :

Manohar.

Jeong, Chae-Seong, 1994, *Agrarian Class Structure in India : An Analysis Based on Contemporary Sources.* Dissertation for Master of Philosophy, Delhi : Delhi School of Economics, University of Delhi, Delhi, mimeogra- phed.

Jha, Vivekananda, 1975, "Stages in the History of Untouchables," *Indian Historical Review,* vol. II, no. 1. July, pp. 14~31.

Joshi, P. C., 1974, "Land Reforms and Agrarian Change in India and Pakistan since 1947. I and II," *The Journal of Peasant Studies* 1, 2 : 164~185, 3 : 326~362.

-----, 1975, *Land Reforms in India : Trends and Perspectives,* Delhi : Allied Publishers.

-----, 1986, *Marxism and Social Revolution in India,* New Delhi : Patriot Publications.

Karanth, G. K., 1981, *Rural South : A Sociological Study of a Karnataka Village,* Concept Publishing House, New Delhi.

-----, 1987, "New Technology and Traditional Rural Institutions : The Case of Jajmani in Karnataka," *The Economic and Political Weekly,* Vol. 22, No. 51.

-----, 1996, "Caste in Contemporary Rural India," Srinivas, M. N.(편), pp. 87~109에 수록.

Karanth, G. K. & Sivaprasad, R., 1987, "Rural Students in an Urban Setting : A Study in Rural-Urban Relations," *Indian Journal of Social Work,* Vol. XLVII No. 4., pp. 433~442.

Kim, Kyung-hak, 1994, "Socio-Political Dominance and Segmentation : An Ethnography of Group Dynamics in A Village of Northern

Madhya Pradesh," Ph. D. dissertation, NewDelhi : Jawahrlal Nehru University.

Klass, Morton, 1987, "Varna and Jati," M. Eliade(편), *The Encyclopedia of Religion*, New York : MacMillan Publisher에 수록.

Kolenda, P., 1978, *Caste in Contemporary India : Beyond Organic Solidarity*, California : Benjanmin-Cummins Publishings.

-----, 1983, "A Ritual Pollution Scale for Ranking Hindu Castes," P. Kolenda, *Caste, Cult and Hierarchy : Essays on the Culture of India*, Meerut : Folklore Institute에 수록.

Kumar, Dharma, 1998, *Colonialism, Property and the State*, Delhi : Oxford University Press.

Leach, E. R., 1960, "Introduction : What should we mean by Caste," E. R. Leach(편), *Aspects of Caste in South India, Cyelon and North-West Pakistan*, Cambridge : Cambridge Univ. Press에 수록.

Lerche, J., 1993, "Dominant Castes, Rajas and Inter-caste Exchange Relations in Coastal Orissa : Behaind the Facade of the Jajmani System," *Contributions to Indian Sociology*, 27(2), 237~266.

Lewis, O., 1958, *Village Life in North India*, Urban : Univ. of Illinois Press.

Mandelbaum, David G., 1970, *Society in India*, Bombay : Popular Prakashan.

Marriot, Mckim, 1965, *Caste Ranking and Community Structure in five Regions of India and Pakistan*, Poona : Deccan College Postgraduate and Research Institute.

-----, 1992, "Multiple Reference in Indian Caste Systems," D. Gupta(편), *Social Stratification*, Delhi : Oxford University Press에 수록.

Marx, Karl, 1943, *Articles on India*, Moscow : Foreign Language Publishing House.

Mayer, A. C., 1960, *Caste and Kinship in Central India*, London : RKP.

Mayer, Adrian C., 1996, "Caste in an Indian Village : Change and Continuity 1954~1992," C. J. Fuller(편), *Caste Today*, Delhi : Oxford University Press에 수록.

Mayer, P., 1993, "Inventing Village Tradition : The late 19th Century Origins of the North Indian Jajmani System," *Modern Asian Studies* 27(2), 357~395.

Meillassoux, Claude, 1973, "Are there Castes in India?," *Economic and Society* 2, 89~111.

Mencher, J. P.(편), 1983, *Social Anthropology of Peasantry,* Bombay : Somaiya Publications.

Mines, Mattison, 1982, "Models of Caste and the Left-hand Division in South India," *American Ethnologist* 9 : 467~484.

Mishra, G., Pandey, B. K., 1996, *Sociology and Economics of Casteism in India. — A Study of Bihar*, Delhi : Pragati.

Mishra, V. C.(편), 1991, *Reservation Crisis in India : Legal and Sociological Study on Mandal Commission Report*. Delhi : Universal Book Traders.

Mohan, D., 1984, *Is Disability a Social Disease? Socio-Technical Correlates of Locomotor Disability in India,* Centre for Biochemical Engineering, New Delhi : Indian Institute of Technology.

Mrinalini, N., 1984, "Pesticide Hazards : A Growing Global Problem," *Chemical Age of India,* Vol. 35, No. 6, 347~352.

Mukherjee, R., 1933, *Land Problems of India,* London : Green & Co. Ltd.

Mukhia, H., 1993, *Perspectives on Medieval History*, New Delhi : Vikas

Publications.

Nandi, R. N., 1986, *Social Roots of Religion in Ancient India*, Calcutta : K. P. Bagchi & Company.

Omvedt, G.(편), 1982, *Land, Caste and Politics in Indian States*, Delhi : Authors Guild Publications.

-----, 1986, "Caste, Agrarian Relations and Agrarian Conflicts," A. R. Desai (편), 168~196에 수록.

-----, 1992, "Capitalist Agriculture and Rural Classes in India," B. Berberoglu (편), 82~138에 수록.

Opler, M., 1956, "The Extension of an Indian Village," *Journal of Asian Studies*, 16(1), 5~10.

Owen, H. F., 1985, "The non-Brahmin Movements and the Transformation of Congress 1912~22," *South Asia, N. S.,* vol. VIII. Nos. 1 & 2. 46~58.

Parry, Jonathan P., 1979, *Caste and Kinship in Kangra*, New Delhi : Vikas Publisher.

Patnaik, U.(편), 1987, *Peasant Class Differentiation : A Study in Method with Reference to Haryana*. Delhi : Oxford University Press.

Patnaik, U. & Dingwaney, Manjari(편), 1985, *Chains of Servitude : Bondage & Slavery in India*, Hyderabad : Sangam Books.

-----, 1990, *Agrarian Relations and Accumulation — The 'Mode of Production' Debate in India*, Delhi : Oxford University Press.

Pitt-Rivers, Julian, 1971, "On the Word of 'Caste'," T. O. Beidelman (편), *The Translation of Culture*, Tavistock Publisher에 수록.

Pocock, D. F., 1962, "Notes on Jajmani Relationships," *Contributions to Indian Sociology*, No. 6, 78~95.

Quigley, Declan, 1991, "Horcart's Theory of Caste and Kingship," *The Eastern Anthropologist,* 44(3), 315～344.

-----, 1993, *The Interpretation of Caste,* Oxford : Clarendon Press.

Radhakrishnan, P., 1996, "Mandal Commission Report : A Sociological Critique," M. N. Srinivas, 1996, *Caste : Its Twentieth Century Avatar*에 수록.

Raheja, G. G., 1988a, *The Poison in the Gift : Ritual, Prestation, and the Dominant Caste in a North Indian Village,* Chicago : Univ. of Chicago Press.

-----, 1988b, "India : Caste, Kingship, and Dominance Reconsidered," *Annual Review of Anthropology,* 17, 492～522.

Rao, M. S. A., 1989, "Some Conceptual Issues in the Study of Caste, Class Ethnicity and Dominance," Frankel, F. R., Rao, M. S. A.(편), 1989, 21～45에 수록.

Rasul, M. A., 1989, *A History of the All India Kisan Sabha,* Calcutta : National Book Agency ; Ray, R., 1988, *Naxalites and Their Ideology,* Delhi : Oxford University Press.

Raychaudhuri, Tapan, Habib, Irfan(편), 1982, *The Cambridge Economic History of India,* vol. I, Hyderabad : Orient Longman.

Robb, P., Sugihara, K., Yanagisawa, H.(편), 1997, *Local Agrarian Societies in Colonial India. Japanese Perspectives,* Delhi : Manohar.

Rudolph L. I. and Rudolph, S. H., 1987, *In Pursuit of Lakshmi — The Political Economy of The Indian State,* Bombay : Orient Longman.

Rudra, A., 1992, *Political Economy of Indian Agriculture,* Calcutta : K. P. Bagchi & Co.

Rudra, A. and Bardhan, P., 1983, *Agrarian Relations in West Bengal :*

Results of Two Surveys, Bombay : Somaya Publications.

Rajatarangini

Ramacharitamanas

Sahu, B. P.(편), 1997, *Land System and Rural Society in Early India*, Delhi : Manohar.

Sannyal, Hitesranhan, 1975, "Social Mobility in Bengal : Its Sources and Constraints," *Indian Historical Review*, vol. II, No. 1, July, 68~96.

Sarkar, Sumit, 1983, *Modern India : 1885-1947,* Delhi : Macmillan.

-----, 1997, *Writing Social History*, Delhi : Oxford University Press.

Schomer, K., et al, 1994, *The Idea of Rajasthan,* Vols. I~II, Delhi : Manohar.

Searle-Chatterjee, M. & Ursula Sharma(편), 1994, *Contextualsing Caste : Post-Dumontian Approaches,* Oxford : Blackwell Publisher.

Shackle, C., Sikhism, Francis Robinson(편), 1989, *The Cambridge Encyclopedia of India, Pakistan, Bangladesh, Sri Lanka,* Cambridge : Cambridge University Press.

Shah, Ghanshyam, 1985, "Caste in Contemporary India," in I. P. Desai (편), *Caste, Caste Conflict and Reservations*, Surat : Ajanta Publications.

-----(편), 1990, *Capitalist Development : Critical Essays,* Bombay : Popular Prakashan.

Shandanshiv, D. N., 1986, *Reservations for Social Justice,* Bombay : Current Law Publishers.

Sharma, K. L.(편), 1988, *Caste, Feudalism and Peasantry*, Delhi : Manohar.

-----, 1994, *Social Stratification and Mobility,* Delhi : Rawat.

-----, 1995, *Social Inequality in India*, Delhi : Rawat.

-----, 1997, *Rural Society in India*, Jaipur : Rawat.

Sharma, Ramesh, 1996, "Hanging Them All," *India Today*, October 31, 65.

Sharma, R. S., 1980(초판 1965), *Śūdras in Ancient India*, Delhi : Motilal Basnarsidas.

Shrinivasan, T. N. and Bardhan, P. K.(편), 1990, *Rural Poverty in South Asia.*, Delhi : Oxford University Press.

Singh, R., 1988, *Land, Power and People*, New Delhi : Sage Publications.

Singh, Y., 1986, *Modernization of Indian tradition*, Jaipur : Rawat.

Singer, Milton, 1968, "The Indian Joint Family in Modern Industry," M. Singer & B. S. Cohn(편), *Structure and Change in Indian Society*, Chicago : Aldine Publisher에 수록.

Sivaramayya, B., 1996, "The Mandal Judgement : A Brief Description and Critique," M. N. Srinivas(편) 221~243에 수록.

Srinivas, M. N., 1952, *Religion and Society Among the Coorgs*, Bombay : Asia Publishing House.

-----, 1955. "The Social Structure of a Mysore Village," Mckim Marriott (편) *Village India*, Chicago : Chicago University Press, 1~35.

-----, 1962, *Caste in Modern India and Other Essays*, Bombay : Media Promoters & Publishers.

-----, 1966, *Social Change in Modern India*, New Delhi : Orient Longman.

-----, 1976, *The Remembered Village*, Delhi : Oxford University Press.

-----, 1977, *Dual Culture of India*, Bangalore : Raman Memorial Lecture.

-----, 1984, "Some Reflections on the Nature of Caste Hierarchy," *Contributions to Indian Sociology*, 18(2), 151~167.

-----, 1987, *The Dominant Caste and Other Essays*, Oxford University Press, Delhi : Oxford University Press.

-----, 1989, *The Cohesive Role of Sanskritization and Other Essays,* Delhi : Oxford University Press.

-----(편), 1996, *Caste. Its Twentieth Century Avatar*, New Delhi : Viking.

Stein, Burton, 1984, *All the King's Mana. Papers on Medieval South Indian History*, Madras : New Era Publication.

Suri, Pushpa, 1977, *Social Conditions in Eighteenth Century Northern India*, Delhi : University of Delhi Press.

Talbot, Synthia, 1992, "A Revised View of 'Traditional' India : Caste, Status, and Social Mobility in Medieval Andhra," *South Asia,* Vol. XV, no. 1.(1992), 17~52.

Tambiah, S. J., 1985, "From Varṇa to Caste through Mixed Union," *Culture, Thought and Social Action*, Cambridge : Harvard University Press, 212~251.

Thapar, Romilar, 1978, *Ancient Indian Social History : Some Interpretations*, Delhi : Orient Longman.

Tharamangalam, J., "Caste among Christians in India," M. N. Srinivas (편), *Caste : Its Twentieth Century Avatar*, New Delhi : Viking.

Thorner, D., 1976, *The Agrarian Prospect of India*, Bombay : Allied Publishers.

Thorner, D. and Thorner, A., 1962, *Land and Labour in India,* Bombay : Asia Publishing House.

Thurston, Edgar, 1975(초판 1907), *Ethnographic Notes on Southern India*, Delhi : Cosmo Publication.

Tucker, Richard, 1981, "Early Setting of the Non-Brahmin Movement in Maharashtra," *Indian Historical Review*, vol. VII, Nos. 1-2, 134~159.

van der veen, Klass W., 1971, *I Give Thee My Daughter*, Assen, the

Netherlands : Koninklijke van Gorcum & Comp. N. V.

Weber, Max, 1958, *The Religion of India*, Glencoe : Free Press.

-----, 1961, *General Economic History*(Frank H. Knight 역), First Collier Book Edition, New York.

-----, 1978(초판 1922), *Economy and Society*, Berkeley : University of California.

Wiser, W. H., 1958, *The Hindu Jajmani System : A Socio-Economic System Interrelating Members of a Hindu Village Community in Services*, Lucknow : Lucknow Publishing House.

Yadava, B. N. S., 1973, *Society and Culture in Northern India in the Twelfth Century*, Allahabad : Central Book Depot.

Yugandhar, B. N & Datta, P. S.(편), 1995, *Land Reforms in India : Rajasthan*, New Delhi : Sage Publications.

찾아보기

（ㄱ）

간디, 라지브(Rajiv Gandhi) 74

간디, 마하뜨마(Mahatma Gandhi) 50 59 61 125

간디, 인디라 (Indira Gandhi) 73 74

강제 부역(veth begar) 123

강혼→하향혼

계급 의식 50 125～127 145 148 166 167 200 207

공무 노동(demiurgical labour) 115 116

공식(共食) 25 206

국가 자원 봉사단(國家自願奉仕團 Rashtriya Swayamsevak Sangh ; RSS) 76 90

까민(kamin) 110 114 117 158

깟차(kachccha) 음식 209

끄샤뜨리아(Kshatriya) 22～24 36 45 46 49 54 56 76 106 107 118 174 175 177 182 ～185 201 232

끼산(kisan) 158

（ㄴ）

남부 인도 자유 연맹(South Indian Liberal Federation) 59

녹색 혁명 12 41 67 69 134 135 138 166

농민 운동 23 124～128 145 146 148

농업 노동자 51 68～70 128 130 132～137 139～146 148 160 166～168 210 213 216

（ㄷ）

다르마(dharma) 170 175 176 180 182 234

달리뜨 팬더(Dalit Panther) 71 82

달리뜨(Dalit) 11 70 71 76 80 82 86～99 102 147

대중 사회당(Bahujan Samaj Party) 57 71 76 80 82 88～97 99

대지주(大地主) 120 121 137 139

드라비다(Drvida) 60 141

드위자(dvija) 11 23 45 183

(ㄹ)

라이야뜨(raiyat)제 119

로가이 까리(logai kari) 229 230

(ㅁ)

마누 법전(Manu Smriti) 106 174~179

마하 뿌루샤 (Maha Purusha) 45

만달 위원회(Mandal Commission) 27 28 41 44 75

만달 정책 28 76

만달(B. P. Mandal) 74 76 82

만달화(Mandalization) 71 75 98 101

만사브다르(mansabdar) 61 111

말릭(malik) 161

무슬림(Muslim) 47 48 60 61 65 76 79 84 87 89~93 109 125 139 140 143 148 149
     158 185 190 191 202 208 209 213 215 219

무토지 임노동자 110 111 121~127 164 167 215

물라얌 싱 야다브(Mulayam Singh Yadav) 86 88 89 91 92 94~96 99

민족 블록(ethnic block) 62 64 97 99 102

민족 전선(National Front) 75 77

민중당(Janata Dal) 27 74 75 77 79 88 89 91 92 94

민중당(Janata Party) 73 74

(ㅂ)

바르나(varna) 22~24 26~28 35 36 41 45~47 106 107 139 174 175 179~182 185
     188 192 194

바이샤(Vaishya) 22~24 45 46 48 49 76 106 107 160 174 175 177 178 182 187 191

박띠(bhakti) 188

반(反)브라만 운동 72 123

반(反)산스끄리뜨 운동 59

베다(Veda) 12 22 45 106 174 178 179 183 187 188 192

보상적 차별 정책 11 65 69~71 73 204

부정(不淨) 12 24 25 31~33 36 37 43 173 174 176 178~181 188 193~196 199

200 206 233

분익 소작농 135 137 161 164 215

분파주의 58

불가촉민(untouchable) 23~27 46 48 52 54 55 57 60 61 66 70 90 107 110 117 118
     125 127 136 137 147 158 160 163 167 170 180 183 187 188 190 195~198 203
     206 210 224 225~229

불가촉성 위반 행위법 197

불가촉성(untouchability) 61 65 142 197 224 225 227 228 231

브라만(Brahman) 22 23 25 35~37 45~47 51 53~55 57~59 63 64 76 77 85 90 96
     106 107 117 118 125 136 138 139 141 151~154 158~160 163~165 168 170
     171 173~187 189~191 193 194 198 201 203 206 210 212 216 229 232

브라흐모 사마즈(Brahmo Samaj) 191

비(非)브라만 운동 55 57~59 60

빈농(貧農) 125 127 132 135 139 142 143 148 156 167

빠히 까슈뜨(pahi kasht) 109 110 112 113 118

빡까(pakka) 음식 181 233

빤짜야뜨(panchayat) 10 43 83 87 94~96 100 142 185 186 198 199

빤짜야띠 라즈(panchayati raj) 26 80 83~85 87 98 99 228

          (ㅅ)

사띠야그라하 (Satyagraha) 운동 125

사띠야쇼닥 사마즈(Satyashodhak Samaj) 55 59

사회주의당(Samajwadi Party) 73 79 88~97 99

산냐시(sannyasi) 189

산스끄리뜨화(Sanskritization) 53~56 58 60 62 63 64 68 136 171 172 184 185 190
     191 201~204 206 233

상층 카스트 26~28 40 41 49~51 53 57 66 74~77 80 82 85 86 88 90 92~95 9
     7~99 102 136~140 143 144 148 151 160 163 167 189 192 193 195~198 200
     201 203~205 224 228 232

상향 이동 11 26 27 63 124 127 141 183~185 190~192 201 204 205 232

상향혼(hypergamy) 33 34 53 173 194

생활 양식 12 13 53 54 169~176 178~183 190 194 201 203 205~207 213 215
     216 222 229 231~234

선거 정치 68

성사(聖絲) 23 175 183

세계 힌두 회의(Vishva Hindu Parishad) 202

세속주의 68 76 88

소작농 85 109 110 118 121~125 131 135 137 141~143 148 160 161 164 165 167
   215

수세원(收稅院 tehsil) 83 84 86 150 151 162 197 208 209

슈드라(Shudra) 11 22 23 27 41 45 46 51 52 76 88 99 106 107 118 121 138 139 151
   160 167 170 174 175 177 178 180 182 183 185 187~189 191 192

시자르(sijar) 161

시자리 체계(Sijari System) 161

시크 교도화 214

시크(Sikh) 50 79 172 173 182 208~229 231 232 234

싱(V. P. Singh) 74 75 92

          (ㅇ)

아리야 사마즈(Arya Samaj) 58 60 191~193

아리야(Arya) 45

아요디야(Ayodhya) 79 90 91 94

암소 벨트 74

앙혼→상향혼

여타 후진 계급(Other Backward Classes) 11 27 40 41 61 62 71~76 80 82 102 210
   224

역순(pratiloma) 175 178

영대 자민다리제(Permanent Settlement System) 50 119 120 130 160

예속 노동(bonded labour) 66 70 142 144

오염 32 46 52~54 107 108 114 117 118 145 157~159 170 171 175 180 181 190
   193 195~197 206 222~225 227~233

우-빠니야나(upanayana) 23 174 175

우-빠니샤드(Upanishad) 192

위계 11 12 13 22~27 30~33 36 37 97 101 102 107 136 137 148 153 165 170~
   173 176~180 184 186 188 190 192~195 201 204~207 220 222 224 227 231~
   234

위계의 약화 220 231

음식 수수 12 24 25 31～34 37 49 50 87 96 97 102 153 170 171 174 176～181 185
    187 189 193～198 200 214 215 220～227 231～234

의석 보장 66

의석 지정 정책 41 60 61 77 98 224

이중 문화 196 206 222 231 234

인도 공산당 88 91

인도 공산당(M) 91

인도 공화당(Republican Party of India) 56 57 70 71 82

인도 국민 회의(Indian National Congress) 59 61 77 123～125

인도 국민당(Bharatiya Janata Party) 71 74 76 78～80 87～99

인도 농민 노동자당(Bharatiya Kisan Kamgar Party) 91

인민 사회주의당(Praja Socialist Party) 95

인민당(Lok Dal) 95

            (ㅈ)

자기르다르(jagirdar) 85 111～113 123 149 153 155 157

자띠(jati) 11 22 24 49 50 53 54 180 192 199 200 207

자르칸다 운동(Jharkanda Movement) 71 82

자민다르(zamindar) 41 49～51 84 85 109～113 118～124 126 128～130 132 137
  149

자즈마니(Jajmani) 체계 11 114～118 127 145 153 154 156 159 167 190

자즈만(jajman) 114 117 156 157 167

재생자→드위자

전인도 꾸르미 대연맹(All-India Kurmi Mahasabha) 56

정(淨) 12 23 24 43 46 49 53 54 170 171 173 174 176 188 195 221 222 226 233

정순(正順 anuloma) 175 178

정의당(Justice Party) 59

종교 공동체주의(Communalism) 90 93

중농(中農) 69 124 125 127 139 140 142 143 146 148 167

지배 카스트 26 36 49 50 58 64 91 98 110～112 137 188 196 202 203 205 206 229
  230

지정 부족(Scheduled Tribe) 28 41 61 64～72 75 76 80 82 139 140 143 145 148 150

지정 카스트(Scheduled Caste) 11 28 41 60 61 64~72 75 76 80 82 98 139 140 143
　　145 146 148 150 167 204 205 210 211 217 222 226

　　　　(ㅊ)
촌락 빤짜야뜨 199
촌장 110 152 153 211 213 228

　　　　(ㅋ)
카스트 내혼(endogamy) 25 33 34 37 63 171 173 175 176 181 198 199 206 233
카스트 연합 11 56 57 60 62 200
카스트 정치 56 76 77 80 81 87 94 98 99
카스트 힌두 61 180
카스트의 배타성 철폐 운동 189 190 191 193
카스트주의(Casteism) 40~42 75 76 81 82 101 146 168
칼사(khalsa) 149 152 153
쿠드 까슈뜨(khud kasht) 109 110 111 113 118

　　　　(ㅌ)
토지 개혁 12 41 69 128 129 132~135 138 147 166 204
토지 환수 135
통일 전선(United Front) 77~79 88~92 99

　　　　(ㅍ)
평등당(Samata Party) 80 88
평등주의 34 68

　　　　(ㅎ)
하리잔(Harijan) 142 225~227
하층 카스트 13 26 41 48 52 53 56 59 65 76 77 96 121 137~140 143~145 147 148
　　163 165 171 173 177 178 185 187 188 192 193 195~198 201 203~205 220 223
　　231 233
하향혼(hypogamy) 34
할리 제도(hali system) 143 144
형제 연혼(連婚) 229
혼인 관계 96 97 102 128 220~223 231 234
회의당 57 64~68 70~74 82 90 91 128 129
회의당(I) 27 75 78~80 82 88 89 91 93~95 98 99 101

후원자 - 피후원자 144

후진 계급(Backward Classes) 11 27 40 41 54 61 62 65～76 80 82 101 102 200 210
　224

후진 카스트(Backward Castes) 28 60 68 70 74 86 87 90 92 94～99 138

힌두 근본주의 42 76

힌두주의(Hindutva) 89 90 93

힌디 벨트 73 74 78